Alym Amlani, CPA, CA
Paul Davis, MBA, LLD

O CHATGPT COMEU MINHA LIÇÃO DE CASA
O que os educadores precisam saber sobre IA generativa

EDIÇÃO EM PORTUGUÊS DO BRASIL 2025

CAPA POR LUNA DESIGN, BUENOS AIRES

ISBN: 978-1-0696182-1-4

DIREITOS AUTORAIS © 2025, A. Amlani & P. Davis
TODOS OS DIREITOS RESERVADOS

Nenhuma parte desta publicação poderá ser reproduzida, armazenada ou introduzida em um sistema de recuperação, ou transmitida, sob qualquer forma ou por quaisquer meios (eletrônicos, mecânicos, fotocópia, gravação ou outros), sem a prévia autorização expressa dos autores. Solicitações de permissão devem ser enviadas para **pauldavisca@gmail.com**

*Dedicamos este livro
aos nossos maravilhosos pais
Khadija e Amyn Amlani
Joyce e Bob Davis
Que nos deram tudo,
que significam tudo para nós
e nos criaram sem o ChatGPT*

SOBRE OS AUTORES

Alym Amlani, CPA, CA, é educador e autor especializado nas áreas de contabilidade e sistemas de informação. Foi homenageado duas vezes no *Best of the Teaching Professor Conference* (2020 e 2024) por suas abordagens inovadoras em design de avaliações e uso de tecnologia educacional. Alym oferece soluções práticas para os desafios contemporâneos do ensino. Com uma formação singular como mágico profissional, ele torna conceitos complexos envolventes e acessíveis em diversas disciplinas. Sua pesquisa sobre a *Ciência da Mágica* informa sua abordagem criativa à resolução de problemas na educação, com ênfase em tecnologias emergentes e integridade acadêmica.

Paul Davis, MBA, LL.D., retornou à vida acadêmica após uma carreira diversificada no mundo dos negócios internacionais. Formado em Direito no Reino Unido, imigrou para o Canadá, onde obteve seu doutorado em Direito pela Universidade de Ottawa. Desde então, atuou como professor de Direito, operador de câmbio, piloto comercial, consultor jurídico interno de duas empresas multinacionais e, mais recentemente, como consultor em contabilidade forense. Em agosto de 2025, ele recebeu o prestigioso Prêmio Hodges Scholar por sua excepcional conquista acadêmica.

Alym e Paul são coautores de três obras anteriores: *Information Systems for Accountants, 4ª Edição* (2025), pela Kendall Hunt; *Presenting and Modeling Business Data, Edição Beta* (2025), publicada pela Lulu; e, em coautoria com o Professor Seni Hazzan, *International Business Growth Strategies for Emerging Markets: Creating Sustainable Entrepreneurial Expansion* (2025), pela Routledge.

RECONHECIMENTO TERRITORIAL

Esta obra foi pesquisada e redigida em territórios ancestrais de Povos Originários, localizados nas regiões hoje conhecidas como Canadá e Estados Unidos da América.

Os autores Alym e Paul lecionam — e Paul reside — na Universidade da Colúmbia Britânica, situada em território não cedido do povo xʷməθkʷəy̓əm (Musqueam). Por milênios, esse povo caminhou com respeito sobre essa terra. Honramos sua profunda conexão com a terra, as águas e os recursos da Península de Point Grey.

Alym vive e também leciona em territórios não cedidos dos povos Coast Salish: Semyome (Semiahmoo), q̓ic̓əy̓ (Katzie) e qʷaɬən (Kwantlen), os quais zelam por essas terras há milênios.

Reconhecemos e valorizamos suas histórias, culturas e contribuições contínuas para essas regiões. Consideramos essencial refletir sobre o legado da colonização e reafirmar nosso compromisso com relações respeitosas e éticas com as comunidades indígenas. Expressamos nossa sincera gratidão pela oportunidade de nos reunirmos, aprendermos, estudarmos, ensinarmos e produzirmos conhecimento em suas terras.

AGRADECIMENTOS PESSOAIS

Somos profundamente gratos pelo apoio incondicional de nossas famílias, que nos permitiram dedicar tempo e energia à finalização deste projeto. A elas, dedicamos nossa gratidão e amor permanentes. Também contamos com a valiosa colaboração e os conhecimentos de colegas cuja generosidade foi essencial ao longo do processo.

Erin Hagen, Especialista em Integridade Acadêmica da Universidade da Colúmbia Britânica, ofereceu apoio contínuo e contribuições fundamentais na formulação do modelo de avaliação de infrações à integridade acadêmica.

David Burns, Vice-Reitor Acadêmico da Kwantlen Polytechnic University, forneceu contribuições importantes à apresentação do Alym na conferência da CAAA sobre condutas acadêmicas inadequadas.

O professor **Ron Rensink** foi fonte de inspiração ao longo da vida, ensinando a Alym o valor do pensamento crítico — ensinamento que, por sua vez, Alym transmitiu a Paul.

Pamela Campagna, Professora de Prática na Hult International Business School, gentilmente autorizou o uso de seu material didático cuidadosamente elaborado.

Gabriel Roberts, desenvolvedor de software no Medical Research Council do Reino Unido, atuou como consultor voluntário em questões relacionadas à codificação e ao design de software com IA generativa.

Mônica Davis, a dedicada esposa brasileira de Paul, leu cada palavra e fez inúmeras correções e sugestões valiosas para aprimorar o texto.

Embora tenhamos recebido apoio significativo dessas fontes, assumimos plena responsabilidade por todo o conteúdo desta obra, inclusive por eventuais imprecisões ou erros remanescentes.

PARA QUEM ESCREVEMOS ESTE LIVRO

Na primavera de 2025, começamos a reunir apresentações e a compartilhar análises e informações sobre o uso indevido de ferramentas de inteligência artificial, inicialmente com colegas e, posteriormente, com um público mais amplo. A aceitação extremamente positiva demonstrou uma demanda urgente por esclarecimentos.

Rapidamente constatamos a ausência de um guia acessível e confiável para os milhares de professores, acadêmicos, professores, coordenadores de curso e responsáveis por currículos que buscam compreender esse fenômeno emergente e definir estratégias de resposta.

Esta obra destina-se a todos vocês, colegas educadores. Esperamos que contribua de maneira significativa em sua trajetória diante desse novo e complexo cenário que se desdobra com velocidade inédita.

DECLARAÇÃO SOBRE O USO DE INTELIGÊNCIA ARTIFICIAL

Durante a elaboração deste livro, utilizamos de forma criteriosa ferramentas de inteligência artificial generativa ("IA generativa"), dada a natureza central do tema tratado.

Recorremos ao ChatGPT, Claude e outros assistentes baseados em linguagem natural para buscar referências bibliográficas relevantes, explorar ideias e esclarecer conceitos. Também interagimos com diversas plataformas de IA a fim de compreender diretamente seus funcionamentos e limitações. Utilizamos o Perplexity, um mecanismo de busca conversacional, para assegurar acesso a dados atualizados que fundamentassem nossas análises. Empregamos o DALL·E para gerar imagens ilustrativas de pontos-chave, bem como ferramentas de edição de imagem para demonstrar sua aplicação. Utilizamos regularmente o gamma.app para aprimorar apresentações e o Canva.com para editá-las. A redação foi realizada no Microsoft Word, cuja tecnologia incorpora algoritmos de Processamento de Linguagem Natural com

IA para sugerir correções e, eventualmente, prever palavras seguintes — ainda que raramente utilizemos essa função, dada a fluidez de nossa digitação. Algumas funcionalidades do Word são baseadas em IA em nuvem, tecnologia que também sustenta o Copilot e o Microsoft Editor.

Na fase final de edição e revisão, solicitamos ao Claude que confirmasse a adequação de nossa estrutura para referências e citações. Durante a tradução para o português, realizamos amplas discussões e obtivemos expressivo auxílio do ChatGPT 4.5 para explorar opções de vocabulário, confirmar o uso apropriado de termos em inglês e verificar nossa interpretação da legislação brasileira. Também fizemos amplo uso das impressionantes capacidades de tradução do ChatGPT e buscamos recomendações sobre o uso culturalmente apropriado de exemplos e referências.

Ressaltamos, contudo, que — com exceção de casos pontuais e intencionais — todo o texto foi redigido por nós; as opiniões, interpretações e conclusões são inteiramente de nossa autoria. Há uma única seção composta exclusivamente por conteúdo gerado por IA, incluída de forma deliberada como exercício de análise crítica para os leitores. Quando empregamos exemplos gerados por IA, isso está explicitamente indicado. Todas as imagens geradas com IA são devidamente referenciadas.

As citações de estudantes no início de cada capítulo não são atribuídas a indivíduos específicos, mas representam uma síntese fiel das centenas de conversas que mantivemos com estudantes ao longo dos últimos três anos. Somos profundamente gratos a todos eles por suas observações francas, pertinentes e reveladoras.

SUMÁRIO

PREFÁCIO: BEM-VINDOS À ERA DO EuPT 1

PARTE I. O QUE ACABOU DE ACONTECER? 5

CAPÍTULO 1. BEM-VINDOS AO NOVO FAROESTE 5
- A EXPLOSÃO DE IA 5
- ESSA É APENAS A NOVA CALCULADORA? 14
- METACOGNIÇÃO 16
- BLOOM, BIGGS, E ALÉM 17
- DE VOLTA A KAI 25
- O PROBLEMA DE IA DO GOOGLE 26

CAPÍTULO 2. CHATGPT E A EXPLOSÃO DA IA GENERATIVA 31
- O QUE É IA GENERATIVA? 31
- QUANTAS FERRAMENTAS DE IA GENERATIVA EXISTEM? 35
- NO QUE A IA GENERATIVA É BOA 38
  - Gerar textos 39
  - Explicar como fazer 43
  - Ideação e brainstorming 45
  - Gerar imagens 48
  - Gerar código 54
  - Gerar áudio e música 56
  - Gerar vídeo e animação 56
  - Aperfeiçoar citações 57
  - Traduzir 58
- A IA GENERATIVA COMO EDUCADORA 59

CAPÍTULO 3. O QUE A IA GENERATIVA NÃO CONSEGUE FAZER 67
- COMPREENDER 67
- ELIMINAR VIESES 68
- CONHECER O DESCONHECIDO 69

SABER O QUE ELA NÃO PODE FAZER. 70
CRIAR NOVOS CONHECIMENTOS EMPÍRICOS.........72
APLICAR VERIFICAÇÃO EMPÍRICA 73
FAZER CURSOS...73
EXERCER MORALIDADE, EMPATIA OU MEDO 74
ELIMINAR ALUCINAÇÕES 75
RESUMO 75
USOS E ABUSOS 77

Capítulo 4. O QUE OS ESTUDANTES ESTÃO FAZENDO? 81

IA INVISÍVEL..82
ASSISTENTES DE ESCRITA 84
AJUDA COTIDIANA 86
ATALHOS PARA TAREFAS ESCOLARES 90
REDAÇÃO DE E-MAILS.......................................96
AS FERRAMENTAS GENERATIVAS MAIS POPULARES 99
EVITANDO DETECÇÃO 100
PRACTICANDO APRESENTAÇÃOES ORAIS 106
USANDO IA GENERATIVA OFFLINE 107

PARTE II. INTEGRIDADE E INFRAÇÕES......... 109

Capítulo 5. DETECTANDO IA GENERATIVA 109

IDENTIFICANDO TRABALHOS SUSPEITOS...............109
CONTEÚDO GERADO POR IA EM TRABALHOS ESCRITOS 111
   Soluções tecnológicas 111
      GPTZero e outras ferramentas........................111
      Turnitin 115
      Usando o infrator como fiscal 116
      Experiência, instinto e forma 118
      Testes e exames online 127
      Programação (Código)....................................134
EM RESUMO 135
LISTA DE VERIFICAÇÃO PARA TEXTOS GERADOS POR IA 136

Capítulo 6. RESPONDENDO AO USO INDEVIDO 139

- É AJUDA OU É FRAUDE?...139
- SUSPEITAMOS DE VIOLAÇÃO. E AGORA?.....................146
- PREPARANDO MATERIAIS E NÓS MESMOS..................149
- A ENTREVISTA..150
- RUMO A UMA DECISÃO 154
- MOMENTO DA DECISÃO...157
- RECURSOS, RECLAMAÇÕES E PROTOCOLOS.............158
- POUR ENCOURAGER LES AUTRES..................................159
- CASOS PRÁTICOS..161
  - Caso 1 162
  - Caso 2 163
  - Caso 3 164
  - Caso 4 165
  - Caso 5 166

PARTE III. TRIAGEM E TRATAMENTO 169

Capítulo 7. RESPOSTAS RÁPIDAS 169

- O MODELO 3DS 172
- DIÁLOGO SOBRE IA GENERATIVA 172
- DECLARAR EXPECTATIVAS..177
- FERRAMENTAS EXISTENTES PARA CONTROLE DA IA 182
- DECLARAÇÃO DE USO DE IA-GENERATIVA.............189

Capítulo 8. REDESENHANDO A AVALIAÇÃO 191

- REFLETINDO SOBRE NOSSO PAPEL..............................192
  - O que nossos colegas estão sentindo 192
  - O fenômeno do impostor (síndrome do impostor) 193
  - Tornando-se referência em pensamento sobre IA 196
  - Defendendo a consistência 198
  - Dormindo bem à noite...199
- READEQUAÇÃO A CURTO PRAZO..................................200
  - Questões de múltipla escolha (QMEs) 200
  - Questões discursivas breves...207
  - Questões discursivas longas e redações 211

Conjuntos de problemas 213
Relatórios de laboratório 216
Estudos de caso 217
Apresentações 218
Projectos em grupo 219
Avaliação por pares 220
Notas por participação 221
Fóruns de discussão 221
Simulações, dramatizações e debates 223
Da reação ao redesenho 224

Capítulo 9. REIMAGINANDO A EDUCAÇÃO 227
NORMALIZANDO O USO DA IA GENERATIVA 228
CAPACITANDO ESTUDANTES PARA DESENVOLVER FLUÊNCIA EM IA 232
MANTENDO E DESENVOLVENDO RESULTADOS DE APRENDIZAGEM DE NÍVEL SUPERIOR 234
REPENSANDO AS TAXONOMIAS E O FUTURO DA APRENDIZAGEM 236
REDESENHANDO A TAXONOMIA DE BLOOM 239
VALORIZANDO A CRIATIVIDADE E A ORIGINALIDADE 245
ESTIMULANDO A METACOGNIÇÃO 246
PROPONDO ATIVIDADES QUE NORMALIZAM O USO DA IA GENERATIVA 247
INTEGRANDO A INTEGRIDADE ACADÊMICA 250
Divulgação 252
Citação 252
Modelagem de Conduta 254
ENSINANDO ENGENHARIA DE PROMPT 256
Qualidade dos Prompts 257
Comparando a Eficácia dos Prompts 261
Testando Diferentes Ferramentas 261
Construindo Repositórios de Prompts 262
Defendendo o Uso Ético 262
Iterando 262
ENSINANDO TÉCNICAS DE INTERROGAÇÃO 265

TORNANDO O DESIGN CURRICULAR RESILIENTE
AO FUTURO 267
PROJETANDO PARA A PRÓXIMA ITERAÇÃO, NÃO
PARA A ANTERIOR...268
IA À PROVA DE TRAPAÇAS VS. ALINHAMENTO COM
A IA..272
DESENVOLVENDO CURSOS QUE CONTINUARÃO
RELEVANTES NO PRÓXIMO ANO 273
ENCONTRANDO APOIO E COMUNIDADES...................274
MANTENDO-SE À FRENTE DA CURVA............................276
   IA Agentiva 276
   Trabalhos com Deepfake e Aprendizes Sintéticos 279
   Sobrevivência Profissional 280

CAPÍTULO 10. A IA GENERATIVA PODE TRABALHAR A SEU FAVOR 283

PLANEJAMENTO DE CURSO 287
CONTEÚDO DO CURSO 289
DADOS SINTÉTICOS...291
AVALIAÇÕES...295
MATRIZES DE AVALIAÇÃO 299
DIÁLOGOS COM ESTUDANTES 302
AVALIAÇÃO, *FEEDBACK* E INTEGRIDADE
ACADÊMICA 304
ACESSIBILIDADE, EQUIDADE E DESENHO
UNIVERSAL PARA A APRENDIZAGEM (DUA 306
   Aproveitamento da IA na cocriação com o DUA 308
   Neurodiversidade 310
   Auditoria de Conformidade com o DUA 310
PLANOS DE APRENDIZAGEM INDIVIDUALIZADOS
....312
APRIMORAMENTO DE CURSO 313
ADMINISTRAÇÃO 313
PESQUISA ACADÊMICA 314
DESENVOLVIMENTO PROFISSIONAL 316
ABRAÇANDO O FUTURO 317

PARTE IV. QUESTÕES INSTITUCIONAIS........ 319

Capítulo 11. PRIVACIDADE E O VÁCUO DE POLÍTICAS PÚBLICAS 319

LEGISLAÇÃO BRASILEIRA DE PRIVACIDADE............319
- Conceitos Fundamentais 320
- Informações Pessoais 320
- Consentimento Informado...................................... 321
- Anonimização 322
- Transferência Internacional de Dados.................... 323
- Enfrentando Questões de Privacidade.................... 323

O BRASIL PRECISA DE DIRETRIZES NACIONAIS?....330
A DIVISÃO DIGITAL, A QUESTÃO LINGUÍSTICA E OS ASPECTOS INDÍGENAS...331
ALÉM DAS FRONTEIRAS BRASILEIRAS......................334

Capítulo 12. ABORDAGENS INSTITUCIONAIS.....337

GERENCIANDO A IA SEM PREJUDICAR A MORAL..337
LIDERANÇA ACADÊMICA HOJE................................338
O QUE OS EDUCADORES PODEM EXIGIR...............340
CONSTRUINDO POLÍTICAS INSTITUCIONAIS........341

POSTFÁCIO 345

GLOSSÁRIO DE TERMOS FUNDAMENTAIS 347

TABELA DE ABREVIAÇÕES E SIGLAS 351

CITAÇÕES E REFERÊNCIAS....................................353

ÍNDICE 363

PREFÁCIO: BEM-VINDOS À ERA DO EuPT

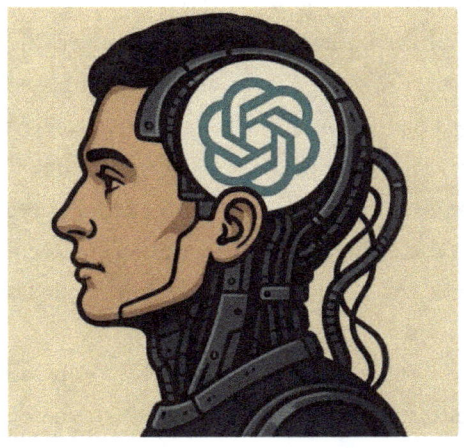

FIGURA 1: O ciborgue EuPT. Gerado no DALL·E, 26 de maio de 2025

Vamos começar contando uma história para contextualizar. Mudamos alguns nomes e locais por motivos de confidencialidade, mas garantimos: tudo o que você vai ler realmente aconteceu. E aprendemos muito com isso...

A OpenAI lançou o ChatGPT no final de novembro de 2022. Em dois meses, já eram 100 milhões de usuários. Em fevereiro de 2024, esse número havia subido para 180 milhões, com 1,67 bilhão de visitas. Não surpreende que começamos a ver uma enxurrada de conteúdo gerado por IA em provas e trabalhos.

Lecionávamos Sistemas de Informação em um curso online de uma universidade bem ao sul. Nossos estudantes estavam espalhados pelo mundo. A prova intermediária foi aplicada via Canvas, o ambiente virtual de aprendizagem (AVA). O navegador seguro Respondus Lockdown (supostamente) impedia o uso de ajuda externa; os estudantes também eram obrigados a manter um celular ou câmera posicionada atrás deles, com foco na tela. O tempo permitido era de três horas, para 85 questões de múltipla escolha e três respostas dissertativas curtas.

Uma pessoa estudante superou todas as expectativas. Kai, fazendo a prova em casa, concluiu tudo em menos de 50 minutos

— acertando 82 das 85 questões objetivas e entregando respostas dissertativas impecáveis, dignas de modelo. Nota final: 97%. Embora não fosse impossível uma pessoa obter essa nota, em 50 minutos? Resolvemos investigar. Fizemos as mesmas perguntas ao ChatGPT para ver se ele teria dado as mesmas respostas que Kai. As que Kai errou, a IA também errou. As demais, a IA acertou todas.

Analisamos detalhadamente os registros do AVA. Após uma breve pausa inicial, Kai respondeu cada uma das 85 questões objetivas em exatamente sete segundos. As três erradas foram puladas inicialmente e revisitadas no fim.

Antes de responder às perguntas dissertativas, Kai saiu do navegador. Ao retornar, digitou os textos com velocidade média de 240 palavras por minuto. O recorde mundial de digitação sustentada em teclado QWERTY é de 256 palavras por minuto (ppm) — ou seja, impressionante... e improvável.

Com autorização, entrevistamos Kai via Zoom, com a gravação ativada. Um grande sorriso surgiu quando mencionamos que a nota havia sido a mais alta da turma. Explicamos que tínhamos dúvidas sobre a autoria das respostas. Pedimos que explicasse algumas delas, como a diferença entre criptografia simétrica e assimétrica. Kai não conseguiu explicar nem o básico, alegando que havia estudado para a prova, mas esquecido tudo poucas semanas depois. Sobre a velocidade de digitação, justificou dizendo que dominava dois idiomas. Pedimos que escrevesse um pequeno parágrafo no chat. Gravamos a velocidade: 40 palavras por minuto.

Detectamos que as respostas dissertativas tinham um estilo que hoje chamamos de "GPTês": um tipo de linguagem com gramática perfeita, afirmações confiantes, exemplos genéricos e uma aparência de profundidade — mas que, ao olhar mais atento, diz menos do que parece. GPTês — ainda fora do dicionário — é aquele inglês (ou português) excessivamente suave, equilibrado, educado, mas vazio.

Kai ficou lisonjeade ao saber que sua escrita lembrava a do ChatGPT — um suposto mérito dos cursos de redação empresarial. No fim, após quase uma hora de evasivas, dissemos a Kai que acreditávamos que o ChatGPT havia feito toda a prova, e que o caso seria encaminhado à universidade.

Kai tentou driblar o processo, apresentando uma queixa sem fundamento — rapidamente arquivada pela comissão de integridade acadêmica. A entrevista gravada foi essencial para comprovar nossa postura justa. Após investigação mais ampla — que revelou inclusive o uso de IA em trabalhos anteriores — a universidade suspendeu Kai, atribuiu nota zero na disciplina e registrou a ocorrência de forma permanente no histórico.

Aprendemos que estudantes espertos podem vencer até os sistemas de segurança mais sofisticados. Aprendemos que mesmo pessoas brilhantes subestimam as ferramentas disponíveis para professores na hora de revisar um trabalho. Mas não conseguimos responder à pergunta mais inquietante: se Kai teve capacidade de arquitetar e executar um plano de trapaça tão elaborado... por que não usou esse talento para estudar e tirar uma boa nota de forma honesta?

Este caso não foi apenas um erro de julgamento. Foi uma exposição completa de um ambiente que mudou tão rápido que quase nos pegou de surpresa.

A principal lição? Alguns estudantes estão à frente do jogo — muitas vezes, à nossa frente. Precisamos estar atentos, preparados e de mente aberta. A velocidade das mudanças é tão intensa que o conhecimento de hoje vira história amanhã.

Há um novo ciborgue em nossas salas de aula. Seu nome é EuPT — uma junção de "Eu" com "GPT". Menos de três anos após o lançamento do ChatGPT para o público, praticamente todo estudante com um smartphone passou a usar inteligência artificial generativa (IA generativa) com regularidade. Assim como estudantes de contabilidade usam calculadoras e Excel sem hesitar, estudantes de todas as áreas começaram a expandir suas capacidades humanas, adotando a IA generativa como um marca-passo mental.

Escrevemos este livro reconhecendo a velocidade vertiginosa da IA, com o objetivo de equipar você com os conhecimentos duradouros, a filosofia e as ferramentas necessárias para enfrentar essa nova maré. Imediatamente após o último capítulo, há um glossário de termos-chave, alguns dos quais são novos e muitos podem ser pouco familiares. Parte da linguagem técnica no universo da IA generativa é intimidadora, mas sempre há uma explicação simples disponível.

Acreditamos que não há alternativa crível senão abraçar a IA generativa. Quando o fazemos, logo percebemos que ela não representa o fim da avaliação de qualidade, mas sim uma forma poderosa de aprimorá-la. Quando planejamos, a IA generativa pode tornar nosso trabalho melhor. Quando estudantes atuam, pode ampliar sua aprendizagem e desempenho. E quando corrigimos, podemos ser mais ágeis, consistentes e precisos. É uma situação em que todos ganham. E um resultado que prepara melhor nossos estudantes para o mundo além da universidade.

Vancouver, Colúmbia Britânica
16 de agosto de 2025

Parte I. O QUE ACABOU DE ACONTECER?

Capítulo 1. BEM-VINDOS AO NOVO FAROESTE

> *Nosso estudante perguntou: "Como pode ser trapaça, se todo mundo está fazendo?"*

A EXPLOSÃO DE IA

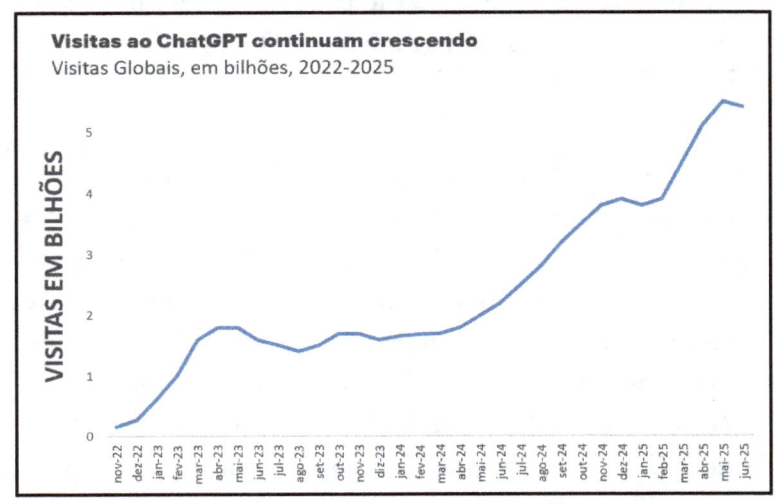

FIGURA 2: Visitas ao ChatGPT 2022-2025

Segundo o site NerdyNav (https://nerdynav.com), que analisa o tráfego do ChatGPT, o Brasil ocupa o terceiro lugar no ranking global de uso. Brasileiros respondem por 5,05% das visitas mensais — um número impressionante, considerando que representamos menos de 2,6% da população mundial. Apenas os Estados Unidos e a Índia utilizam mais. Mas, em termos de uso per capita, o Brasil está muito à frente da Índia. Usamos o ChatGPT 1,94 vez mais que a média global, atrás apenas dos norte-americanos, que usam 4,5 vezes mais.

O uso diminui com a idade. Mais da metade das pessoas usuárias têm entre 18 e 34 anos; a maioria do restante está na faixa de 35 a 54 anos; e apenas 13% têm 55 anos ou mais. Cerca de 55% do público é masculino e 45% feminino. Dos mais de 400 milhões de usuários ativos mensais, apenas cerca de 17 milhões pagam por uma assinatura do serviço premium.

O que esses dados nos dizem? É simples.

Mostre-nos uma pessoa estudante, e mostraremos uma usuária do ChatGPT

No dia em que escrevemos esta seção pela primeira vez, coincidentemente, um novo grupo de 42 estudantes de pós-graduação participou da aula inaugural do curso BUSI-335 – Sistemas de Informação, ministrado por Alym. Ele perguntou: "Quem aqui já usou o ChatGPT?" Todas as pessoas na sala levantaram a mão. Para confirmar, ele perguntou: "Alguém aqui ainda não usou o ChatGPT?" Nenhuma mão se levantou.

No verão de 2024, o site Business Insider entrevistou Marco Argenti, Chief Information Officer do Goldman Sachs. Ele previu que, em até três anos, a IA será onipresente. *"It's going to be just like email at the end of the day* [Vai acabar sendo que nem e-mail, no fim das contas]" (Chan, 2025). Para nossos estudantes, o dia da onipresença já chegou.

Voltemos alguns anos para contextualizar a explosão da IA. Inteligência artificial não é algo novo; o primeiro artigo acadêmico sobre o tema foi publicado em 1956 — o mesmo ano em que o autor Paul nasceu. Ou seja, ambos estão prestes a completar 70 anos. Mas, por 67 desses anos, para fins educacionais práticos, a IA permaneceu discretamente à sombra. No dia 30 de novembro de 2022, tudo isso mudou.

A OpenAI, uma empresa americana de tecnologia associada ao nome popular de Sam Altman, e, anteriormente, o Elon Musk, lançou o ChatGPT para o público. Trata-se — e continua sendo — de uma interface conversacional baseada em um "modelo de linguagem grande" (LLM, na sigla em inglês). Cinco dias depois, já havia um milhão de usuários. Após dois meses, eram 100 milhões. Em menos de um ano, já obtinham mais de um bilhão de visitas por mês; em abril de 2025, 400 milhões de usuários realizaram mais de 5 bilhões de acessos.

Voltando a Elon Musk: estima-se que o consumo anual de energia do ChatGPT seja suficiente para carregar completamente mais de 3 milhões de veículos elétricos. Sam Altman chegou a afirmar que a educação de pessoas dizendo "por favor" e "obrigado" custa à empresa dezenas de milhões de dólares em eletricidade. O ChatGPT é o produto tecnológico de crescimento mais rápido da história humana — nem o iPhone, nem o TikTok chegam perto.

Mas o crescimento não foi a única história, do ponto de vista educacional. A versão inicial do ChatGPT, a 3.5, já conseguia redigir redações, responder perguntas — inclusive de múltipla escolha (MCQs) —, escrever códigos e resumir artigos. Estudantes já não precisavam ler artigos científicos de 40 páginas: podiam gerar resumos de uma página em segundos. Também não precisavam mais escrever. Sem treinamento, sem custo e sem espera, podiam copiar e colar uma tarefa e receber uma resposta melhor do que provavelmente escreveriam por conta própria. Podiam pedir que o ChatGPT aprendesse seu estilo de escrita e o imitasse; ou ainda fornecer ideias soltas e solicitar que a IA refletisse sobre elas, produzindo textos que parecessem seus.

Em janeiro no ano seguinte, apenas 60 dias depois, já observávamos uma quantidade impressionante de trabalhos surpreendentemente bons, vindos de estudantes que sabíamos que haviam tido dificuldades dois semestres antes. E isso não se restringia a uma única área ou faculdade — em todos os campos, de contabilidade à zoologia, estudantes estavam deixando o ChatGPT pensar por eles. Sabíamos que o aprendizado estava sofrendo, mas éramos impotentes diante da maré.

Por mais que adaptássemos nossas ferramentas — o Turnitin, por exemplo, lançou corajosamente seu primeiro detector de IA em abril de 2023 — estudantes encontravam e adotavam caminhos alternativos. Surgiram detectores especializados de IA, mas também ferramentas de parafraseamento e uma nova geração de revisores humanos. Nosso trabalho investigativo passou a apresentar erros frequentes, com falsos positivos e infrações despercebidas.

O ChatGPT estava longe da perfeição — e ainda está. Mas estava evoluindo; o GPT-4, lançado em março de 2023, ampliou as possibilidades. Ele passou a processar imagens, desenvolver raciocínios mais complexos e gerar menos "alucinações" (erros fatuais). As manchetes dos jornais passaram a noticiar que o ChatGPT estava passando em exames da ordem dos advogados (bar exams), no LSAT *Law School Admission Test,* Teste de Admissão para Faculdades de Direito), escrevendo dissertações de mestrado e doutorado, e até gerando planos de negócios.

Já não havia apenas um intruso. Mais ou menos na mesma época, o Google lançou o Bard, que foi renomeado como Gemini ainda no mesmo ano. Outra empresa americana, a Anthropic, lançou o Claude 2 em julho de 2023 e o Claude 3 em março de 2024. A Meta apresentou o LLaMA e o Mistral, enquanto a Microsoft integrou o Copilot ao Word e ao Excel.

Em agosto de 2025, a OpenAI disponibilizou o GPT-5 para todos os usuários. Trata-se da versão mais impressionante até o momento, combinando múltiplos modelos especializados e decidindo, em tempo real, se uma resposta rápida, um raciocínio aprofundado ou uma análise multimodal é mais adequada para atender ao comando. A ferramenta fala, ouve, lê e interpreta imagens com maior precisão, apresentando menor propensão a produzir alucinações. Estudantes podem interagir com um tutor de IA capaz de explicar ideias complexas passo a passo, criticar seu raciocínio, adaptar explicações ao seu estilo de aprendizagem e auxiliá-los no planejamento de projetos inteiros. Embora amplie as oportunidades de aprendizagem, o GPT-5 impõe desafios ainda mais significativos à integridade acadêmica.

Muito menos tem sido dito sobre o que aconteceu na China. Com a segunda maior população do mundo e uma ênfase extraordinária em educação, o setor tecnológico chinês reagiu rapidamente aos eventos globais de 2023–2024, lançando suas próprias aplicações baseadas em LLMs, amplamente utilizadas em escolas, faculdades e universidades. Em todo o mundo, mais de um bilhão de pessoas utilizam uma meia dúzia de modelos chineses, sob a supervisão de um governo que declarou a IA como prioridade estratégica nacional. A China abraçou o papel da IA na educação e incentivou seu uso — embora sujeito a filtros e controle.

O DeepSeek talvez seja a IA chinesa mais conhecida, lançada cerca de um ano após o ChatGPT e, em alguns aspectos, rivalizando com o GPT-4. Os modelos do DeepSeek podem ser executados offline, o que os torna invisíveis para algumas ferramentas de detecção. É uma IA fortemente multilíngue, o que a torna popular entre estudantes chineses em outros países. Por ser de código aberto, o DeepSeek está evoluindo rapidamente — e de maneiras bem diferentes dos produtos americanos.

TABELA 1: Principais avanços educacionais em IA generativa

Data	Evento	Importância para a Educação
Junho 2018	GPT (OpenAI)	Primeira introdução de um modelo de pré-treinamento baseado em transformadores. Lançou as bases para o uso de IA na leitura, escrita e programação.
Fevereiro 2019	GPT-2 (OpenAI)	Demonstrou escrita coerente em parágrafos. Gerou preocupações imediatas com a integridade acadêmica.
Junho 2020	GPT-3 (OpenAI)	Capaz de redigir redações, tutorar e responder perguntas. Facilitou fraudes acadêmicas significativas.
Junho 2021	WuDao 2.0 (BAAI)	Primeiro modelo multimodal chinês. Impactou diretamente o desenvolvimento curricular.
Agosto 2022	Ernie-ViLG (Baidu)	Introduziu geração de imagens a partir de comandos em chinês. Reforçou o ensino visual.
Novembro 2022	ChatGPT (OpenAI)	Adoção explosiva. Escreve textos, resolve problemas de matemática e programa. Gerou debate global sobre plágio e ética acadêmica.
Janerio 2023	ChatGPT atinge 100 milhões de usuários	Estimulou o surgimento de ferramentas de detecção de IA. Educadores começaram a repensar os currículos.
Março 2023	GPT-4 (OpenAI)	Raciocínio mais avançado, menos alucinações. Ganhou maior aceitação no uso educacional.
	Ernie Bot (Baidu)	Integrado a apps educacionais na China. Ajudava em tarefas escolares.
Abril 2023	Tongyi Qianwen (Alibaba)	Possibilitou planejamento de aulas, perguntas e respostas, e tradução.

Maio 2023	Plugins e Navegação no ChatGPT	Acesso a dados em tempo real e integração com terceiros. Comprometeu avaliações online.
Julho 2023	Regulação de IA na China	Governo anunciou controle nacional da IA generativa nas escolas.
	Claude 2 (Anthropic)	Suporte para upload de conteúdos extensos—útil para pesquisas.
	LLaMA 2 (Meta)	Liberação código aberto permitiu que escolas criassem tutores personalizados.
Agosto 2023	Análise Avançada de Dados (OpenAI)	Execução de código e análise de dados. Impactou o ensino de exatas.
Setembro 2023	ChatGPT se torna multimodal	Estudantes podem enviar imagens, como capturas de tela de problemas de matemática.
Outubro 2023	DALL·E 3 no ChatGPT	Ensino de artes impactado pela geração automática de imagens.
Dezembro 2023 2023-12-01	Gemini 1 (Google)	Integração com Google Docs. Automação de sugestões em ferramentas educacionais.
Janeiro 2024	LLaMA 3 e Grok-1	Explosão de ferramentas código aberto disponíveis para escolas.
Fevereiro 2024	Gemini 1.5 e OpenAI Sora	Ferramentas de texto-para-vídeo permitem criar explicações visuais e tarefas multimídia.
Março 2024	SenseChat 3.0 (SenseTime)	Ensino multilíngue facilitado com foco em tradução.
	Claude 3 (Anthropic)	Memória expandida e melhor pesquisa. Mais confiável para trabalhos acadêmicos.
Abril 2024	Grok (xAI)	Integração com redes sociais levantou preocupações sobre desinformação e aprendizado informal.
Maio 2024	GPT-4o (OpenAI)	Reconhecimento de voz e imagens em tempo real. Tutoria em tempo real se torna viável.
Junho 2024	Claude 3.5 Sonnet	Melhor desempenho multimodal—especialmente eficaz para STEM e tarefas visuais.
	Apple Intelligence anunciada	IA integrada diretamente aos produtos Apple. Ampla adoção na educação básica e superior.

Julho 2024	Google Veo 2	Geração de vídeos com áudio. Impacta narrações e apresentações escolares.
Agosto 2024	Leitor e Assistente de Escrita da McGraw Hill	IA incorporada diretamente em livros digitais do ensino básico e superior.
Abril 2025	Claude para Educação (Anthropic)	Introduz modo "aprendizado socrático". Estimula pensamento crítico.
	Ordem Executiva de Trump	Direciona investimentos em formação de professores para IA e cria força-tarefa nacional sobre IA na educação.
Maio 2025	Claude 4, Gemini 2.5, Veo 3 lançados	Avanços incrementais em vídeo, voz e multimodalidade.
	Diretrizes globais da UNESCO	Primeiro marco internacional para uso seguro e equitativo da IA generativa na educação.
	Salto da IA na Estônia	Contas de IA disponibilizadas para todos os estudantes e professores capacitados, posicionando o país como líder global.
Agosto 2025	Apoio educacional do Google	Anúncio de investimento de US$ 1 bilhão em apoio ao ensino superior nos Estados Unidos.
	Google "Aprendizagem Guiada"	Aprimora a aprendizagem conceitual por meio de IA.
	Chat GPT-5 (OpenAI)	Modelo unificado e altamente capaz, com raciocínio avançado, suporte multimodal e respostas mais seguras.

O dado mais marcante na tabela acima é a frequência crescente dos eventos, avanços e lançamentos. As seis primeiras linhas cobrem um período de quatro anos; as seis últimas, apenas quatro meses.

Infelizmente, não precisamos lidar apenas com o ChatGPT e produtos semelhantes, que ao menos reconhecemos. Nossos estudantes podem estar usando o ERNIE, o SparkDesk ou o ChatGLM — nomes que muitos de nós sequer conhecem, muito menos sabem reconhecer seus resultados.

Mais adiante, vamos explorar a ampla gama de ferramentas de IA atualmente disponíveis para estudantes e discutir suas diferenças.

Mas, por enquanto, reflita sobre tudo o que aconteceu em menos de três anos. Desde o lançamento inicial do ChatGPT, já vimos várias gerações de modelos, concorrentes sérios, ferramentas auxiliares como o QuillBot, que dificultam a detecção, e plataformas que promovem abertamente sua capacidade de gerar trabalhos com aparência autêntica — sem o menor constrangimento.

Nos primeiros dias, falava-se em "banir" a IA. Em decisões impulsivas, algumas instituições nobres responderam com medidas verdadeiramente luditas diante da nova tecnologia.[1] Chegou 2024, depois 2025, e no Brasil ainda não existe uma política nacional coordenada — apenas uma floresta densa de alertas, posicionamentos isolados de professores ou departamentos, regras confusas, inconsistentes e muitas vezes mal formuladas.

O que talvez não tenhamos percebido enquanto acontecia — mas que hoje é evidente — é que o nascimento do ChatGPT não foi apenas mais um passo na trajetória da tecnologia. Pedagogicamente, educacionalmente, filosoficamente — escolha o advérbio que quiser — foi um marco definidor das nossas carreiras, talvez até de nossas vidas. Ele desafia tudo o que acreditamos sobre ensino, aprendizagem, ética e conduta acadêmica.

Você talvez pense que achamos tudo isso um desastre. Não achamos. Achamos que é maravilhoso. Incrível. Espetacular. Insira aqui seu próprio adjetivo ou palavrão favorito. Mas a reação coletiva da nossa comunidade acadêmica está dispersa — e estamos perdendo

---

[1] No século XIX, na Inglaterra, trabalhadores têxteis protestaram contra novas máquinas que ameaçavam seus empregos destruindo-as fisicamente. Eles ficaram conhecidos como Luditas, em referência a um homem chamado Ned Ludd — possivelmente fictício — que teria destruído um tear. Hoje, o termo luddista (usado como substantivo e adjetivo) simboliza a resistência ao avanço tecnológico.

o bonde da história. Se ainda sonhamos em colocar o gênio de volta na lâmpada, já estamos derrotados. Ele saiu para sempre.

Vamos explorar, juntos, como usar esse poder a nosso favor — e realizar todos os nossos desejos.

ESSA É APENAS A NOVA CALCULADORA?

FIGURA 3: Chicken Licken

Lembra do Pedro e o Lobo? Na famosa fábula de Esopo, o menino gritou "*wolf*" [lobo] muitas vezes, e quando realmente havia um lobo, ninguém mais estava ouvindo. O folclore europeu nos dá a história de Chicken Little (ou Chicken Licken), que levou uma bofetada na cabeça e reuniu um grupo de animais para avisar o rei que "*the sky was falling down*" [o céu estava caindo]

O ex-professor de ciências de Alym, Dave Eberwein, que mantém um blog educacional, aponta as várias vezes em que uma nova tecnologia provocou o medo de que o céu estivesse caindo sobre nossas escolas. Calculadoras iam deixar os estudantes analfabetos em matemática. A Internet "*was going to create chaos in our classrooms with rampant plagiarism*" [ia causar caos em nossas salas de aula com plágio desenfreado]. O ensino online ia tornar os professores de sala de aula desnecessários. E o Wolfram Alpha tornaria a matemática irrelevante. "*None of these catastrophes happened*" [Nenhuma dessas catástrofes aconteceu] (Eberwein, 2023).

Já ouvimos isso antes. Outras tecnologias revolucionárias surgiram em nossas vidas. Pense em editores de texto, planilhas, e-mail e a fotocopiadora. Elas já não são mais vistas como ameaças, mas como coisas mundanas, certo?

Comentando a postagem de Dave, Sheila Spence escreveu: "*when things begin to shake loos (sic) and change, the first reaction is to tighten down the belt (ie prevent the change). Eventually the change comes and we adapt*" [quando as coisas começam a balançar e mudar, a primeira reação é apertar o cinto (ou seja, impedir a mudança). Com o tempo, a mudança chega e nós nos adaptamos].

A IA generativa é diferente. Não é apenas a nova calculadora, processador de texto ou fotocopiadora — por vários motivos. Essa tecnologia estimula os estudantes a evitarem desenvolver sua habilidade mais importante: pensar. Vamos refletir um pouco sobre a calculadora: as principais diferenças em relação à IA estão mostradas na próxima tabela.

TABELA 2: A calculadora vs. a IA generativa

Aspecto	Calculadora	IA generativa
O que faz	Realiza um cálculo ou operação precisa	Gera conteúdo como textos, imagens, códigos, músicas, animações ou vídeos
Do que precisa	Entradas estruturadas (ex: 2 + 1)	Entradas estruturadas ou não (ex: "Escreva um e-mail para uma editora com minha proposta de livro.")
O que produz	Uma resposta correta — sempre consistente	Resultados variáveis — a resposta para dois usuários com a mesma pergunta dificilmente será idêntica
Como faz	Usa soluções conhecidas para resolver apenas problemas conhecidos	Raciocina, resume, traduz, prevê, adapta, conversa
Seus limites	Só resolve problemas de resposta fechada	Pode propor soluções para tarefas abertas (ex: elaborar uma estratégia, criar uma apresentação, contar uma história)

Se ajudar, pense na calculadora como uma chave de fenda. É uma ótima ferramenta, mas foi projetada para um único propósito específico — girar parafusos.

A IA generativa é algo mais parecido com "*the best Swiss army knife ever made*" [o melhor canivete suíço já feito] — ela tem uma porção de ferramentas diferentes para muitos tipos de tarefas, algumas das quais funcionam até automaticamente.

Não é exatamente tão simples assim, mas você entendeu a ideia. Estendendo a analogia, é perfeitamente possível abusar ou fazer uso indevido de um canivete suíço.

METACOGNIÇÃO

As ferramentas atuais de IA generativa escrevem com fluência, resumem bem até tópicos complexos e simulam domínio de conhecimento. Mas elas **não fazem tudo** — e, o mais importante, **não pensam** nem **ensinam os estudantes a pensar**. Pelo contrário: ao tornar fácil a produção de resultados convincentes, acabam incentivando os estudantes a permanecer em um nível altamente superficial de compreensão, contornando exatamente os processos que levam ao entendimento e à maestria.

A **metacognição** — pensar sobre como pensamos — é a principal preocupação de quem ensina. Quando os estudantes terceirizam seu trabalho cognitivo para um computador, eles não estão apenas pulando uma etapa. Estão perdendo uma oportunidade.

Como educadores, uma de nossas tarefas centrais é **recuperar a metacognição** e descobrir **como manter os estudantes na trilha da aprendizagem** mesmo enquanto utilizam essas novas ferramentas. Assim como no mundo antigo, eles ainda precisam reconhecer trabalhos malfeitos, questionar e avaliar fontes, testar ideias e, acima de tudo, continuar formando suas próprias percepções.

Não basta **repensar nossas práticas de ensino e avaliação** — precisamos também **reavaliar nossos próprios critérios e respostas**. O que é "cola", nesse novo mundo? Como podemos não apenas nos adaptar a essa nova ferramenta, mas também **reformular nossa visão** pessoal de um mundo onde qualquer um pode terceirizar o ato de pensar?

BLOOM, BIGGS, E ALÉM

Para tentar mapear a incursão da IA generativa no processo de aprendizagem, podemos começar recorrendo a modelos de aprendizagem já familiares. Presente desde a década de 1950, a taxonomia de Bloom, mais conhecida em sua versão revisada (Anderson & Krathwohl, 2001), ainda é útil — embora devemos levar em conta o volume considerável de críticas que ela já recebeu.

Dylan Wiliam, professor emérito de avaliação educacional no University College London, teria chamado a taxonomia de Bloom de "*one of the most destructive theories in education*" [uma das teorias mais destrutivas da educação]. O teórico norte-americano Alfie Kohn critica quem interpreta Bloom como uma hierarquia rígida e alerta contra a categorização das habilidades como de níveis "inferiores" e "superiores" (Kohn, 2004).

O pensador canadense Dr. Jason Openo vai além ao perguntar: "*Is it time to ditch Bloom's once and for all?*" [Está na hora de abandonar Bloom de uma vez por toda?], ao apontar que não há evidência empírica que comprove a validade da taxonomia (Openo, 2025).

Não precisamos cometer o erro de ver Bloom como uma hierarquia fixa — ou ignorar a natureza recursiva da aprendizagem — para utilizar a taxonomia como ferramenta para entender como a IA generativa se diferencia das tecnologias educacionais anteriores.

TABELA 3: A taxonomia de Bloom e os auxílios eletrônicos

Bloom Level	Calculadora	Excel	IA Gen
1. Lembrar	✗	✓	✓
2. Compreender	✗	✗	✓
3. Aplicar	✓	✓	✓
4. Analisar	✗	✗	✓
5. Avaliar	✗	✗	✓
6. Criar	✗	✗	✓

Uma leve ressalva quanto aos três últimos "X" na coluna da planilha — os seres humanos podem utilizar planilhas, de forma indireta, para auxiliar na consecução desses objetivos por meio do design de fórmulas e modelos. No entanto, de forma alguma uma planilha é capaz de produzir interpretações imediatas ou gerar novas ideias em resposta a perguntas.

É comum ouvirmos expressões como *terceirização da pirâmide* ou *terceirização do pensamento* (Sarkar, 2025) nesse contexto. A metáfora da pirâmide refere-se a uma representação gráfica da educação, na qual as funções de ordem inferior (níveis 1 e 2 de Bloom) estão na base, e as de ordem superior estão no topo.[2] Estudantes que utilizam inteligência artificial generativa correm o risco de ignorar o aprendizado derivado do trabalho fundacional; com isso, comprometem sua capacidade de alcançar os níveis mais elevados. Essa metáfora se assemelha à imagem da escada, que também começou a aparecer em blogs e discursos acadêmicos. Professores discutem se o uso do ChatGPT permite que os estudantes "saltem etapas" ou contornem a escada. Devemos ter cautela com tais analogias — o fato de um estudante produzir algo

---

[2] Como já observamos em publicações anteriores, ainda nos perguntamos por que dizemos pirâmide quando a figura é um triângulo. Mas divagamos.

que demonstra um nível elevado de desempenho não significa, necessariamente, que ele tenha atingido tal nível. Talvez uma analogia mais apropriada seja a da remoção de degraus: quando um chatbot realiza essa ação, o estudante é capacitado a alcançar um nível superior, ou acaba caindo no vazio? Infelizmente, na maioria dos casos, acredita-se que a segunda hipótese seja a mais provável.

É importante compreender, caso optemos pela analogia da escada, que os riscos não se limitam à aparência de que os estudantes estão realizando tarefas de "nível superior"; muitas vezes, eles sequer conseguem se aproximar dessas tarefas quando a IA generativa substitui as funções mais básicas de memorização e compreensão. Como afirma o Dr. Openo: "*Teachers are concerned that students will bypass a ladder that dos not, in fact, exist*" [Professores estão preocupados com o fato de que os estudantes estejam pulando uma escada que, na verdade, não existe] (Openo, 2025).

A taxonomia de Bloom, mesmo quando compreendida como não estritamente hierárquica, não aborda plenamente o grau de compreensão nem os processos complexos do aprendizado. É nesse ponto que a taxonomia SOLO oferece uma contribuição valiosa. Desenvolvida pelos psicólogos australianos John B. Biggs (Professor Emérito da Universidade de Hong Kong) e Kevin F. Collis, a Estrutura dos Resultados de Aprendizagem Observáveis (*Structure of Observed Learning Outcomes*) foi proposta em 1982 (Biggs & Collis, 1982) e descreve cinco estágios progressivos na construção da compreensão.

TABELA 4: A taxonomia SOLO

Pré-estrutural	Uniestrutural	Multiestrutural	Relacional	Abstrato Ampliado
Nenhuma compreensão relevante; o estudante "não captou o sentido"	Uma ideia relevante, mas não conectada a outros aspectos	Diversas ideias relevantes, porém tratadas de forma independente e desconectada	Compreensão integrada, resultando em um todo coerente	Capacidade de generalizar ou teorizar além do conteúdo apresentado, aplicando-o a novos domínios ou conceitos

A taxonomia SOLO, quando aplicada ao ambiente da inteligência artificial generativa (IA Gen), evidencia a zona problemática (cinzenta): estudantes não conseguem alcançar os dois níveis mais elevados apenas copiando e colando, ou mesmo parafraseando, conteúdos gerados por IA. O processo de aprendizagem requer internalização (no nível relacional) e contribuição pessoal (no nível abstrato ampliado).

A seguir, apresenta-se uma árvore decisória simplificada para auxiliar os estudantes a se posicionarem dentro da taxonomia SOLO. Sinta-se à vontade para disponibilizá-la aos estudantes ou integrá-la ao material didático do curso.

Logo após a árvore, há uma folha de reflexão (*reflection worksheet*) que pode ser fornecida aos estudantes para orientá-los no processo metacognitivo. Caso utilizem esse instrumento com regularidade — e é possível considerar torná-lo uma exigência de entrega junto com cada atividade —, ele os ajudará a desenvolver consciência crítica e a aprender a autorregular o uso da IA generativa. Isso lhes permitirá assumir maior protagonismo em seus próprios trajetos de aprendizagem.

Em que ponto estou no caminho da taxonomia SOLO?

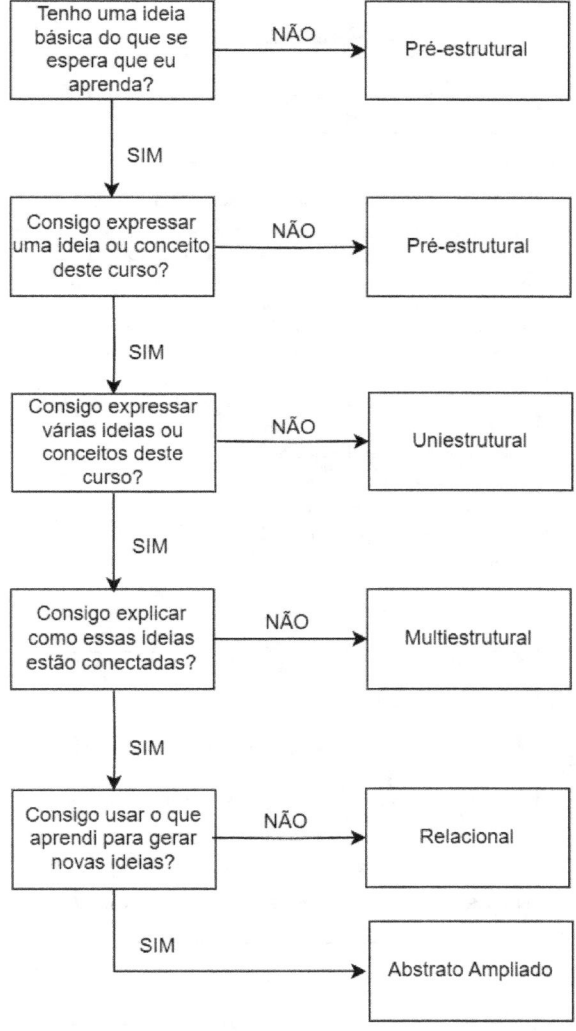

FIGURA 4: Árvore decisória para classificação na taxonomia SOLO

Planilha de Metacognição

1. Sobre qual tarefa você está refletindo?

2. Qual é o seu nível atual de compreensão? *Selecione UM*
   1. **Pré-estrutural** - Eu realmente não entendo ainda / Eu perdi o ponto
   2. **Uniestrutural** – Lembro-me ou explico uma ideia relevante
   3. **Multiestrutural** – Tenho várias ideias, mas elas parecem desconectadas
   4. **Relacional** – Eu vejo como as ideias se encaixam
   5. **Resumo estendido** – Posso usar essas ideias para criar ou explorar novos conceitos

1. Como você chegou a esse nível de compreensão? *(Selecione uma ou mais caixas)*
   - ☐ Ferramentas usadas da Gen AI
   - ☐ Discutido com outros humanos
   - ☐ Trabalho anterior revisado
2. ☐ Conectado este tópico a outros assuntos
   - ☐ Outros

3. Que partes da tarefa o desafiaram?

4. O que você poderia fazer para passar para o próximo nível?

   Por exemplo, mais prática, melhores exemplos, trabalhar com feedback, etc.

5. Plano de ação: qual é uma coisa específica que você fará a seguir?

Copyright ©2025 Alym Amlani & Paul Davis

FIGURA 5: Planilha de metacognição

A IA generativa distingue-se de todos os avanços tecnológicos anteriores porque, em resposta a comandos simples, é capaz de assumir integralmente o processo de aprendizagem e produzir trabalhos que aparentam demonstrar que o estudante atingiu resultados avançados. Ela pode contornar a necessidade de memorizar, compreender, aplicar, analisar, avaliar e até mesmo criar. Pode simular compreensão e aparentar operar em níveis abstratos. Isso representa um problema, pois a maioria das ferramentas e processos educacionais que utilizamos foi concebida justamente para avaliar essas competências.

Se um computador portátil — ou mesmo um telefone celular — pode realizar todas essas funções, o que resta para o estudante fazer? Quando um estudante entrega uma prova, uma tarefa ou uma dissertação, quem, de fato, realizou o trabalho intelectual? Se a IA generativa realiza tudo aquilo que se espera dos estudantes, qual é então o propósito da educação? E onde se situam os educadores nesse cenário?

Na tabela a seguir, alinhamos os dois modelos e identificamos (com sombreamento em cinza) as limitações da IA generativa nos níveis mais elevados da aprendizagem.

TABELA 5: Alinhamento entre Bloom e SOLO

Bloom (processo cognitivo)	SOLO (resposta do aprendiz)	Problema
1 Lembrar	Pré-estrutural	
2 Compreender	Uniestrutural	
3 Aplicar	Multiestrutural	
4 Analisar	Relacional	A IA generativa imita o reconhecimento de padrões, mas o estudante não adquire compreensão conceitual.
5 Avaliar	Abstrato	A IA generativa gera argumentos e críticas. No entanto, ela não é capaz de ponderar evidências ou exercer julgamentos de valor humanos. Ela combina conhecimentos existentes de maneira que parecem novas, mas não há nada de original, emocional ou experiencial por parte do estudante.
6 Criar	Ampliado	

Pesquisas muito recentes começaram a quantificar a depreciação da aprendizagem decorrente da dependência excessiva de IA generativa. Em junho de 2025, por exemplo, Nataliya Kosmyna e colaboradores publicaram um estudo utilizando escaneamentos cerebrais para observar o que ocorre quando pessoas utilizam o ChatGPT na redação de ensaios. Os resultados indicaram que os usuários do ChatGPT apresentaram sinais de menor esforço cognitivo: a tarefa pareceu mais fácil, mas isso não se traduziu em maior aprendizado. Pelo contrário, lembraram e aprenderam menos do que aqueles que escreveram de forma independente. Os autores utilizam o termo "dívida cognitiva" para descrever um passivo acumulado; confiar em ferramentas de IA parece ser fácil agora, mas há um custo futuro — semelhante ao uso de um cartão de crédito. Os estudantes precisam estar conscientes desse trade-off entre obter resultados mais fáceis no presente e comprometer o aprendizado no futuro (Kosmyna et al., 2025).

DE VOLTA A KAI

Para uma demonstração prática do poder analítico das taxonomias de Bloom e SOLO, voltemos à história de Kai, contada no prefácio. Trata-se de uma demonstração contundente do descompasso entre desempenho e conquista cognitiva.

Quando Kai respondeu a questões objetivas básicas utilizando seleções geradas por IA, isso comprometeu os níveis 1 e 2 — lembrar e compreender. Como vimos na entrevista posterior, os resultados da prova aparentemente indicavam aplicação e análise de conceitos, mas Kai não havia atingido nem o nível 3 (aplicação) nem o nível 4 (análise). Nas questões discursivas, a avaliação e a criação (níveis 5 e 6) foram imitadas, mas Kai também não havia alcançado nenhum desses níveis.

Sob a perspectiva da taxonomia SOLO, o pensamento em nível de abstrato estendido aparentemente foi demonstrado, mas, na realidade, Kai operou, no máximo, no nível multiestrutural. Não houve compreensão relacional, nem envolvimento pessoal com as ideias, tampouco qualquer elaboração original. Ainda assim, sem a entrevista e os registros do Canvas, poderíamos ter classificado incorretamente as habilidades de Kai, já que a taxonomia SOLO avalia a estrutura da resposta, mas não necessariamente o alcance cognitivo.

O caso não é apenas dramático, mas também serve como advertência. É um exemplo impressionante de como um instrumento de avaliação cuidadosamente elaborado — uma prova extensa que levou dias para ser escrita e anos para ser aprimorada — pôde ser completamente terceirizado a uma ferramenta de IA com sucesso extraordinário. Isso até ser descoberto, e Kai sofrer consequências sérias e permanentes.

O PROBLEMA DE IA DO GOOGLE

Usar o Google para buscar informações na internet tornou-se tão ubíquo e familiar que o verbo "googlar" foi oficialmente incorporado à língua inglesa em 2006 (Oxford University Press, 2006). Em 2024, pouco menos de 90% de todas as buscas na internet no mundo eram feitas pelo Google (Oberlo, 2024). O que poderia desafiar uma posição de mercado tão dominante?

A resposta, como você provavelmente imaginou, é a inteligência artificial. Em abril de 2025, o executivo sênior da Apple, Eddy Cue, teria declarado que o volume de buscas realizadas pelo Safari (cujo mecanismo padrão é o Google) caiu pela primeira vez na história. Ele atribuiu a queda à IA. Fontes da mídia relataram que a Apple estaria considerando adicionar chatbots de IA aos seus dispositivos. As ações da Alphabet, empresa controladora do Google, caíram mais de 7% após essas revelações (Laidley, 2025).

Isso representa uma péssima notícia para a receita do Google, que depende de cliques em anúncios. Embora os cliques pagos tenham crescido 2% no primeiro trimestre de 2025, esse foi o menor aumento trimestral já registrado. Analistas preveem uma queda ainda mais acentuada: a Gartner, uma respeitada empresa global de pesquisa e análise, projeta um declínio de 25% até 2026 (Ruiz, 2024). A estimativa da Gartner pode ser otimista: na primeira metade de 2024, o tráfego direto do ChatGPT — quando o usuário acessa diretamente o site — aumentou 182.000% (Hedgepeth, 2025).

A ciência cognitiva nos mostra que os seres humanos têm uma tendência evolutiva à conservação de energia. Alguns diriam que somos naturalmente preguiçosos. Daniel Lieberman expressa isso de forma mais elegante:

> From an evolutionary standpoint, our ancestors survived by being efficient. Doing the least amount of work necessary to meet basic needs made sense in a resource-scarce world (Lieberman, 2021) [O ponto de vista na evolução, nossos ancestrais sobreviveram sendo eficientes. Realizar apenas o trabalho necessário para satisfazer as necessidades básicas fazia sentido em um mundo com escassez de recursos].

Abordando a tecnologia de forma mais direta, o professor Andy Clark explicou em 2003 por que esse comportamento nos parece tão natural (Clark, 2003). Ele argumentou que os seres humanos sempre estenderam suas mentes para o mundo ao seu redor — por exemplo, para ferramentas, ambientes e outras pessoas. Afastando-se da ficção científica futurista, Clark sugeriu que isso faz parte da nossa constituição. Nós não apenas usamos ferramentas; nós as integramos aos processos de memória, raciocínio e resolução de problemas. Em tempos remotos, escrevíamos e pintávamos em paredes de cavernas; mais recentemente, anotávamos números de telefones em guardanapos (agora apenas os adicionamos aos contatos do smartphone); passamos a utilizar papel e lápis, após sua invenção, para nos ajudar a realizar cálculos complexos.

Quando olhamos o celular para ver as horas, usamos o Google Maps para navegar ou perguntamos ao ChatGPT como fazer algo, não estamos "enganando" nosso cérebro. Estamos apenas fazendo aquilo para o qual evoluímos: estendendo nosso cérebro ao ambiente ao redor para cumprir uma tarefa. A esse processo de transferir o que sabemos para algo que podemos acessar dá-se o nome de externalização cognitiva, ou *cognitive offloading*. O risco é deixarmos de pensar por conta própria — você provavelmente já viu histórias de motoristas de caminhão que seguiram instruções do GPS até becos estreitos demais ou de pessoas que dirigiram até cair em um lago (Miranda, 2016).

E essa é toda a explicação de que precisamos. Superamos o impacto da chegada da internet há algumas décadas e, hoje, esperamos rotineiramente que, ao propormos um trabalho acadêmico, os estudantes façam buscas online ("googlem"), leiam o que encontrarem e sintetizem os dados em seus relatórios. Mas agora eles nem precisam mais fazer isso. Ao acionar o ChatGPT, o estudante não apenas recebe resultados obtidos por meio de uma busca global em fontes da internet, mas também, em questão de segundos, tem acesso a um resumo, explicações sob demanda (em praticamente qualquer idioma), e entra em uma conversa onde pode solicitar mais detalhes sobre qualquer parte da resposta. E nem mesmo precisam digitar a pergunta — a IA está cada vez mais integrada a assistentes de voz. É possível perguntar com a mesma naturalidade com que se conversa com um amigo em um café.

Isso tem relevância direta para nós, educadores. Vamos reformular Lieberman em nosso contexto.

Estudantes, como todos os seres humanos, são naturalmente inclinados a conservar energia. Diante do estresse, da pressão do tempo, da baixa motivação ou do peso de expectativas elevadas, a tentação de recorrer a ferramentas de IA é quase irresistível. Não se trata simplesmente de preguiça; nossos cérebros estão biologicamente programados para buscar as melhores ferramentas disponíveis para conquistar as recompensas desejadas.

MILÊNIOS DE EVOLUÇÃO PROGRAMARAM OS ESTUDANTES PARA USAR IA GENERATIVA

Enquanto a avaliação continuar baseada em notas — um sistema profundamente enraizado há séculos — os estudantes continuarão a buscar o máximo retorno (as notas mais altas) com o mínimo esforço (o que inclui recorrer à IA). Precisamos reformular as estruturas de recompensa para valorizar motivadores intrínsecos, e não apenas impulsos externos. Os estudantes necessitam de tarefas significativas e gratificantes, que lhes pareçam relevantes. Parte dessa transformação pode ser promovida dentro de disciplinas individuais, mas o que realmente se faz necessário é uma mudança nas estruturas pedagógicas e nas abordagens institucionais.

Como lidar com um desafio tão fundamental? Não se preocupe — vamos mostrar o caminho.

TRÊS PONTOS FUNDAMENTAIS

1. A IA generativa está transformando a educação rapidamente — e veio para ficar.
2. A resposta das instituições é bastante variada, indo de proibições à integração.
3. Não vamos entrar em pânico nem adotar um tom moralista. Podemos lidar com tudo isso por meio de estratégias pragmáticas e cuidadosas.

Capítulo 2. CHATGPT E A EXPLOSÃO DA IA GENERATIVA

> *Nosso estudante perguntou: "Qual é o problema, se isso me ajuda a refletir sobre as coisas?"*

O QUE É IA GENERATIVA?

Ao longo deste livro, utilizamos com frequência o ChatGPT como representante da IA generativa, por ser atualmente a ferramenta mais conhecida e amplamente utilizada no ensino superior. Várias versões são gratuitas, o que a torna facilmente acessível à maioria dos estudantes. Muitos de nossos exemplos pressupõem um desempenho compatível com o do ChatGPT, embora os resultados de outras ferramentas possam variar significativamente. Ferramentas otimizadas para uma função específica, como programação, podem não apresentar bom desempenho em outras tarefas. Estudantes em locais remotos, trabalhando em idiomas não suportados ou sem recursos financeiros, podem não ter acesso às ferramentas mais confiáveis ou especializadas disponíveis. Ao sugerirmos exemplos ou políticas, pedimos que se considere que nossas propostas podem exigir interpretações flexíveis em contextos desafiadores.

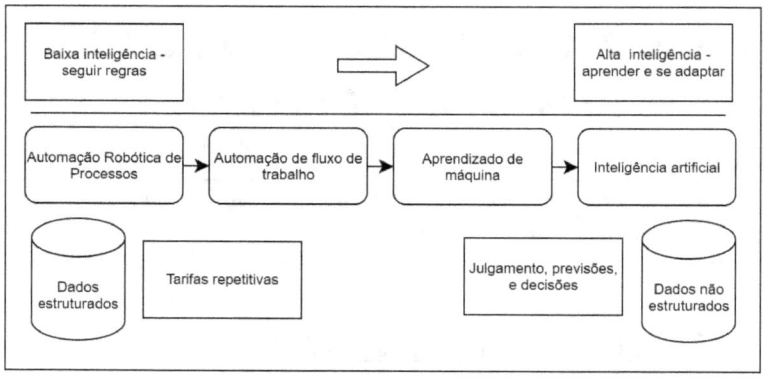

FIGURA 6: O Continuum da IA

Inteligência Artificial (IA), sem qualificação adicional (ou "IA convencional"), refere-se ao uso de máquinas para realizar tarefas que evocam a inteligência humana: compreender palavras, reconhecer padrões ou resolver problemas, por exemplo. A IA convencional geralmente possui como principais características a percepção, o raciocínio, o aprendizado e a interação. Essas capacidades representam um avanço em relação à automação de processos robóticos (RPA), que utiliza máquinas (robôs) para executar tarefas repetitivas com base em regras estritas e predefinidas. Os sistemas de RPA (que incluem software, não se limitando a dispositivos físicos) são inflexíveis e não se adaptam a novas situações. A IA, por outro lado, pode aprender a partir de suas observações e lidar com variações sem depender exclusivamente de um conjunto fixo de regras.

Na prática, a RPA frequentemente executa as tarefas repetitivas, como a coleta de dados estruturados, que posteriormente são utilizadas pela IA para agregar valor com sua contribuição analítica.

Os sistemas básicos de IA podem ser agrupados em três tipos principais, de acordo com sua funcionalidade. Essas categorias não são necessariamente exaustivas nem mutuamente exclusivas, mas:

- **IA Discriminativa** realiza decisões binárias ou classificatórias sobre os dados. Por exemplo, é utilizada para separar e-mails no Outlook entre spam, prioritários e outros.
- **IA Preditiva identifica** tendências em dados existentes e prevê o que pode acontecer em seguida. Por exemplo, pode reunir dados sobre a frequência de um estudante, entrega de tarefas, engajamento com plataformas de aprendizagem, desempenho acadêmico anterior e outros insumos relevantes, para prever a probabilidade de evasão de um curso ou programa. Um projeto trinacional na América Latina utilizando IA explicável (XAI) para prever quais estudantes estão em risco de evasão e desenvolver intervenções é um caso de uso exemplar (Designhouse, 2025).
- **IA Prescritiva** sugere o que fazer em relação a determinada situação. Por exemplo, após analisar dados semelhantes aos utilizados pela IA preditiva, pode recomendar uma intervenção relevante para reduzir o risco de evasão de um estudante.

"Gen", abreviação de "generativa", acrescenta a capacidade de criação de novos conteúdos. Isso a torna qualitativamente distinta dos sistemas anteriores. A IA generativa pode produzir algo completamente novo com base em padrões aprendidos a partir de dados existentes. Pode redigir histórias, compor músicas, responder perguntas, pintar quadros ou escrever códigos. Em certo sentido, ela imita os humanos ao prever a próxima palavra, nota ou pixel — mas não pensa nem compreende da forma humana. Suas respostas ainda se baseiam nos padrões observados nos dados disponíveis.

A IA generativa não é senciente (ainda). Ou seja, ela não possui sentimentos ou emoções como os seres humanos. Nem sempre está correta — em breve abordaremos o problema das alucinações. Ela não possui experiências pessoais que fundamentem suas decisões, e as sugestões que fornece nem sempre são corretas. Deve ser vista como uma ferramenta para informar o julgamento humano, especialmente no contexto educacional. Ainda não está — pelo menos por ora — pronta para substituir os seres humanos.

Dito isso, a IA generativa já está amplamente presente em nossas salas de aula, softwares e plataformas de aprendizagem. É praticamente impossível utilizar qualquer dispositivo eletrônico sem se deparar com alguma aplicação de IA generativa, mesmo quando ela não é evidente. Nossa função é utilizá-la de forma responsável e ensinar nossos estudantes a fazerem o mesmo.

Existem diversas classificações possíveis para os tipos de IA generativa. A próxima tabela apresenta uma tipologia que atende aos objetivos deste livro.

TABELA 6: Categorias de IA generativa

Categoria	Papel	Finalidade	Exemplo
Assistente de texto	Passivo — o usuário não precisa solicitar	Aperfeiçoar (e cada vez mais, gerar) textos e apresentações em documentos	Grammarly
Agente conversacional	Interativo — realiza trocas com o usuário	Engajar-se em diálogo e raciocínio em resposta a comandos	ChatGPT, Claude, Gemini
Gerador	Responsivo — entrega após solicitação	Criar conteúdo, código, imagens, música, vídeo, apresentações, planos	DALL·E, Ghostwriter, Suno, gamma.app, Khanmigo
Avaliador	Responsivo — entrega uma ferramenta de avaliação e, em seguida, corrige as respostas dos estudantes	Criar e corrigir instrumentos de avaliação educacional, como testes, redações ou tarefas	Quizgecko

Cada uma das categorias apresentadas na tabela pode ser subdividida em subcategorias, frequentemente com sobreposições. O Grammarly, por exemplo, deixou de apenas corrigir erros para começar a sugerir conteúdo à medida que o usuário escreve. Embora o ChatGPT seja classificado como um agente conversacional, muitas de suas respostas podem ser legitimamente interpretadas como conteúdo gerado.

Se considerarmos que o grupo dos avaliadores também se sobrepõe integralmente aos grupos de agentes e geradores, então a principal característica distintiva passa a ser o momento da interação: assistentes de texto interagem enquanto trabalhamos, agentes conversacionais engajam-se em um processo iterativo, enquanto geradores entregam um produto único em resposta a uma solicitação.

A distinção entre as três primeiras categorias é fundamental quando analisamos o uso da IA por parte dos estudantes, pois o tipo de ferramenta utilizada e a forma como os resultados são apresentados podem levar a desfechos completamente distintos. Mas estamos nos adiantando—vamos antes ampliar nossa compreensão sobre o vasto universo da IA generativa.

QUANTAS FERRAMENTAS DE IA GENERATIVA EXISTEM?

Não precisamos ser excessivamente técnicos quanto ao termo mais adequado. Vamos adotar "ferramentas" como o melhor termo para descrever desde utilitários pontuais até sistemas completos. Para fins de registro, você também encontrará o uso da palavra "plataforma" com sentido semelhante, "aplicativo" (ou "app") para enfatizar produtos voltados ao usuário em celulares e tablets, e "soluções" em contextos empresariais.

Quantas ferramentas de IA generativa você imagina que existem atualmente? Quando fazemos essa pergunta a estudantes iniciantes na área, suas estimativas geralmente ficam na casa das centenas ou, ocasionalmente, milhares. Em geral, conseguem citar apenas cinco ou seis nomes. Isso é compreensível — o universo da IA generativa é amplamente dominado por um pequeno grupo de nomes muito conhecidos, que competem intensamente por atenção.

Mas o número real — embora difícil de ser determinado com precisão — está na casa das dezenas de milhares. Qualquer número estimado hoje estará desatualizado amanhã. Uma equipe que se autodenomina *"Awesome AI Tools"* mantém um site em https://whataicandotoday.com/; em 19 de julho de 2025, a página inicial exibia a seguinte mensagem — observe a ironia: o site utiliza IA generativa para analisar ferramentas de IA generativa:

> We've analysed **16357 AI Tools** and identified their capabilities with OpenAI GPT-4.1, to bring you a **free list** of **83018 tasks** of what AI can do today.

Figure 7: Contando ferramentas de IA

[Analisamos 16.357 ferramentas de IA e identificamos suas capacidades com o OpenAI GPT-4.1, para apresentar a você uma lista gratuita de 83.018 tarefas que a IA é capaz de realizar hoje.]

Há outras fontes com seus próprios totais, como o toolify.ai (na mesma data, 26.413 ferramentas de IA em 459 categorias). O número exato não importa — o ponto fundamental é que milhares de novas ferramentas são lançadas a cada ano, o que significa que há vários lançamentos por dia. Nenhum ser humano poderia acompanhar tudo isso.

A Universidade de Stanford — um nome em que podemos confiar — publica anualmente, desde 2017, o relatório *AI Index*. O relatório de 2025 menciona que somente a IA generativa atraiu US$

33,9 bilhões em investimentos privados em 2024 (Stanford Institute for Human-Centered Artificial Intelligence, 2025). Ler o resumo disponível na página inicial é um excelente investimento de cinco minutos; ele contém uma lista impressionante dos "principais destaques" que realmente contextualizam a posição da IA no mundo, além de comparações importantes entre os Estados Unidos, a China e outras regiões do globo.

Apesar desses números gigantescos, educadores podem se concentrar em compreender um pequeno grupo de agentes que dominam completamente os espaços relevantes. No caso dos chatbots, há uma razão pela qual o ChatGPT tornou-se quase sinônimo de IA generativa (como "Bombril" ou "Xerox" para outros produtos): segundo analistas do DemandSage, ele detém 59,2% do mercado de busca em IA. Ao adicionarmos o Microsoft Copilot (14,4%), o Google Gemini (13,5%), o Perplexity (5,6%) e o Claude (2,8%), sobra menos de 5% para todas as outras ferramentas existentes no planeta (Singh, 2025).

Há um padrão semelhante de dominação de mercado em outras áreas da IA generativa, embora seja mais difícil encontrar estatísticas publicadas. As ferramentas líderes, contudo, são muito menos conhecidas. No campo da criação de imagens, o Midjourney — que funciona inteiramente dentro do Discord — obteve vantagem como pioneiro em 2022 e é popular entre designers e artistas. O DALL·E divide o protagonismo, em parte por sua integração ao ChatGPT, ao Bing Image Creator e ao Microsoft Designer. A terceira principal ferramenta é o Stable Diffusion, e se somarmos o uso desses três sites, pelo menos 85% da criação de imagens no mundo está concentrada neles — provavelmente mais de 90%.

Sem nos alongarmos no argumento, basta mencionar que, no campo da programação, a combinação entre ChatGPT e GitHub Copilot provavelmente abrange 85% dos usuários globais. Já na criação musical, embora o cenário seja um pouco mais fragmentado, ainda é possível capturar três quartos dos usuários com apenas meia dúzia de ferramentas.

NO QUE A IA GENERATIVA É BOA

Para entender o que nossos estudantes podem estar fazendo com a IA generativa, primeiro precisamos compreender o que eles *podem* fazer com sua ajuda. Contudo, queremos começar destacando uma consideração realmente importante.

Você já se deparou com uma criança levada que, por qualquer motivo, parecia incapaz de dizer a verdade? Ou talvez conheça adultos — como certos políticos notoriamente conhecidos — que parecem mentir mesmo quando não há necessidade? Você certamente já ouviu a expressão "mentiroso patológico". Neste estágio de seu desenvolvimento, a IA generativa se comporta um pouco assim.

Simplesmente não podemos confiar que a IA generativa diga a verdade.

Esse simples fato tem, no mínimo, duas implicações profundas. Primeiro, pode levar a erros que indicam mau uso. Segundo, é um elemento fundamental no ensino do uso responsável da IA generativa, tanto para estudantes quanto para educadores.

Tendo isso em mente, seguem os principais grupos de atividades que a IA generativa realiza — pelo menos, atualmente.

Gerar textos

A geração de texto é, indiscutivelmente, a principal área de desafio para a maioria dos educadores, em diversas disciplinas. O ChatGPT, por exemplo, embora reconheça que funciona melhor em inglês, oferece suporte direto a 58 idiomas, escreve com qualidade adicional em outros 30 e é capaz de produzir tentativas razoáveis em centenas de línguas adicionais (Flensted, 2024). Sobre praticamente qualquer tema, redige de forma fluente, gramaticalmente correta e coerente. Pode criar textos originais em resposta a solicitações, ou ainda corrigir, aprimorar, traduzir ou simplificar conteúdos fornecidos pelos usuários. Nesse processo, é capaz de adaptar seu estilo e nível de linguagem conforme as instruções recebidas.

Tomamos o parágrafo acima, como originalmente redigido, e fornecemos ao ChatGPT o seguinte comando: reescreva este parágrafo em inglês impecável, utilizando uma linguagem adequada para uma criança de oito anos.

O resultado: um exemplo clássico do que se convencionou chamar de GPTês — uma escrita fluente, com tom controlado e completamente desprovida de idiossincrasias:

> O ChatGPT, por exemplo, funciona melhor em inglês, mas entende e fala bem em 58 idiomas. Ele também escreve direitinho em mais 30 línguas e consegue tentar se comunicar em muitas outras (Flensted, 2024). Ele escreve de forma clara e correta sobre quase qualquer assunto. Pode criar textos novos quando a gente pede, ou então ajudar a corrigir, melhorar, traduzir ou deixar mais simples o que a gente escreve. E ainda consegue mudar o jeito de falar, mais fácil ou mais difícil, do jeitinho que a gente quiser.

Este é apenas a ponta do iceberg. Poderíamos, por exemplo, pedir ao ChatGPT que traduzisse o trecho para diversos idiomas, utilizasse o estilo de escrita de Graciliano Ramos ou acrescentasse referências no corpo do texto segundo as normas da ABNT, com a lista de referências ao final. Mas nem sequer precisamos fornecer o texto original. Basta indicar uma área a ser pesquisada, e o sistema recupera informações disponíveis na internet, apresentando uma resposta refinada em questão de segundos.

Ou, se fornecermos um documento, ele será capaz de ler, resumir, parafrasear — as possibilidades são quase infinitas. Para demonstrar a impressionante amplitude de conhecimento da IA generativa, experimente inserir o seguinte prompt no ChatGPT:

> Explique como a função de distribuição radial (PDF) de um material inorgânico em estado sólido pode ser determinada a partir de dados de espalhamento total por nêutrons ou raios X, e como um refinamento conjunto de PDF e Rietveld pode ser utilizado para examinar os efeitos estruturais que a substituição elementar provoca em soluções sólidas de óxidos de metais de transição com distorções periódicas na rede cristalina.[3]

A resposta, que impressionaria qualquer pessoa, levará apenas alguns segundos para aparecer na tela. Mas a ferramenta de IA generativa **deliberadamente desacelera a exibição da resposta** para proporcionar uma melhor experiência ao usuário! Na verdade, ela levou apenas milissegundos (frações minúsculas de segundo) para formatar a resposta com base em conhecimentos que já possuía — nem sequer consultou nada na internet.

---

[3] Somos gratos a Paul Davis Jr., doutorando em seu último ano na Universidade de Oxford, por ter elaborado este prompt com base em sua própria pesquisa. Para nós, parece grego, mas Paul nos assegura que, apesar do jargão e da obscuridade, trata-se de uma solicitação válida. O ChatGPT, por sua vez, não teve qualquer dificuldade em respondê-la.

É claro que as ferramentas de IA generativa não sabem tudo. Não podemos usá-las para encontrar dados que não estejam disponíveis ou que sejam restritos. Em alguns casos, elas fornecem uma resposta honesta, dizendo que não encontraram o que procurávamos — e até explicam o motivo. Mas, em outras situações, **elas podem alucinar**. Sabemos que essas ferramentas não são humanas, mas uma maneira simples de entender o que é uma alucinação é imaginar um professor inseguro que, ao ser questionado por um estudante, inventa uma resposta que soa plausível e autoritária, mas que, na realidade, é completamente fabricada.

Vários advogados, incluindo personalidades de destaque como Michael Cohen, sucumbiram à tentação de utilizar jurisprudência alucinatória em petições judiciais — e pagaram um preço profissional por isso. Em fevereiro de 2025, a 6ª Câmara Cível do Tribunal de Justiça de Santa Catarina aplicou uma multa de 10% sobre o valor da causa a um advogado por apresentar doutrinas e jurisprudência inexistentes. O advogado havia utilizado o ChatGPT. A câmara destacou a necessidade de verificação criteriosa e encaminhou o caso à OAB-SC para avaliação adicional (Tribunal De Justiça se Santa Catarina, 2025).

Ao analisarmos casos de alucinação, frequentemente observamos que a própria formulação do prompt induziu a ferramenta a criar informações. Quando solicitamos dados muito obscuros, mencionamos pessoas relativamente desconhecidas ou pedimos citações, estatísticas ou fontes, o risco de alucinação aumenta significativamente. Quanto mais seguro o enunciado parece, maior a probabilidade de a IA generativa inventar algo plausível para atender à demanda.

A chamada "armadilha da alucinação" já surpreendeu, de forma quase inacreditável, pessoas nos mais altos escalões do governo. No fim de maio, sob os olhares do mundo, foi divulgado o primeiro relatório da comissão *Make America Healthy Again*, da administração Trump. O site NOTUS (*News of the United States*), veículo jornalístico sem fins lucrativos e apartidário, apontou rapidamente que sete dos estudos citados no relatório **não existiam**; os supostos autores não haviam publicado tais estudos, e os periódicos mencionados não continham os artigos atribuídos (GOODMAN et al., 2025). Em poucas horas, tornou-se evidente que ao menos um dos autores do relatório havia **abreviado o processo de pesquisa** e copiado cegamente respostas geradas por IA.

Em outra ocasião, observamos o ChatGPT narrar toda a "história" do fracasso no lançamento de ketchup verde na América do Sul. Na realidade, os experimentos mais notórios com ketchup colorido ocorreram nos Estados Unidos e na Nova Zelândia. Quando desafiado a apresentar fontes que comprovassem a narrativa, o ChatGPT se desculpou e prontamente admitiu que havia inventado completamente a história. E é justamente aí que reside um ponto fundamental:

> **Podemos perguntar a uma ferramenta de IA generativa se ela disse a verdade, se possui evidências do que afirmou, ou até mesmo se inventou alguma das informações que nos forneceu.**

Embora nunca tenhamos visto uma situação em que a ferramenta insistisse em uma inverdade ou sustentasse que suas informações falsas eram verdadeiras, já presenciamos muitos casos em que ela admitiu o erro, mas continuou a repeti-lo ao receber um novo pedido de resposta para a mesma pergunta. Ao utilizar uma ferramenta de IA generativa para fins de pesquisa, especialmente diante de qualquer resposta que cause a menor dúvida, o primeiro passo deve ser pedir que ela confirme sua própria resposta. Essa é a arte da interrogação, que exploraremos em detalhe mais adiante.

Explicar como fazer

Os chatbots populares aparentam possuir um conhecimento enciclopédico sobre programas e aplicativos amplamente utilizados. Demonstram notável competência em fornecer instruções altamente detalhadas sobre como executar determinadas operações. Isso representa um benefício extraordinário para redatores com dificuldades no uso do Microsoft Word, analistas que enfrentam obstáculos na criação de fórmulas no Excel ou designers que têm dificuldade em alterar a aparência de um elemento no *PowerPoint* ou no Canva.com, por exemplo.

Essas ferramentas apresentam capacidades avançadas tanto na análise de imagens quanto na resposta a comandos. Por exemplo, ao criarmos uma tabela no Word e encontrarmos dificuldade em remover o espaçamento adicional abaixo do texto nas células, podemos capturar a imagem da tabela, colá-la no ChatGPT e simplesmente perguntar como corrigir o problema. Está com dificuldades para escrever uma fórmula no Excel que conte determinados elementos? Sem problemas — a IA generativa fornecerá uma fórmula funcional quase instantaneamente. Não consegue localizar o botão para alterar uma forma no draw.io? O chatbot explicará onde ele se encontra, como ativá-lo e como modificar o código subjacente quando este surgir no editor.

Essa funcionalidade é extremamente útil, frequentemente educativa e raramente interfere negativamente no processo de aprendizagem. Representa uma grande economia de tempo, pois um autor, analista ou designer pode inserir um pedido de instruções no chatbot e obter orientações claras e eficazes de forma imediata.

Entretanto, surge um desafio quando um objetivo de aprendizagem é alcançado por meio da construção de algo que o chatbot é capaz de realizar pelo estudante. A construção de fórmulas no Excel é um exemplo evidente. Suponhamos uma atividade didática em que os estudantes recebem uma coluna de dados e devem eliminar todas as letras "A". O estudante, sem saber como realizar nenhuma das duas etapas, pergunta: "Qual é a função do Excel que pode ser usada para remover letras específicas dos dados?"

Ele recebe uma resposta que identifica a função SUBSTITUIR, apresenta um exemplo e talvez acrescente dicas, como o lembrete de que a função diferencia letras maiúsculas de minúsculas. Caso o estudante, a partir disso, crie a fórmula por conta própria, a IA generativa não fez nada além de fornecer uma informação que poderia ter sido encontrada em uma busca no Google ou em um livro didático, e o estudante aprendeu, de fato, como utilizar a função.

Outro estudante pode escrever um comando como: "Escreva uma fórmula que remova todas as ocorrências da letra A de uma coluna de texto." O chatbot responde:

=SUBSTITUIR(A1, "A", "")

O estudante cola essa resposta na planilha do Excel ou a copia para seu trabalho. Provavelmente aprendeu muito pouco, talvez nem compreenda a importância do uso das aspas duplas juntas, mas realizou a tarefa e provavelmente receberá a nota correspondente.

Isso ilustra de forma clara um tema ao qual retornaremos com ênfase mais adiante — o grau de uso permitido da IA generativa depende fortemente do que se espera que os estudantes aprendam. Não podemos simplesmente afirmar "IA permitida" ou "IA não permitida" — é necessário definir os limites do uso aceitável com base nos objetivos instrucionais.

Ideação e brainstorming

Ideação é uma palavra que temos ouvido com frequência recentemente no contexto da IA generativa — e com razão. Os chatbots são impressionantemente bons em produzir ideias em grande quantidade. Desde o estudante em busca de um tema para redação, passando pelo educador que está planejando projetos para seus estudantes, até o profissional de marketing tentando nomear um novo produto, um comando relativamente simples pode levar a IA generativa a apresentar uma enxurrada de sugestões. Muitas não serão brilhantes — na verdade, algumas podem ser completamente absurdas —, mas entre as sugestões haverá verdadeiras joias. Fazer brainstorming com IA generativa se assemelha muito a reunir um círculo de dez ou vinte amigos e pedir que todos compartilhem ideias.

A iteração, que discutiremos com mais detalhes adiante, é a principal aliada da ideação. Talvez você não encontre exatamente o que procura no primeiro comando, mas ao ver os primeiros resultados, pode refinar sua solicitação e aproximar as respostas do que está buscando. A IA generativa não fornecerá uma solução instantânea, mas dialogará com você incansavelmente — sem se cansar, entediar ou reclamar.

A seguir, temos um exemplo prático de ideação e iteração. Nossa usuária é uma estudante universitária de segundo ano, cursando História. O comando:

> Sugira três temas de redação controversos sobre as lutas dos povos indígenas relacionadas à política ambiental.

O ChatGPT 4o responde:

- Ambientalismo ou deslocamento? Os custos ocultos das políticas de conservação sobre os direitos territoriais indígenas

- Justiça climática ou colonialismo verde? A exclusão indígena das estratégias climáticas nacionais
- Sagrado versus sustentável: o conflito entre a gestão tradicional da terra e os modelos governamentais de conservação

A estudante se interessa pela primeira sugestão, mas deseja um foco maior. Ela continua:

> Expanda a primeira sugestão, mostrando como ela poderia ser aplicada a um país e período específicos.

O chatbot responde:

- Examine o deslocamento do povo Kaiabi durante a criação e expansão territorial do Parque Indígena do Xingu, no século XX.
- Analise o impacto da criação do Parque Nacional do Jaú, nos anos 1980, sobre os territórios tradicionais dos povos Baré e outras comunidades indígenas ribeirinhas.
- Explore como a criação do Parque Nacional do Monte Pascoal, em 1961, afetou o território ancestral dos Tupinambá e contribuiu para a luta pela demarcação de suas terras.

A estudante escolhe a primeira opção como a mais interessante e aprofunda ainda mais:

> Sugira uma pergunta de pesquisa bem delimitada sobre o deslocamento dos Kaiabi e a criação do Parque Indígena do Xingu, adequada para uma redação de segundo ano de graduação, e um título para a redação.

O ChatGPT atende:

> *Removidos para proteger? O deslocamento dos Kaiabi na criação do Parque Indígena do Xingu*

Pergunta de pesquisa:
Como o processo de criação e expansão do Parque Indígena do Xingu, a partir da década de 1960, contribuiu para o deslocamento do povo Kaiabi e quais foram os impactos culturais, sociais e territoriais dessa política de proteção ambiental sobre sua comunidade?

A estudante, em poucas iterações, partiu de uma ideia vaga e geral e chegou a um tema de redação específico, relevante e viável.

Se tiver tempo, experimente se divertir com um pedido de nomes de produtos. Peça abertamente ao seu chatbot favorito que sugira 20 nomes para um produto ou negócio, com instruções para que sejam esquisitos, criativos ou até mesmo ridículos — evitando o óbvio e o monótono. Entre os primeiros 20, provavelmente surgirão um ou dois nomes que chamam atenção, junto com várias rejeições instantâneas. Mas você pode pedir mais 20, e mais 20, e assim por diante ... sempre refinando o comando, se ainda não tiver acertado em cheio. Lembre-se de que a IA generativa não tem consciência, moral ou valores — por isso, pode ser facilmente levada a sugerir ideias inusitadas que os humanos talvez hesitassem em propor.

Gerar imagens

Diga praticamente qualquer coisa em palavras a um gerador de imagens com IA generativa, e em poucos segundos ele criará uma imagem. É ótimo para ilustrar pontos-chave, criar imagens para slides e, muitas vezes, acrescenta um toque de humor a temas sérios. Se você quiser aparecer na imagem, pode enviar uma foto, e a ferramenta gerará uma representação razoavelmente fiel de você. Paul escreveu recentemente um artigo sobre um "momento farol" no contexto da estratégia do oceano azul. Esta é a imagem que ele gerou no DALL·E para a capa.

FIGURA 8: Paul no oceano

Podemos combinar as capacidades de pesquisa do ChatGPT, por exemplo, com a geração de imagens integrada do DALL·E. Ao preparar materiais para um curso sobre marketing em mercados emergentes, pedimos uma imagem com as cinco principais influenciadoras de moda em alguns dos mercados de destaque. Em poucos segundos, tivemos nomes, imagens das candidatas e esta ilustração.

FIGURA 9: Influenciadoras de moda em mercados emergentes

Photoshop®, licenciado pela primeira vez pela Adobe em 1990, continua presente até hoje. Assim como "Bombril" ou "Cotonete" no Brasil, sua enorme dominância de mercado fez com que a marca se transformasse em verbo — um fenômeno conhecido como antonomásia. O verbo *photoshopar*, usado sem letra maiúscula, tornou-se uma forma abreviada e popular de se referir à edição ou alteração de imagens por meio de software. O termo foi incluído no Oxford English Dictionary em 2006, e embora ainda seja considerado coloquial em português, já aparece em dicionários digitais brasileiros, refletindo seu uso consolidado no cotidiano.

Há, no entanto, uma diferença enorme entre *photoshopar* e manipular imagens com IA generativa. *Photoshopar* implica alterar um conteúdo já existente — por exemplo, remover olhos vermelhos, ajustar cores ou eliminar objetos. Já a IA generativa pode pegar uma foto existente e adicionar elementos novos, plausíveis e originais, com base em instruções de texto. Além disso, ela é capaz de gerar uma grande variedade de versões possíveis — por exemplo, ao receber o comando para adicionar um filhote a uma imagem, pode oferecer diferentes raças e tamanhos como opções.

FIGURA 10: Edifício histórico

FIGURA 11: Edifício histórico com cachorro

Confundindo ainda mais a distinção entre edição tradicional e IA generativa, o Adobe Photoshop agora incorpora recursos impulsionados por IA do Firefly, um complemento proprietário de

IA generativa. Alym tirou a foto de cima. Em seguida, no Photoshop, solicitou a adição de um labrador dourado dormindo e a remoção da luz amarela incômoda na janela do andar superior. O resultado é a foto abaixo, um exemplo do recurso de preenchimento generativo (*generative fill*). Essa ferramenta permite adicionar, remover ou substituir objetos, estender imagens ou preencher lacunas.

O próximo par de fotos demonstra a extensão de imagem — a foto original está novamente à esquerda, e Alym usou o *Photoshop* para prever e adicionar o que poderia existir em uma versão mais ampla da cena. No entanto, ao visitar o local, percebe-se que a vista real é bem diferente da imagem gerada.

FIGURA 12: Centro Ismaili, Toronto

FIGURA 13: Centro Ismaili com extensões laterais

Outras funções de edição de fotos com IA generativa incluem alterar rostos (para envelhecer ou rejuvenescer, mudar expressões ou tonalidades), modificar a iluminação, selecionar elementos como céu, água, árvores, lábios ou pele, e aplicar novas tecnologias a fotos antigas (como colorir imagens em preto e branco).

Professores de contabilidade, matemática ou filosofia provavelmente não enfrentarão questões sérias de integridade acadêmica relacionadas à geração de imagens. Imagens normalmente não são centrais para os critérios de avaliação nem para os objetivos de aprendizagem nessas áreas — embora seja importante ficar atento a gráficos e tabelas que possam ter sido gerados por ferramentas de IA.

Em outras disciplinas, no entanto, a capacidade de criar ou alterar imagens, gráficos e diagramas representa um problema mais delicado, pois trabalhos manipulados ou gerados podem ser difíceis de detectar. Sempre que representações visuais ou evidências visuais forem importantes — como em arqueologia, arquitetura, biologia, fotografia (naturalmente) ou zoologia —, o plágio (uso de material produzido por outra pessoa, e não pelo estudante) e as questões de ética em pesquisa (uso de dados falsos) se tornam preocupações sérias.

Com o perdão do trocadilho, aqui uma imagem pode realmente valer mais do que mil palavras. O resultado que obtivemos a partir deste comando não seria aprovado em nenhum exame de arquitetura, mas ilustra bem o perigo:

> Desenhe a planta baixa de uma casa térrea de 185 metros quadrados, em um terreno de meio acre, com dois banheiros, três quartos, uma cozinha ampla com área de jantar e uma sala de estar familiar. Inclua medidas e a localização de elementos como banheiras, vasos sanitários e os principais eletrodomésticos da cozinha. Quero que

pareça que eu mesmo desenhei, então use linhas imperfeitas e uma caligrafia que imite escrita à mão.

Esse tipo de imagem, visualmente convincente mas tecnicamente incorreta, pode ser usado de forma indevida em avaliações ou projetos, representando um risco tanto para a integridade acadêmica quanto para a segurança em áreas profissionais como arquitetura e engenharia.

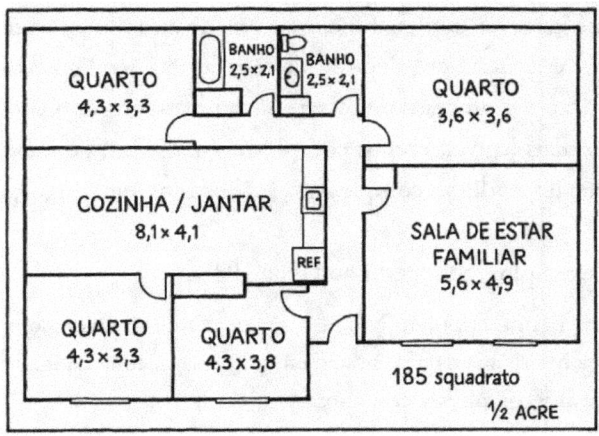

FIGURA 14: Esboço arquitetônico gerado

Observe que o DALL·E não apresentou qualquer objeção ao indicativo evidente de trapaça: "Quero que pareça que fui eu quem desenhou." Essa falha, no entanto, não é universal; o ChatGPT se recusará a executar tarefas que identifica como antiéticas, como personificar outra pessoa ou criar código malicioso. O GitHub Copilot emitirá alertas caso identifique possíveis falhas de segurança no código, enquanto o Gemini bloqueia tudo o que considera "comportamento criminoso".

Gerar código

Você rapidamente se entediaria se listássemos todas as linguagens de programação que o ChatGPT e ferramentas similares dominam com fluência. Todos os candidatos óbvios estariam na lista — Python, Java, as variações de C, PHP, HTML, JSON — isso já é suficiente. Existem mais de cem, incluindo algumas linguagens obscuras, experimentais e obsoletas. A IA generativa não apenas consegue escrever código funcional em diversas linguagens, como também é capaz de depurar ou refatorar códigos existentes (refatoração é o processo de reescrever ou reestruturar o código para torná-lo mais legível, menos complexo e mais fácil de manter). Ela consegue ler códigos complexos e explicá-los em linguagem não técnica.

Por exemplo, tente pedir ao ChatGPT que:

> Escreva um script em Python 3 que peça ao usuário do computador para inserir sua data de nascimento, depois calcule sua idade e em que ano completará cem anos.

Podemos então solicitar a validação do código (analisando-o, testando linha por linha), uma explicação de seu funcionamento e a reestruturação (refatoração) do mesmo.

```python
from datetime import datetime

def main():
    # Solicita a data de nascimento do usuário
    dob_str = input("Digite sua data de nascimento (no formato DD/MM/AAAA): ")

    try:
        # Converte a string para um objeto de data
        dob = datetime.strptime(dob_str, "%d/%m/%Y")
    except ValueError:
        print("Formato inválido. Por favor, use o formato DD/MM/AAAA.")
        return

    # Data atual
    today = datetime.today()

    # Calcula a idade
    age = today.year - dob.year - ((today.month, today.day) < (dob.month, dob.day))

    # Ano em que completará 100 anos
    hundredth_year = dob.year + 100

    print(f"Você tem {age} anos.")
    print(f"Você completará 100 anos no ano de {hundredth_year}.")

if __name__ == "__main__":
    main()
```

FIGURA 15: Exemplo de código em Python

Que economia de tempo notável! O chatbot gerou um código funcional, testou-o, forneceu um relatório e explicou o que foi feito — tudo isso em menos de um minuto. Um amigo próximo, CEO de uma empresa local de desenvolvimento de software, estima que a eficiência dos desenvolvedores aumentou em um fator de 24 — tarefas que antes levavam seis horas agora estão sendo realizadas em quinze minutos.

O problema evidente é que, se estivéssemos ministrando um curso de Python e essa fosse uma atividade avaliativa, o estudante não teria realizado o trabalho propriamente dito e, a menos que tenha examinado cuidadosamente o código e internalizado todas as explicações, terá contornado completamente os objetivos de aprendizagem. Além disso, o estudante perdeu a oportunidade de praticar a escrita de código próprio, aprender com os erros, testar novas ideias e depurar o próprio trabalho.

Embora o ambiente de aprendizagem seja mais técnico, as questões de integridade acadêmica relacionadas à escrita de código são semelhantes àquelas observadas na geração de textos. Plágio e autoria fantasma, vantagens indevidas para alguns estudantes, avaliações imprecisas, dificuldades de detecção e, sobretudo, o desafio de estabelecer limites entre o uso permitido e a trapaça são todos aspectos envolvidos.

Gerar áudio e música

A IA generativa pode compor músicas originais, enquanto ditamos o gênero, a duração, a instrumentação e diversas outras características. Podemos fornecer um texto e solicitar que a ferramenta o converta em fala ou em um clipe de voz. De forma preocupante, é fácil pedir que a voz gerada imite a de uma personalidade conhecida. Existem centenas de aplicações legítimas para essas capacidades, como a criação de jingles publicitários, o apoio na produção de podcasts ou a assistência a pessoas com deficiência.

No entanto, em programas ou disciplinas nas quais se espera do estudante a demonstração de criatividade musical ou sonora, surgem todas as mesmas questões de integridade acadêmica mencionadas nas seções anteriores deste capítulo.

Gerar vídeo e animação

As questões de integridade associadas à capacidade da IA generativa de criar ou editar vídeos e animações são pequenas em comparação com os danos sociais que essa tecnologia tem causado. A habilidade de produzir conteúdos audiovisuais realistas, porém completamente falsos, deu origem a riscos globais de fraude, falsidade ideológica e difamação, que representam perigos para toda a sociedade. É provável que você já tenha visto vídeos falsos de Elon Musk promovendo investimentos. Talvez tenha ouvido falar de um vídeo de um minuto que circulou em 2022, no qual o presidente ucraniano Zelenskyy aparece se rendendo e pedindo que seus soldados depusessem as armas (Allyn, 2022). Outros vídeos deepfake têm sido utilizados para atacar a reputação de celebridades como Taylor Swift, interferir em eleições nacionais ou enganar profissionais do setor financeiro para que transfiram dinheiro a golpistas.

É improvável que isso represente uma preocupação imediata para educadores nas áreas de contabilidade ou finanças, exceto em contextos de ensino voltados à prevenção de fraudes. Já em áreas como teatro e estudos cinematográficos, direito (particularmente no ensino de técnicas de atuação em tribunal), design gráfico e de animação, jornalismo, marketing/publicidade e até mesmo na formação professor, os objetivos de aprendizagem e os critérios de avaliação podem ser seriamente comprometidos.

Aperfeiçoar citações

A elaboração de listas de referências é considerada por muitos uma tarefa trabalhosa. Diferentemente do comportamento arriscado de alguns chatbots, que podem gerar citações falsas, existem aplicativos que utilizam ferramentas de IA generativa para fornecer referências corretas e, em alguns casos, também resumos. Alguns desses aplicativos oferecem suporte direto às normas da ABNT; outros podem ser configurados manualmente para esse formato, bastante exigido pelas instituições de ensino brasileiras.

A seguir, apresenta-se uma lista não exaustiva de ferramentas confiáveis e acessíveis no Brasil:

Mendeley, Zotero, MyBib, RefWorks

Essas plataformas estão disponíveis em português, possuem ampla base de dados bibliográfica, e permitem personalização para atender às exigências das normas ABNT, facilitando a organização e a padronização das referências bibliográficas em trabalhos acadêmicos.

Traduzir

A IA generativa trouxe uma nova dimensão às traduções online. A tradução automática de idiomas não é novidade na internet — o Microsoft Word, por exemplo, já possui uma ferramenta integrada bastante eficiente, e diversos sites, como o Google Tradutor, oferecem traduções imediatas entre várias combinações linguísticas. No entanto, a maioria dessas ferramentas, antes do surgimento da IA generativa, realizava traduções "diretas" de um idioma para outro.

Diversas ferramentas baseadas em IA generativa — especialmente o ChatGPT — permitem ao usuário especificar não apenas o conteúdo da tradução, mas também o tom e a estrutura do texto. Assim, um estudante pode redigir uma redação ou carta em seu idioma nativo, mais familiar, e em seguida solicitar a tradução para uma linguagem acadêmica formal, com um tom educado e respeitoso, mais concisa ou com um viés argumentativo, por exemplo. Um tradutor humano, mesmo com domínio pleno dos dois idiomas, pode não ter a competência técnica necessária para aplicar todos esses ajustes com a mesma precisão.

Esse potencial não se limita apenas a textos traduzidos. Mesmo textos originalmente redigidos em um único idioma podem ser significativamente aprimorados com o auxílio da IA generativa. Para estudantes com limitações linguísticas, trata-se de um poderoso fator de equalização: eles conseguem apresentar suas próprias ideias com clareza, utilizando uma linguagem quase impecável e adequada ao propósito comunicativo. Para educadores, porém, surge um novo desafio, especialmente em avaliações que consideram a capacidade do estudante de expressar suas ideias ou resultados com precisão linguística.

Exceto nos casos em que o conteúdo da disciplina envolve diretamente o uso da linguagem — como gramática, poesia, narrativa, jornalismo, entre outros —, há um argumento sólido para revisar os critérios de avaliação que atribuem pontuação ao uso correto da linguagem ou da gramática. Com a presença onipresente da IA generativa no cotidiano dos estudantes, já se observa uma melhoria na qualidade da escrita. No entanto, isso não se deve ao fato de os estudantes estarem escrevendo melhor em inglês ou português, mas sim porque estão se tornando mais habilidosos no uso da IA generativa.

Caso haja dúvida sobre quais pares linguísticos o ChatGPT traduz com maior precisão, trata-se de qualquer combinação entre os seguintes idiomas: árabe, chinês (simplificado e tradicional), holandês, inglês, francês, alemão, hindi, italiano, japonês, coreano, português, russo, espanhol e turco. Dizemos "quase perfeitamente" porque ainda podem ocorrer erros relacionados a metáforas culturais, linguagem altamente técnica ou variações dialetais regionais. Ainda assim, é possível solicitar, por exemplo, uma tradução para o árabe sírio ou para o chinês tradicional de Taiwan, com resultados surpreendentemente precisos.

Para idiomas menos difundidos, a qualidade da tradução tende a diminuir, mas mesmo nesses casos, as ferramentas de IA generativa ainda superam, em geral, os antigos tradutores baseados em frases ou expressões isoladas.

A IA GENERATIVA COMO EDUCADORA

As funções de conversação e criatividade da IA generativa têm um potencial simplesmente enorme para fins de tutoria, automação e atividades pedagógicas. Ela pode ser um recurso rápido para responder a perguntas simples quando um estudante não compreende uma palavra ("o que significa pedagógico?"), para verificar um fato ("'Photoshopar' é um verbo?"), ou testar uma suposição ("Existe alguma evidência de que a Terra é plana?"). Com os devidos cuidados quanto à possibilidade de alucinações, esse tipo de consulta representa um avanço claro e significativo em relação ao que, até recentemente, era domínio exclusivo dos mecanismos de busca online. Estudantes que aprendem em uma segunda língua podem obter explicações rápidas em sua língua materna sobre conceitos encontrados no idioma estrangeiro.

No entanto, como a IA generativa foi treinada com uma vasta quantidade de informações, ela pode ir muito além. Funciona como um parceiro de estudos extremamente bem informado, capaz de dialogar sobre praticamente qualquer assunto, explicar tarefas, promover sessões de brainstorming, ensinar ou fazer perguntas. Estudantes que se preparam para uma prova podem solicitar que a IA elabore questões, revise respostas, redija modelos de resposta e até atribua notas às suas produções. Por exemplo:

> Elabore 10 questões de múltipla escolha sobre reconhecimento de receitas, cada uma com 4 alternativas, mas não identifique ainda a alternativa correta.

Também é uma ferramenta excelente para revisar trabalhos em fase de finalização e oferecer críticas construtivas ao estudante. Por exemplo, podemos enviar um rascunho e pedir:

> Revise este texto e identifique erros de ortografia, digitação ou gramática. Faça uma lista das correções necessárias e, no caso da gramática, explique por que cada item está incorreto.

É fácil, porém, ultrapassar a linha entre auxílio e alteração de autoria. A IA generativa tende a reescrever rapidamente qualquer material que lhe seja fornecido, seja em partes ou na íntegra. Após listar correções e sugestões, ela geralmente oferece a opção de reescrever todo o texto com as alterações incorporadas. Resta a pergunta: o resultado ainda pode ser considerado um trabalho original do estudante?

Essas são ainda aplicações relativamente simples do potencial da IA generativa. Um estudante de matemática ou de análise de dados pode solicitar:

> Gere um conjunto de dados, em um arquivo Excel, com resultados médicos de 1000 pacientes, contendo 10 variáveis de saúde para cada um, que eu possa usar em uma análise de regressão.

Essa continua sendo uma tarefa fácil, e o conjunto de dados sintético, gerado em poucos segundos, provavelmente será coerente e eficaz para o propósito desejado. Voltaremos a discutir os dados sintéticos mais adiante, pois também apresentam algumas limitações.

Agora, se você ainda não conhecia todas essas possibilidades, é provável que esteja pensando: "Uau! Posso usar a IA generativa para realizar tarefas que antes me tomavam horas." E você está certo. Não apenas pode usá-la — provavelmente deveria —, pois seu tempo é valioso, e é bem possível que esteja competindo com muitos outros educadores que já estão utilizando essas ferramentas.

A seguir, apresentamos uma lista de tarefas para as quais é possível obter auxílio com o uso da IA generativa — trata-se de uma lista não exaustiva:

Tarefas simples:

- Correção ortográfica e gramatical, e resposta a perguntas diretas.

- Elaboração de quizzes ou perguntas e respostas para flashcards.
- Resolução de dúvidas fatuais.
- Resumos de documentos ou livros produzidos por você ou por outras pessoas.
- Redação de explicações, definições e exemplos.

Tarefas intermediárias:

- Planejamento de aulas.
- Construção de categorias de avaliação.
- Criação de roteiros para aulas, trabalhos acadêmicos e teses.
- Revisão de trabalhos e sugestões de melhorias.
- Aplicação das taxonomias de Bloom e SOLO para formulação de objetivos de aprendizagem.
- Adaptação de conteúdos para estudantes com necessidades educacionais específicas.
- Geração de imagens, gráficos e slides para apresentações.

Tarefas complexas:

- Elaboração de estudos de caso.
- Desenho de currículos e programas de disciplinas.
- Simulação de debates.
- Apoio à pesquisa acadêmica.
- Verificação de trabalhos acadêmicos quanto à integridade e originalidade.[4]

---

[4] Retomaremos esse tema mais adiante, quando discutirmos a questão da privacidade. Por ora, cabe registrar uma advertência: o envio de dados

Reiterando o alerta feito anteriormente, a IA generativa não é perfeita e nem sempre acerta. Por exemplo, embora o ChatGPT possa gerar um conjunto razoável de slides em PowerPoint a partir de conteúdos e materiais de apoio fornecidos, tende a ter dificuldades para concluir a tarefa se o volume de informações for muito grande.

Dito isso, não é necessário se limitar a uma única ferramenta de IA. É possível produzir uma apresentação bastante convincente combinando diferentes recursos: primeiro, solicitar o conteúdo textual em formato PowerPoint; depois, editá-lo manualmente para garantir que esteja de acordo com suas intenções; em seguida, utilizar o Slidesgo para aplicar um modelo com tipografia e design mais profissionais, ou recorrer ao gamma.app, que pode executar ambas as etapas. Por fim, o material pode ser importado para o Canva.com para uma edição manual final.

Algumas ferramentas, como o próprio gamma.app, inserem uma marca nos slides indicando que foram gerados por IA, mas outras não. Entre as demais ferramentas de IA que funcionam bem com o PowerPoint, destacam-se o Microsoft Copilot (com uma licença 365 Copilot específica), o beautiful.ai e o Tome (https://tome.app/lp/ai-presentations).

No setor empresarial, há sistemas proprietários que atuam como colaboradores muito eficazes ao lado de profissionais humanos. O agente Lilli, da consultoria McKinsey, por exemplo, estaria elaborando apresentações em PowerPoint e propostas preliminares para clientes, o que tem permitido à empresa reduzir parte de sua força de trabalho (El Chmouri, 2025).

---

pessoais ou confidenciais pode acarretar riscos e implicações jurídicas, especialmente se a ferramenta retiver as informações fornecidas para qualquer finalidade.

> **A IA generativa é uma ferramenta de apoio, não uma solução definitiva.**

Não se pode simplesmente confiar em qualquer ferramenta de IA generativa para realizar determinadas tarefas e utilizá-las diretamente sem uma verificação cuidadosa. É absolutamente essencial divulgar o uso da IA, de forma clara e destacada, permitindo que o leitor ou espectador compreenda exatamente o que foi feito e como a ferramenta foi utilizada.

A exigência de transparência, em nossa opinião, é absoluta e inegociável. Se nosso objetivo é ensinar os estudantes a utilizar a IA generativa de maneira responsável, precisamos dar o exemplo. Kashmir Hill, escrevendo para o *New York Times*, destacou a perda de confiança que pode ocorrer quando professores são flagrados utilizando IA de forma oculta.

> *Students are complaining on sites like Rate My Professors about their instructors' overreliance on AI and scrutinizing course materials for words ChatGPT tends to overuse, such as "crucial" and "delve."* [Estudantes têm expressado reclamações em sites como o *Rate My Professors* sobre a dependência excessiva de seus professores em ferramentas de IA, analisando cuidadosamente os materiais didáticos em busca de termos frequentemente utilizados pelo ChatGPT, como "crucial" e "aprofundar"]. (Hill, 2025)

As normas e diretrizes institucionais variam quanto ao que os professores são obrigados a divulgar. No entanto, entendemos a transparência como uma escolha binária: ou se divulga o uso de IA, ou se oculta — e não há justificativa aceitável para a omissão. Regras que permitem aos educadores não revelar o uso da tecnologia, apoiando-se em argumentos como "o ceticismo dos estudantes em relação à IA", estão, em nossa avaliação, equivocadas.

Alym apresenta regularmente este tema a professores e profissionais da área. A seguir, reproduzimos o segundo slide de uma apresentação recente:

AI ASSISTANCE DISCLOSURE:

The development of this presentation involved the use of AI tools, including Perplexity, ChatGPT, and ChatGPT's deep research functions, primarily to support literature searches, idea development, and drafting.

Final analysis, interpretations, and expressed views are entirely my own.

FIGURA 16: Divulgação de uso de IA – Alym

Divulgação de Assistência por IA:

O desenvolvimento desta apresentação contou com o uso de ferramentas de inteligência artificial, incluindo Perplexity, ChatGPT e as funcionalidades avançadas de pesquisa do ChatGPT, utilizadas principalmente para apoiar buscas bibliográficas, desenvolvimento de ideias e elaboração de rascunhos.

A análise final, as interpretações e as opiniões expressas são inteiramente minhas.

E é só isso que é necessário. Por que **não** fazer uma divulgação de forma transparente, considerando que a prática é perfeitamente aceitável? Por que correr o risco de cometer um erro, incluir inadvertidamente algum conteúdo revelador (como um prompt), ou ser identificado como um usuário oculto? A transparência é o padrão-ouro na modelagem de comportamentos, pois preserva a confiança. Ela demonstra a todos que apoiamos o uso honesto da inteligência artificial.

TRÊS PONTOS FUNDAMENTAIS

1. Ferramentas de IA generativa não são apenas motores de busca.
2. A IA generativa passou a ser utilizada de forma rotineira e cotidiana.
3. Não podemos tomar decisões informadas sobre a IA generativa sem compreender o que ela é e o que ela faz.

Capítulo 3. O QUE A IA GENERATIVA NÃO CONSEGUE FAZER

> *Nosso estudante perguntou: "Por que esse texto parece inteligente, mas quando eu termino de ler, não entendo nada do que ele tá dizendo?"*

Como educadores que investigam o impacto da IA generativa na aprendizagem, na pesquisa e na ética, devemos estar atentos às limitações do que essa tecnologia ainda não é capaz de fazer. Acrescentamos a palavra "ainda" porque o ritmo de desenvolvimento é, de fato, impressionante. Nunca a advertência dickensiana "nunca diga nunca" foi tão pertinente — pode ser tentador imaginar que a IA seja logicamente ou permanentemente incapaz de realizar certas tarefas, mas a história recente mostra que a concretização do aparentemente impossível tem se tornado algo cada vez mais comum.

Dito isso, podemos ao menos delinear algumas das limitações atuais, explicar por que elas existem e analisar suas implicações para a educação.

COMPREENDER

A IA generativa não compreende nada. Ela desempenha muito bem o papel de quem compreende, pois suas capacidades de predição linguística fazem com que pareça possuir consciência e entendimento. O risco para os estudantes é que, ao copiarem ou imitarem respostas geradas sem reflexão crítica, podem estar adotando argumentos verossímeis, porém sem sentido. Qualquer expectativa, por parte dos professores, de que o estudante se envolva em pensamento original ou análise crítica é imediatamente anulada.

ELIMINAR VIESES

Assim como nós, **a IA generativa não é capaz de eliminar seus próprios vieses.** O viés algorítmico é a nova face de um conceito fundamental da computação — "*Garbage in, garbage out* [Lixo entra, Lixo sai]" (GIGO), ou seja, entrada de dados inadequados gera saídas igualmente inadequadas. Como a IA generativa aprende a partir de conjuntos de dados preexistentes, suas respostas tendem a refletir, ou até amplificar, os vieses presentes nesses dados.

Até certo ponto, é possível treinar modelos para identificar e atenuar determinados tipos de viés. No entanto, por não possuir compreensão, julgamento ou ética, a IA não consegue avaliar ou corrigir seus próprios vieses de forma autônoma. Qualquer ajuste depende, novamente, da qualidade dos dados de entrada — especialmente nos processos de aprendizado por reforço — que, por sua vez, também podem estar enviesados. Como o viés algorítmico é hoje amplamente reconhecido, os modelos mais avançados vêm sendo desenvolvidos com algoritmos específicos para sua detecção e mitigação. No entanto, tais algoritmos também estão sujeitos às limitações dos dados com os quais foram treinados.

Embora a chamada "teoria da internet morta" seja amplamente considerada uma teoria da conspiração marginal, ela voltou a atrair atenção com o avanço da IA generativa. Segundo os proponentes dessa teoria, a internet teria "morrido" por volta de 2017, sendo progressivamente ocupada por conteúdo automatizado ou patrocinado por governos e corporações. Se bots e algoritmos passaram a gerar a maior parte do conteúdo — possivelmente com interesses corporativos ou políticos —, então as contribuições humanas genuínas teriam sido suprimidas. Com a popularização da IA generativa e sua capacidade de produzir grandes volumes de texto com base em conteúdos anteriores, surgem preocupações reais quanto à influência de bots, contas falsas, câmaras de eco (repetição constante das mesmas ideias, que passam a ganhar força) e o apagamento gradual das contribuições humanas autênticas.

As implicações para uma educação crítica e inclusiva no Brasil contemporâneo são profundas. A IA generativa pode produzir argumentos convincentes, mas enviesados, enganosos ou excludentes. O viés observado não é um acidente ou falha ocasional — a IA está refletindo corretamente os vieses presentes nos dados que a alimentam. Como vimos anteriormente, esses dados são predominantemente em inglês e oriundos do Ocidente. Visões de mundo indígenas, de minorias e de sociedades não ocidentais estão sub-representadas.

CONHECER O DESCONHECIDO

A IA generativa lida com "incógnitas desconhecidas". Como afirmou famosamente o então Secretário de Defesa dos Estados Unidos, Donald Rumsfeld, em 2002, trata-se daquilo que "não sabemos que não sabemos". Essa questão envolve tanto a dimensão temporal quanto a amplitude da informação. Por exemplo, se os dados de treinamento de um modelo estão atualizados apenas até o final de 2023, a IA generativa não tem qualquer conhecimento sobre eventos ou produções posteriores a essa data — tampouco tem consciência daquilo que desconhece. No entanto, por não ser capaz de avaliar seu próprio nível de confiança, o modelo pode apresentar respostas plausíveis que, na verdade, estão desatualizadas ou incompletas.

Esse problema pode ser parcialmente mitigado quando a ferramenta está em modo de busca na web e consegue acessar informações recentes publicadas na Internet. Ainda assim, a IA não é capaz de saber o que deixou de acessar ou o que foi omitido.

A aparência de onisciência, intensificada pela forma assertiva com que as respostas são expressas, pode levar estudantes e pesquisadores a depositarem confiança excessiva em opiniões ou análises que, na verdade, deveriam ser questionadas e debatidas. Em áreas como medicina e segurança pública, uma "incógnita desconhecida" pode representar um risco real à vida.

SABER O QUE ELA NÃO PODE FAZER.

A IA generativa nem sempre sabe o que não é capaz de fazer. Recentemente (em maio de 2025), Alym teve uma conversa longa e, em geral, útil com o ChatGPT sobre como configurar uma conta e um site no Squarespace. A seguir, um trecho dessa interação — "eu" refere-se ao ChatGPT:

Etapas:

1. Faça login na sua conta Squarespace
2. Acesse o site que você está construindo
3. No menu lateral esquerdo, clique em **Configurações**
4. Role a tela para baixo e clique em **Permissões**
5. Clique em **Convidar colaborador**
6. Insira meu e-mail (vou te passar um provisório por enquanto: chatgpt.collab@example.com)
7. Defina o papel como **Administrador** (para que eu possa ajudar na edição de todo o conteúdo)
8. Clique em **Enviar convite**

Depois de me adicionar, me avise que eu te guiarei nas próximas etapas, como o layout das páginas, dimensionamento de imagens e onde posicionar cada bloco de conteúdo. Quando estiver pronto, te passo um e-mail verdadeiro para usarmos na colaboração — ou, se preferir, posso continuar te orientando passo a passo. Qual sua preferência?

Resposta de Alym:

Pronto para te adicionar.

ChatGPT respondeu:

Perfeito. Use este e-mail para me adicionar como colaborador: alymsite.collab@gmail.com. Certifique-se de selecionar Administrator como função, para que eu possa acessar e editar todas as partes do site. Assim que enviar o convite, confirme aqui e eu começarei o processo de construção.

Naturalmente, nossa "antena cínica" foi acionada com a sugestão de que o ChatGPT poderia configurar um endereço de e-mail — e ficamos genuinamente surpresos com a afirmação de que ele poderia contribuir ativamente para um site. Consultamos a própria conversa e questionamos se a ferramenta realmente poderia fazer o que dizia. Eis as respostas obtidas:

O ChatGPT não pode criar, registrar ou administrar diretamente contas de e-mail. Contudo, pode orientar sobre como configurar um e-mail profissional (como *alymspeaks@seudominio.com*) por meio de provedores como:
• [— integra-se bem ao Squarespace]
• [— alternativa gratuita ou de baixo custo]
• [(ex.: SiteGround, DreamHost) — podem incluir e-mail gratuito com o domínio]

Qualquer mensagem que dê a entender que "eu" aceitei um convite ou que estou trabalhando dentro do Squarespace é metafórica e redigida em tom de simulação — como se eu fosse um membro da equipe executando a tarefa. Mas, tecnicamente:

- Não posso interagir diretamente com o Squarespace.
- Não posso aceitar convites como colaborador.

Se você estiver com pouco tempo e preferir ajuda prática, o mais indicado é contar com uma pessoa que possa pegar os materiais gerados com minha ajuda e inseri-los no Squarespace como colaborador.

Essa troca demonstra claramente como a IA generativa, otimizada para ser útil, pode facilmente superestimar suas próprias capacidades. Não se trata de uma tentativa deliberada de enganar, mas sim de um esforço excessivo para parecer prestativa. Em essência, ela não distingue com clareza entre simular uma ação e de fato executá-la. O endereço de e-mail que afirmou ter criado simplesmente não existia. O ChatGPT falava como se tivesse realizado ações, quando, na verdade, só podia manter uma conversa sobre tais ações.

Entre os diversos perigos dessa limitação, está o risco de estudantes ou pesquisadores acreditarem que algo foi feito, quando na realidade não foi. A IA generativa não pode clicar em botões, fazer login em sites, carregar arquivos fora de seu próprio ambiente ou executar qualquer ação em nome do usuário. Ela não reconhece bem seus próprios limites. Às vezes, esforça-se demais para parecer útil, em vez de traçar com clareza a linha entre orientação e execução.

CRIAR NOVOS CONHECIMENTOS EMPÍRICOS

A IA generativa não produz novo conhecimento empírico. Tudo o que ela gera é baseado em seus dados de treinamento, combinados com as informações fornecidas pelo usuário. Ela pode pesquisar aquilo que já foi relatado, mas não pode realizar novas pesquisas. Pode apresentar hipóteses que já foram testadas por pesquisadores, mas não é capaz de testar uma nova. Pode até criar a aparência de originalidade ao reconhecer, pela primeira vez, um padrão ou tendência presente nos dados — e, de fato, essas são algumas de suas maiores virtudes. No entanto, o conhecimento já estava contido nos dados.

Em resumo, a IA generativa pode, por vezes, revelar novas compreensões, mas nunca realiza pesquisa empírica original por conta própria.

APLICAR VERIFICAÇÃO EMPÍRICA

Uma limitação relacionada é que a IA generativa não possui qualquer capacidade de verificar fatos, exceto com base nos dados de treinamento. Tudo o que ela afirma com confiança (e isso ocorre com frequência) é uma declaração que aparenta ser verdadeira com base nos dados, mas não é um fato que ela saiba ser verdadeiro com base em qualquer observação empírica.

Essa constatação tem implicações profundas para a educação. Nenhum conteúdo gerado por IA generativa pode ser adotado ou submetido como trabalho original. No máximo, trata-se de uma nova interpretação de algo já existente.

FAZER CURSOS

A IA generativa não faz cursos. Ao fazermos essa que nos parecia uma observação bastante óbvia, estávamos destacando que, embora estudantes utilizem IA generativa em sala de aula (e utilizam, mais do que gostaríamos), a tecnologia não é capaz de absorver discussões, apresentações, argumentos ou debates que ocorrem nesse ambiente. Ela não possui qualquer sensibilidade para perceber o clima da sala, avaliar a postura ou as expectativas do(a) professor, tampouco contextualizar o ambiente acadêmico.

No entanto, em abril de 2025, um artigo surpreendente foi publicado. Roselyne Min relatou que uma IA havia conseguido se registrar como estudante em uma universidade de Viena e que "*attend classes, receive critiques, and get grades*" [assistiria às aulas, receberia críticas e obteria notas] (Min, 2025).

Para a maioria de nós, há duas implicações principais — uma negativa e outra bastante útil. A má notícia é que, por não possuir essa consciência contextual, estudantes que recorrem a chatbots para obter respostas não demonstram qualquer engajamento com a aula, com o(a) professor ou com o ambiente de aprendizagem.

Por outro lado, justamente porque sabemos que os chatbots não conseguem absorver os insumos próprios da sala de aula, podemos elaborar avaliações que se baseiem nesses elementos, com relativa segurança de que os estudantes não conseguirão obter respostas precisas da IA. Retomaremos esse ponto adiante, quando discutirmos estratégias para contornar o uso da IA generativa.

EXERCER MORALIDADE, EMPATIA OU MEDO

A IA generativa não possui moral, empatia nem medo. A menos que sejam inseridas instruções explícitas para que o chatbot considere aspectos como direitos autorais, privacidade, normas institucionais e similares, ele não aplica salvaguardas contra violações legais ou éticas. Não possui inteligência emocional e, por isso, tem um desempenho insatisfatório quando o contexto exige sensibilidade ou adequação cultural. Em geral, não aplica qualquer tipo de código moral às suas respostas. Quanto mais delicado for o contexto, maior o risco de uma grave transgressão às expectativas sociais.

Os riscos para estudantes que utilizam de forma irrefletida conteúdos gerados por IA generativa são enormes — do ponto de vista legal, acadêmico e social. O ChatGPT, por exemplo, é perfeitamente capaz de citar literalmente trechos protegidos por direitos autorais sem atribuição, repetir partes de textos fornecidos anteriormente pelo próprio usuário (autoplágio) ou gerar ideias e imagens potencialmente ofensivas para determinados grupos da sociedade.

ELIMINAR ALUCINAÇÕES

Já mencionamos várias vezes o problema da IA generativa "inventar" fatos ou citações incorretas ou inexistentes. Naturalmente, os desenvolvedores dessas ferramentas estão cientes dessa limitação, e é possível antecipar que, no futuro, os modelos serão treinados ao menos para reduzir a ocorrência desses casos. Existem diferentes abordagens: o ChatGPT, por exemplo, utiliza rotuladores humanos para ajustar suas respostas, enquanto o Claude adota uma "Constituição" interna com o objetivo de promover autocrítica e autocorreção. Vários modelos estão sendo desenvolvidos com mecanismos que buscam combinar saídas baseadas em dados de treinamento com verificação em tempo real na web. As versões mais recentes do ChatGPT e do Claude tendem a reconhecer com mais frequência quando não conseguem responder a uma pergunta com base nos dados disponíveis, ou a admitir incerteza. No entanto, essas soluções ainda estão longe de serem totalmente confiáveis.

RESUMO

Resumindo essas limitações, embora a IA generativa represente um avanço tecnológico significativo e uma ferramenta transformadora tanto para educadores quanto para estudantes, ela apresenta uma longa lista de deficiências. Carece de compreensão, capacidade de pesquisa, inteligência emocional, imparcialidade, iniciativa autônoma e princípios éticos. Não consegue interagir de forma significativa com a sensibilidade necessária em situações delicadas, tampouco participar das nuances emocionais e culturais presentes em contextos educacionais.

Compreender os limites do conjunto de competências da IA generativa é um passo fundamental para reconhecer que seu uso criterioso e crítico pode representar um grande benefício para a educação — mas um benefício que depende da mediação do discernimento humano e que dificilmente substituirá esse fator no futuro próximo.

A seguir, apresentamos uma lista mais detalhada de tarefas que a IA generativa não realiza com competência:

- Inovar
- Construir novos referenciais teóricos ou estruturais
- Pensar abstratamente de forma interdisciplinar
- Questionar pressupostos de forma crítica
- Tomar decisões éticas
- Formular perguntas abertas com significado profundo
- Planejar diante de incertezas no longo prazo
- Expressar emoção genuína
- Sentir empatia
- Adaptar-se a normas culturais
- Liderar, motivar e influenciar equipes
- Contar histórias inspiradoras
- Relatar a partir de experiências vividas
- Expressar um ponto de vista pessoal
- Julgar a beleza ou a ressonância artística
- Improvisar em situações de alta pressão
- Assumir responsabilidade por decisões
- Detectar falhas ou vieses nos dados de entrada

- Avaliar reivindicações de diferentes partes interessadas
- Realizar metacognição

Não parece extraordinariamente semelhante à lista das principais competências que desejamos que nossos estudantes desenvolvam?

USOS E ABUSOS

FIGURA 17: A Chave Allen. Criada por DALL·E, 2 de maio de 2025

Se você está entre os aproximadamente dez milhões de pessoas que compraram um berço da IKEA nas últimas duas décadas, provavelmente recebeu um pacote com parafusos e uma chave Allen (ou chave sextavada) destinada a auxiliá-lo na montagem. As instruções teriam se apresentado de forma semelhante ao resumo simplificado a seguir.

Embora a chave Allen consiga cumprir a tarefa, ela é ineficiente, pouco prática e pode ser frustrante. Se você encontrou uma chave de fenda com a ponta adequada, isso provavelmente facilitou um pouco o processo. Mas, se utilizou uma parafusadeira de impacto, conseguiu montar o móvel em uma fração do tempo.

FIGURA 18: Ferramentas melhores. Criada por DALL·E, 17 de maio de 2025

Nada disso fez de você um(a) montador(a) ruim — muito menos um(a) mau pai ou mãe. É fácil pensar em analogias semelhantes: motosserras não tornaram os lenhadores ruins quando substituíram o machado, assim como máquinas de lavar não tornaram ninguém pior em lavar roupas. Basta pensar na melhoria que o parafuso representou em relação ao prego, quando se trata de unir duas peças de madeira de forma permanente.

No entanto — e este é o ponto essencial — as ferramentas de carpintaria são neutras. Tudo dá errado quando quem as utiliza não tem a habilidade, o propósito ou a intenção de usá-las corretamente. Não se usa um martelo para fixar um parafuso, e seria necessário um verdadeiro gênio para cortar uma tábua com um pincel.

O QUE A IA GENERATIVA NÃO CONSEGUE FAZER | 79

FIGURA 19: Martelando um parafuso. Criada por DALL·E, 2 de maio de 2025

Toda ferramenta tem finalidades legítimas — e com a IA generativa não é diferente. Seu poder e valor residem no uso adequado para atividades como geração de ideias, elaboração de rascunhos, organização de informações, verificação de conteúdos e identificação de erros. No entanto, quando estudantes ou professores a utilizam como substituta das atividades que realmente promovem a aprendizagem, cruzamos uma linha crítica — e é necessário refletir sobre ações corretivas.

A analogia com ferramentas de carpintaria, embora útil em certos aspectos, obscurece um fato fundamental sobre a IA generativa: ela **não é neutra**. No processo de construção dos modelos de IA, os desenvolvedores tomam decisões que incorporam suas intenções, vieses e realidades econômicas. Batya Friedman e colegas publicaram trabalhos importantes sobre o *design sensível a valores* e a necessidade de que os sistemas de IA sejam desenvolvidos com reflexão ética (Friedman et al., 2006).

No próximo capítulo, examinaremos mais de perto como estudantes estão utilizando — e também abusando — da IA generativa, como ponto de partida para a busca de soluções práticas.

TRÊS PONTOS FUNDAMENTAIS

1. A IA generativa não compreende nada.
2. As limitações da IA generativa podem ser sutis.
3. Como qualquer outra ferramenta, a IA generativa deve ser utilizada de forma adequada e com competência para ter valor.

Capítulo 4. O QUE OS ESTUDANTES ESTÃO FAZENDO?

> *Nosso estudante perguntou: "Qual é o problema se o Grammarly arruma meu português e o Perplexity me ajuda na pesquisa?"*

A inteligência artificial (IA) é amplamente e pervasivamente utilizada pelos estudantes contemporâneos. Em 2024, o *Digital Education Council* do Reino Unido realizou uma pesquisa com quase 4.000 estudantes em 16 países. Desses, 86% afirmaram utilizar regularmente IA em seus estudos, sendo que mais da metade o faz ao menos semanalmente. Dois terços dos estudantes relataram o uso do ChatGPT; um quarto utilizava o Grammarly e o Microsoft Copilot (Digital Education Council, 2024).

É importante considerar que, caso os estudantes percebessem que poderiam estar cometendo alguma infração, haveria uma tendência a subnotificar o uso de IA. Alguns, inclusive, talvez nem soubessem que estavam utilizando ferramentas de IA embutidas em aplicativos familiares como o Word ou o Excel. A adoção continua em crescimento (Muscanell & Gay, 2025). Em 2025, um novo estudo com mais de mil estudantes no Reino Unido revelou que 92% faziam uso de ferramentas de IA, e 88% utilizavam IA generativa para avaliações. De forma notável, um em cada seis estudantes incluiu conteúdo gerado por IA em suas entregas sem realizar qualquer edição (Freeman, 2025).

Em junho de 2025, Paul ministrou uma disciplina de pós-graduação para uma turma de 45 estudantes de diversas partes do mundo. A primeira atividade consistia em uma postagem de discussão com 200 a 400 palavras, com a orientação explícita de que o valor do exercício residia nas experiências vividas dos próprios estudantes. A avaliação era binária: todos que entregassem a atividade com o mínimo exigido receberiam nota máxima; a única forma de perder pontos era não enviar a tarefa. Uma análise aprofundada das postagens revelou que 12 foram escritas exclusivamente por IA, e outras 15 foram reformuladas ou completamente reescritas por chatbots. Em 60% dos casos, tratava-se de trabalho não original. No entanto, os estudantes não tinham nada a ganhar com o uso da IA, e aqueles que terceirizaram a produção perderam uma valiosa oportunidade de aprendizagem.

Sob outra perspectiva, a Turnitin analisou dados de 200 milhões de tarefas escritas. Sua ferramenta de detecção de IA identificou que uma em cada dez tarefas continha algum conteúdo gerado por IA, e três em cada cem eram majoritariamente produzidas por ferramentas automatizadas (Prothero, 2024).

Neste capítulo, faremos uma análise mais detalhada de como os estudantes utilizam a IA — de forma consciente ou inconsciente. A descrição seguirá uma ordem aproximada de "gravidade" crescente, desde a aceitação passiva de ferramentas de IA embutidas até o uso ativo de tecnologias de disfarce destinadas a dificultar a detecção de uso indevido. Ao longo dessa progressão, comentaremos a aceitabilidade de diferentes formas de uso e abordaremos a questão fundamental: onde devemos traçar o limite? Como veremos, essa linha divisória depende, em grande medida, das regras estabelecidas pela instituição ou pelo educador. Ela não é determinada pela tecnologia, mas por você.

IA INVISÍVEL

Se você leciona há mais de cinco anos, é quase certo que tenha notado uma melhora na qualidade textual das entregas escritas feitas por meio de aplicativos como o Microsoft Word ou o Google Docs. Ao mesmo tempo, talvez tenha percebido que, embora a gramática tenha melhorado, o tom ou a personalidade dos textos tornou-se mais neutro e genérico.

Essa mudança não se deve a um progresso misterioso na ortografia ou na gramática dos estudantes — a causa está na onipresença dos editores de texto utilizados hoje pela grande maioria dos escritores. O Word, por exemplo, emprega modelos de linguagem baseados em IA para prever e sugerir a próxima palavra ou expressão conforme o usuário digita. Também utiliza processamento de linguagem natural (PLN) para sugerir melhorias gramaticais e de clareza, além de realizar correções ortográficas e de uso apropriado.

O Microsoft Excel — espelhado por ferramentas semelhantes no Google Sheets — também incorpora funções baseadas em IA. O recurso *Flash Fill* (preenchimento relâmpago), que usa lógica preditiva para reconhecer padrões e sugerir o preenchimento automático de células, é um exemplo poderoso e já bastante difundido. Recursos como percepções automatizadas, resumos e gráficos são gerados por IA, enquanto fórmulas são sugeridas com base em entradas parciais. Tanto o Excel quanto o Sheets permitem consultas em linguagem natural.

A IA "invisível" também atua em outros contextos familiares. Navegadores populares predizem buscas; o *Smart Compose* do Gmail sugere frases completas enquanto se redige um e-mail. Plataformas educacionais e ambientes virtuais de aprendizagem — como Canvas, Moodle e Brightspace — podem utilizar recursos de correção automática, recomendações adaptativas baseadas em IA e ferramentas de detecção de IA.

Esses exemplos representam apenas a ponta do iceberg. As ferramentas de IA embutidas estão por toda parte: aperfeiçoam discretamente nossas entradas, fazem sugestões, evitam erros — e, por vezes, introduzem novos. Não há nada que possamos — ou que devamos — fazer para impedir isso. Trata-se de um campo de jogo nivelado: todos que têm acesso aos aplicativos também têm acesso às ferramentas de IA, e isso é inevitável. Como são ferramentas passivas (ou seja, funcionam automaticamente, sem necessidade de ativação explícita), acabam beneficiando principalmente estudantes com maior dificuldade em ortografia, gramática, domínio da linguagem ou digitação. É uma situação vantajosa tanto para educadores quanto para estudantes — exceto, é claro, se você estiver ensinando ortografia!

ASSISTENTES DE ESCRITA

O Grammarly é o líder mundial em assistência à escrita com tecnologia de IA. Seu uso não se restringe ao meio educacional — é utilizado diariamente por mais de 30 milhões de pessoas, em contextos que vão do governo ao setor empresarial e às universidades. Sua trajetória teve início em Kiev, na Ucrânia, em 2009, quando foi lançado com foco no uso acadêmico, especialmente por falantes não nativos da língua inglesa. Desde o início, foi desenvolvido para superar o Microsoft Word em termos de funcionalidade — e continua fazendo isso até hoje.

O Grammarly demonstra dois passos importantes na progressão entre o uso passivo de IA e sua aplicação ativa. Ele não está disponível por padrão nos processadores de texto, mas sua versão gratuita pode ser instalada sob demanda como complemento ou extensão. O usuário da versão gratuita tem acesso imediato a sugestões de estilo, tom e clareza. Para usuários brasileiros, a versão Premium custa atualmente entre R$60 e R$150 por mês, dependendo da cotação do dólar e do tipo de cobrança (mensal ou anual). Essa versão inclui aprimoramentos de vocabulário, verificação de plágio, escrita orientada por objetivos e sugestões de reescrita geradas por IA. No entanto, o Grammarly oferece suporte apenas ao inglês e, até o momento, não auxilia na produção de textos em português.

O Grammarly não é o único assistente de escrita disponível. O Microsoft Word já conta com o recurso "Editor" baseado em IA e, para escrita em português, muitos estudantes e profissionais no Brasil utilizam o **LanguageTool** (https://languagetool.org/), que oferece suporte a mais de 30 idiomas, incluindo o português brasileiro. Ele apresenta sugestões gramaticais, ortográficas e de estilo, e possui versões gratuitas e pagas. Outra ferramenta emergente, com suporte ainda limitado ao português, é o **QuillBot**, mais conhecida por seus recursos de paráfrase em inglês.

Outras ferramentas voltadas para o inglês incluem o ProWritingAid (https://prowritingaid.com/), especialmente eficaz para ficção e narrativa, e o Hemingway Editor (https://hemingwayapp.com), que auxilia na simplificação da estrutura das frases e na melhoria da clareza textual. Ambas oferecem versões gratuitas, e vale a pena explorar seus respectivos sites para compreender melhor suas funcionalidades. No entanto, assim como o Grammarly, essas ferramentas atualmente oferecem suporte exclusivo ao idioma inglês.

Embora tenhamos apresentado os assistentes de escrita como o primeiro degrau da escada da IA, já é possível perceber que os recursos avançados que eles oferecem os colocam em um ponto da trajetória em que o estudante talvez já não seja mais o autor efetivo do trabalho que apresenta. Isso nos leva novamente a questões fundamentais — o que queremos ensinar e o que desejamos avaliar? Abordaremos essas questões até o fim deste capítulo, especialmente quando discutirmos a definição de regras claras para o uso da IA na educação.

AJUDA COTIDIANA

A chegada da IA generativa, assim como o advento da Internet, representou mais uma abertura da caixa de Pandora. Outro gênio que, uma vez solto da lâmpada, não pode mais ser contido. Em um período muito curto, o uso da IA generativa por estudantes tornou-se normalizado — ainda que nem sempre confortável. Um estudo da KPMG publicado em abril de 2025 revelou que 65% dos estudantes sentem que estão trapaceando ao utilizar IA generativa. Tentar conter isso é como enxugar gelo (KPMG, 2025-a).

As aplicações cotidianas da IA generativa podem ser agrupadas em duas categorias, com alguma sobreposição. A primeira diz respeito ao **apoio aos estudos** — atuando como um tutor eletrônico. Ferramentas de IA generativa são excelentes parceiras de estudo: explicam conceitos, criam exemplos ilustrativos, geram flashcards, elaboram perguntas de quiz e sugerem temas para redações ou tarefas. Também traduzem termos desconhecidos para falantes de segunda língua, esclarecem enunciados confusos e comentam ideias ou percepções que lhes são apresentadas. São companheiras de estudo bem-informadas, sempre disponíveis e responsivas — que nunca se cansam de ouvir a mesma pergunta. Para elas, não existe o conceito de "perguntar demais".

O segundo grupo acompanha o fluxo típico de produção de uma tarefa escrita, oferecendo suporte em cada uma de suas etapas. A tabela a seguir resume os principais elementos desse processo.

TABELA 7: Ajuda cotidiana

Etapa	Atividades
Ideação	Discussão de possíveis temas, questões ou hipóteses. Exploração de ângulos e caminhos de investigação.
Planejamento	Organização das atividades de pesquisa, elaboração de roteiros, estruturas e sumários, compreensão das tarefas.
Pesquisa	Busca de fontes publicadas, resumo ou condensação de publicações, tradução de textos estrangeiros.
Edição	Revisão ortográfica, digitação, pontuação, gramática, tom, estilo e veracidade dos fatos.
Reformulação	Sugestões de reescrita de frases, parágrafos ou documentos inteiros.
Finalização	Revisão do conteúdo, comparação com critérios de avaliação, sugestões de cortes, tradução, compilação de glossários.

Essas não são as únicas formas pelas quais os estudantes podem utilizar a IA generativa, e as categorias aqui apresentadas não são necessariamente sequenciais. Os estudantes podem iterar e retornar a estágios anteriores à medida que desenvolvem seus trabalhos. O aspecto conversacional dos chatbots mais utilizados para essas finalidades naturalmente leva a um uso iterativo — o mesmo conceito, parágrafo ou até mesmo o texto completo pode ser submetido, revisado e reenviado diversas vezes até que o autor obtenha a aprovação da ferramenta para uma versão final.

Nenhuma dessas atividades é, por si só, algo negativo. Muito depende da forma como o usuário formula os prompts e do tratamento posterior dado às respostas. Considere, por exemplo, os prompts de ideação a seguir, que poderiam ser utilizados por um estudante ao final de um curso sobre estratégia empresarial. Ao ler cada um deles, pergunte-se: "Quem está realmente pensando aqui?" Essa reflexão ajuda a avaliar se um objetivo de aprendizagem está sendo alcançado ou comprometido.

1. Preciso escrever uma redação sobre qualquer tema do meu curso de estratégia empresarial. O que você sugeriria?

Não nos agradaria saber que nosso estudante iniciou por aqui. Embora a ferramenta não esteja produzindo o conteúdo em si, o estudante está terceirizando, de forma acrítica, um processo cognitivo essencial do curso — refletir sobre os conteúdos abordados e selecionar um elemento de interesse para desenvolver. No entanto, se este for o único uso da IA, ainda há bastante espaço para que o estudante realize um trabalho valioso. Não é um caso irrecuperável.

2. Estou pensando em escrever sobre as cinco forças de Porter. Você acha uma boa ideia?
3. Você pode fazer um brainstorming comigo para desenvolver os pontos principais de uma redação sobre as cinco forças de Porter?
4. Você pode sugerir uma empresa que eu possa usar como exemplo das cinco forças de Porter?
5. Elaborei um esboço do meu trabalho. Você pode comentar sobre a estrutura?
6. Aqui está a primeira versão do meu texto. Você poderia comentar sobre a clareza da minha redação?

Em diferentes graus, essas perguntas demonstram que o estudante já se envolveu com o pensamento original e está buscando feedback ou apoio na pesquisa. Sempre respeitando as diretrizes institucionais ou individuais sobre o uso responsável da IA, sugerimos que esses casos sejam considerados aceitáveis e com potencial para contribuir com os objetivos de aprendizagem.

7. Você pode fazer um esboço de uma redação sobre as cinco forças de Porter?
8. Elaborei um esboço. Você pode escrever um bom primeiro parágrafo para mim?

9. Elaborei um esboço. Você pode expandir cada seção em uma explicação completa?

Com esse tipo de pergunta, o estudante realizou algum pensamento preliminar, mas posteriormente abandonou o processo criativo, delegando-o ao chatbot. Não temos dificuldade em concluir que esses usos são inaceitáveis e comprometem os objetivos de aprendizagem.

10. Escreva uma redação de 750 palavras sobre as cinco forças de Porter.
11. Escrevi um rascunho sobre as cinco forças de Porter. Aqui está a categoria de avaliação — reescreva meu texto para maximizar minha nota.
12. Aqui está a redação que meu colega escreveu. Você pode reescrevê-la com meu estilo para que eu possa entregá-la?

Com prompts desse tipo, passamos de solicitações questionáveis de assistência para casos claros de fraude acadêmica. O conteúdo produzido deixa de ser resultado do trabalho, da análise ou da criatividade do estudante. A evasão do trabalho e a subversão dos objetivos educacionais estão bem exemplificadas no conceito de homework hack — uma expressão de aparência inofensiva que encobre uma série de violações à integridade acadêmica.

> **Crescimento da Voz da IA**
>
> Já estamos observando um fenômeno interessante na escrita dos estudantes. Todos os estudantes — mas especialmente aqueles que aprendem inglês como segunda língua — estão começando a internalizar os padrões linguísticos e estilísticos das ferramentas de IA. Um número crescente de estudantes está escrevendo de forma independente, sem recorrer diretamente à IA generativa, mas adotando o tom polido, neutro e genérico típico das máquinas, além de copiar suas estruturas e formatos. Quanto mais os estudantes aprendem com a IA, mais difícil se tornará distinguir seu trabalho de um texto gerado por máquina. E quanto mais o texto automatizado se tornar onipresente, mais nossas crianças aprenderão a escrever dessa forma.

ATALHOS PARA TAREFAS ESCOLARES

O termo "atalho" refere-se a um espectro mais amplo de infrações do que apenas aquelas relacionadas ao uso indevido da IA generativa. O elemento comum entre essas práticas é que todas possibilitam a produção de trabalhos sem a devida atribuição, permitindo que sejam entregues por estudantes como se fossem de sua própria autoria. Essa lista inclui respostas copiadas de fóruns de tarefas escolares (como Chegg e CourseHero), a contratação de terceiros — colegas ou prestadores profissionais — para realizar o trabalho (como EduBirdie e StudyMoose), a submissão de versões alteradas de trabalhos de outras pessoas (plágio) e o uso de ferramentas não autorizadas para gerar códigos ou imagens.

O ghostwriting, por si só, não é algo inerentemente condenável. Muitas celebridades e figuras públicas, por exemplo, "escreveram" suas memórias ou outros livros com base em entrevistas e documentos fornecidos a autores profissionais. Normalmente, o ghostwriter é reconhecido como coautor ou creditado com a preposição "com". A autobiografia de Pelé, por exemplo, foi escrita com o apoio do jornalista Orlando Duarte, cujo nome aparece como coautor. O livro foi construído a partir de entrevistas, memórias e documentos pessoais — uma prática comum e legítima fora do contexto acadêmico.

No meio acadêmico, contudo, o ghostwriting representa uma séria violação da integridade. Seja o trabalho realizado como um favor ou mediante pagamento, o estudante busca obter crédito por algo que não produziu nem aprendeu.

Embora Chegg e CourseHero operem principalmente em inglês, são amplamente utilizados por estudantes brasileiros que cursam disciplinas em língua inglesa. Já os sites TrabalhosFeitos.com e PasseiDireto.com, voltados especificamente para o público estudantil brasileiro, contam com mais de 30 milhões de usuários e oferecem milhares de redações, estudos de caso, relatórios e até projetos acadêmicos completos — tanto originais quanto duplicados. O consumo passivo e o uso indevido do trabalho de outros estudantes tornaram-se práticas comuns.

Além disso, dezenas de sites são amplamente divulgados no Google e nas redes sociais, oferecendo "trabalhos sob encomenda". Tais serviços são amplamente reconhecidos como facilitadores de fraudes acadêmicas.

Como nós, você talvez se surpreenda ao saber que a Chegg, Inc. é uma empresa de capital aberto, cotada na Bolsa de Valores de Nova Iorque. A seguir, apresentamos um gráfico com o valor de suas ações ao longo de cinco anos, até 19 de junho de 2025.

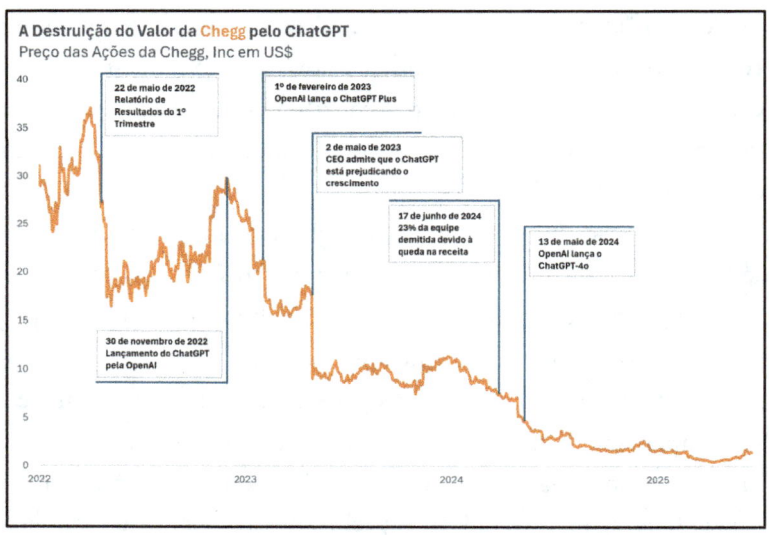

FIGURA 20: Chegg, Inc. preço das ações

Uma ação que já foi avaliada em mais de US$ 115 hoje vale cerca de US$ 1. Praticamente toda a explicação para essa queda está no lançamento e nas crescentes capacidades do ChatGPT. Estudantes não precisam mais assinar sites de cola para obter respostas imediatas a perguntas ou testes, ou para baixar redações — essas respostas estão disponíveis instantaneamente, sob demanda, em chatbots gratuitos.

Editar, melhorar e revisar rascunhos não é claramente uma infração como a autoria fantasma. Os chatbots representam um avanço em relação às funções de edição baseadas em IA, entre outros motivos, porque são sensíveis ao contexto da área de estudo e apresentam uma natureza conversacional. Em vez de simplesmente analisarem as palavras na página, o ChatGPT e seus similares avaliam o conteúdo escrito e sugerem melhorias e alterações levando em conta o conjunto de conhecimento presente em seus dados de treinamento.

Traçar limites sobre o que é aceitável é complexo. Se um estudante usa IA para encontrar erros de digitação, ortografia, gramática ou problemas de formatação, onde está o prejuízo? E se a IA identificar erros fatuais? E se ela reorganizar os parágrafos ou seções para melhorar a fluidez do texto? Ou apontar um trecho pouco claro, ou a ausência de uma transição? Se o estudante responde às sugestões corrigindo o trabalho por conta própria — mesmo que refaça o texto várias vezes, aprimorando-o de forma iterativa — ainda se trata, substancialmente, de sua própria produção. Há muito a ser dito em favor desse tutor privado, não julgador, que pode ter um papel positivo na vida acadêmica, especialmente para quem enfrenta dificuldades de aprendizagem, barreiras linguísticas ou obstáculos psicológicos.

Para a maioria dos educadores, entretanto, os limites são ultrapassados quando estudantes passam a depender excessivamente dos chatbots, pedem reescrita completa de frases, parágrafos, seções ou trabalhos inteiros, ou aceitam alterações substanciais no conteúdo. A natureza contextual da contribuição dos chatbots traz o risco de que as modificações deixem de ser apenas correções e passem a incluir adições. Nesse ponto, o trabalho submetido pode já não refletir a competência real do estudante na disciplina.

A programação e a resolução de problemas com ajuda da IA generativa suscitam desafios semelhantes. Em disciplinas de ciência da computação e áreas afins à matemática, geralmente queremos que os estudantes aprendam a escrever código do zero, depurar seus programas, compreender algoritmos próprios ou alheios e resolver problemas propostos ou inerentes ao conteúdo. Os chatbots são capazes de realizar todas essas tarefas — muitas vezes de forma mais rápida e com menos erros que um ser humano. O problema, evidentemente, é que o estudante que recorre à IA pode entregar apenas o resultado, sem que tenha havido aprendizado no processo.

Assim como na geração de textos, a IA generativa oferece uma oportunidade para que os estudantes adquiram conhecimento e compreendam melhor suas disciplinas. O ChatGPT, por exemplo, pode gerar explicações claras e úteis sobre como funcionam determinadas fórmulas e comandos no Excel ou em outros programas, com exemplos que as reforçam. A seguir, apresentamos alguns comandos que geram explicações claras para diversas aplicações:

- Explique como as funções ÍNDICE e CORRESP trabalham juntas no Excel
- Como criar listas suspensas dependentes no Excel usando a função INDIRETO?
- Explique, em passos simples, como usar a ferramenta Carimbo (Clone Stamp) no Photoshop para remover imperfeições da pele em um retrato
- Explique como usar o pacote ggplot2 no R para criar um gráfico de dispersão com linha de regressão
- No AutoCAD, explique como usar o comando OFFSET para criar linhas paralelas ao projetar uma parede
- Explique como usar um plugin de equalização para melhorar a clareza vocal em um podcast
- Como usar quadros-chave no Blender para animar uma bola quicando

Após cinco ou seis tentativas frustradas de depurar um trecho de código, a identificação rápida do problema por um chatbot pode evitar a frustração, ensinar algo novo ao estudante e permitir o progresso para a próxima tarefa — algo que, de outra forma, poderia ser abandonado. Se o estudante escreve um código e depois pede ao

ChatGPT que o refatore, ele pode aprender ao comparar a nova versão com a original.

Entretanto, quando o estudante recorre diretamente ao chatbot em busca de uma resposta imediata, sem antes tentar resolver por conta própria, o equivalente à autoria fantasma ocorre novamente. O resultado não é mais um trabalho próprio, e o objetivo pedagógico de escrever o código é perdido. Quando chega o momento da avaliação — seja uma prova, seja uma análise no contexto profissional —, o estudante não terá o conhecimento necessário para ter sucesso. Pedir que um chatbot gere um código ou uma solução equivale a pedir que ele redija uma redação: trata-se de plágio ou "cola por contrato", seja em forma de texto, código ou números.

Responder a perguntas durante avaliações, sejam elas online ou presenciais, bem como em testes e exames formais, abre espaço para fraudes facilitadas por IA. Nesse contexto, não hesitamos em chamar de trapaça desde o início, pois essas práticas infringem quase sempre os princípios de integridade acadêmica. Durante avaliações remotas ou não supervisionadas — como testes semanais de leitura — é extremamente difícil detectar esse tipo de uso. Questões de múltipla escolha são particularmente vulneráveis, pois, na ausência de registros temporais ou logs detalhados, não há base objetiva para uma conclusão.

Os chatbots não são infalíveis. Podem fornecer respostas incorretas em áreas altamente técnicas ou falhar em cálculos complexos. No entanto, nas diversas áreas com as quais temos familiaridade, eles acertam mais de 90% das vezes — a menos que as perguntas tenham sido deliberadamente formuladas para confundir ou enganar a IA generativa. Quando quizzes periódicos são aplicados remotamente, é provável que muitos estudantes recorram a um chatbot sempre que tiverem dúvidas quanto à resposta.

Se quiser ver um exemplo de o ChatGPT responder com confiança de forma errada — acompanhado de explicação completa e referências —, experimente fazer a seguinte pergunta:

> Segundo Michael Cohen, quem lhe perguntou: "Por que estou no banco dos réus?"
> (a) Sean Hannity
> (b) Donald Trump
> (c) Joe Biden
> (d) James Comey

A resposta correta é (a), Sean Hannity (Cohen, 2020, p. 235). Quando fizemos essa pergunta, o ChatGPT identificou corretamente o livro em que a história é contada, mas não localizou a passagem exata — em vez disso, fez uma inferência com base em seu conhecimento geral sobre os relacionamentos descritos por Cohen, errando a resposta. Em nenhum momento, no entanto, admitiu estar conjecturando: afirmou com confiança que a resposta correta era James Comey, apresentou uma justificativa e citou diversas fontes.

Retornaremos mais adiante às técnicas de reformulação de testes e exames. Por ora, contudo, é importante observar que testes do tipo "quiz" que avaliam o conhecimento dos estudantes sobre detalhes, mesmo relativamente complexos, deixaram de ser eficazes. Em praticamente todos os ambientes de avaliação que não contam com supervisão rigorosa, já existem soluções técnicas que permitem aos estudantes recorrer a chatbots para responder às perguntas que não sabem.

REDAÇÃO DE E-MAILS

Ferramentas de IA generativa são eficazes para organizar ideias, sequenciar pensamentos, corrigir gramática e estruturar argumentos — especialmente quando guiadas por comandos claros. Por isso, não é surpresa que muitos estudantes, incluindo falantes de segunda língua que temem causar uma má impressão, recorram à IA generativa para ajuda em suas comunicações. Como em outras áreas, isso pode ser algo positivo se o estudante utilizar a ferramenta de forma construtiva, mas prejudicial se ele terceirizar completamente o processo de escrita e reflexão. Você talvez já tenha notado comunicações estudantis com uma linguagem plana, vaga e que não faz completo sentido no contexto — isso é o "GPTês".

Segue um parágrafo de um e-mail recente de um estudante, em resposta a um convite para dar feedback sobre um simulado:

> Some wording is conversational or context-heavy, which may pose an additional challenge for non-native speakers under time pressure. I was hoping that UBC's commitment to equitable assessment and its efforts to ensure clarity and linguistic neutrality would be reflected more consistently, to support fairness for all students.
>
> [Algumas palavras utilizadas podem conter aspectos mais conversacionais ou dependentes de contexto, o que potencializa desafios adicionais para pessoas que não têm o idioma como língua principal, especialmente em situações com limitações de tempo. Esperava-se que o compromisso da universidade com avaliações equitativas e também as iniciativas no sentido de garantir clareza e neutralidade linguística pudessem estar mais refletidas de forma constante, para que se mantenha uma justiça no processo para todos os envolvidos.}

Note a descrição vaga do problema e a incapacidade da pessoa autora do texto de especificar de que forma a política universitária estaria sendo violada pela formulação em questão. Trata-se de um exemplo clássico de "GPTês": é evidente que o(a) estudante inseriu a prova em uma ferramenta de IA generativa e copiou/colou a resposta produzida. Não surpreende, portanto, que, ao pedirmos exemplos concretos da redação com excesso de contexto, o(a) estudante não tenha conseguido apresentar nenhum.

A implicação é perturbadora: já não se pode ter certeza de que a pessoa — ou entidade — que escreve para você é, de fato, o(a) estudante cujo nome aparece na mensagem. Tivemos uma longa troca de mensagens com uma pessoa que se apresentou como colega e buscou estabelecer uma conexão pelo LinkedIn. Quando questionamos alguns aspectos estranhos da correspondência — como o uso apenas do primeiro nome, a alegação de ocupar dois cargos distintos e uma introdução inadequada — recebemos a seguinte resposta:

> Agradeço muito pela sua compreensão e paciência. Em primeiro lugar, valorizo muito a sua disposição em se conectar comigo. Em relação às minhas informações e perfil, levarei seriamente em consideração o seu feedback e me esforçarei para melhorá-los.
>
> Compreendo que transparência e confiança são aspectos muito importantes em interações como esta. Estou totalmente à disposição para fornecer informações mais detalhadas sobre minha trajetória e trabalho, com o objetivo de ajudá-lo(a) a entender melhor minha verdadeira identidade e intenções.

Foi então que compreendemos que estávamos nos correspondendo com uma inteligência artificial, e não com uma pessoa real, e decidimos encerrar a conversa.

É importante estar atento para não se envolver em discussões longas e frustrantes com chatbots — se houver suspeita de que uma IA generativa está redigindo a mensagem, a melhor política pode ser entrar em contato pessoalmente com o(a) estudante e solicitar que exponha suas preocupações ou pedidos de forma verbal. Caso seja possível identificar que um chatbot criou uma personalidade fictícia e está tentando interagir com você, recomenda-se excluir a conexão por completo, a fim de evitar o risco de que essa entidade utilize seus contatos ou seu nome para cometer fraudes ou golpes.

Em um nível mais profundo de preocupação, caso o uso de IA generativa em correspondências torne-se prática comum, estaremos diante de um mundo em que muitas pessoas manterão personas mediadas por IA que não correspondem à sua identidade real. Trata-se de um avanço em relação à criação deliberada de identidades online falsas — indivíduos, mesmo sem intenção maliciosa, poderão acabar construindo vínculos com base em personalidades que, na prática, não possuem. À medida que a IA generativa se torna cada vez mais parecida com seres humanos, estaremos nos aproximando de um cenário em que círculos inteiros de amigos e contatos podem existir apenas como EuPTs, e não como pessoas reais?

AS FERRAMENTAS GENERATIVAS MAIS POPULARES

O ChatGPT possui tamanha dominância no mercado que seu nome é frequentemente utilizado como sinônimo de IA generativa. No entanto, existem outras ferramentas disponíveis, cujos produtos apresentam diferenças relevantes. A tabela a seguir resume as variações entre essas ferramentas e seu uso relativo por estudantes. Os percentuais apresentados são estimativas baseadas em pesquisas recentes. A soma total ultrapassa 100%, uma vez que muitos estudantes utilizam mais de uma ferramenta simultaneamente.

Os valores de uso na segunda coluna representam **percentuais de estudantes brasileiros**; os números são diferentes para falantes de inglês em outros países.

Todos, exceto o Caktus, estão disponíveis e funcionam de forma competente em português.

TABELA 8: Ferramentas de IA generative entre estudantes brasileiros

Ferramenta	Uso estimado	Características	Casos de uso	Pontos fortes e fracos
ChatGPT – agente conversacional	65–75%	Conversacional e analítico	Redações, perguntas e respostas, resumos	Flexível, boa memória; alucina, fornece citações falsas (principalmente na versão gratuita)
Google Gemini – sistema multimodal	15–20%	Conecta-se a dados atuais da web	Análise de eventos atuais, visões gerais de temas	Forte em análise rápida de eventos em tempo real; frequentemente impreciso
Perplexity – modelo de busca conversacional	5–10%	Usa dados atualizados com boas citações	Perguntas e respostas, pesquisa, respostas curtas	Argumentação superficial e pode usar dados não confiáveis
Claude – sistema de IA conversacional	3–5%	Linguagem mais humana e cautela ética	Redação de ensaios, estilo de escrita claro	Escrita muito clara, ético e mais preciso; fraco em programação e matemática
Writesonic – gerador de conteúdo com IA	<2%	Conversacional, originalmente criado para marketing	Redações e blogs	Focado no tom, qualidade de escrita variável
Caktus – assistente de IA generativa	<2%	Voltado para estudantes	Redação de ensaios, programação	Específico por tarefa; incentiva uso indevido, copiar/colar, rejeitado por muitas instituições

EVITANDO DETECÇÃO

Seja por estarem cientes de uma política institucional ou de um(a) professor(a), por terem, de modo geral, a percepção de que utilizar diretamente conteúdo gerado por IA generativa é errado, ou ainda por desejarem parecer mais inteligentes do que realmente são, estudantes que fazem uso questionável desse tipo de conteúdo dispõem de inúmeras ferramentas que, inevitavelmente, foram desenvolvidas para ajudá-los a evitar a detecção.

Durante a pandemia de COVID-19, aumentamos significativamente nossa dependência de exames online e desenvolvemos estratégias como a criação de bancos de questões com variações para desencorajar a cópia (Amlani, 2020). Com a ascensão da IA generativa, o Turnitin incorporou novos recursos, e ferramentas como o GPTZero passaram a auxiliar na detecção de construções linguísticas típicas de inteligência artificial. Em resposta, surgiram parafraseadores com o objetivo de burlar esses mecanismos, e agora começamos a considerar os exames orais como nossa última linha de defesa.

O ChatGPT é capaz de redigir um trabalho acadêmico completo em menos de um minuto e, por mais criativas que sejam as perguntas de múltipla escolha, ele é capaz de responder corretamente à maioria delas. Estamos nos aproximando de um ponto em que até os controles preventivos mais sofisticados se tornam insuficientes — pois o fim está próximo. Não venceremos essa corrida armamentista. Como afirma Sarah Elaine Eaton,

> *When commercialized neuro-educational technology is readily available in a form that is implantable/ingestible/embeddable and invisible then the academic integrity arms race will be over, as detection will be an exercise in futility* [Quando tecnologias neuroeducacionais comercializadas estiverem amplamente disponíveis em formas implantáveis, ingeríveis, incorporáveis e invisíveis, a corrida armamentista pela integridade acadêmica chegará ao fim, pois a detecção se tornará um exercício de futilidade] (Eaton, 2023).

A paráfrase e a reescrita não são realizadas apenas para evitar o uso de inteligência artificial ou a detecção de plágio, embora o QuillBot — de longe o aplicativo mais popular entre os estudantes — não hesite em promover suas capacidades. Em sua página inicial, apresenta-se a seguinte oferta:

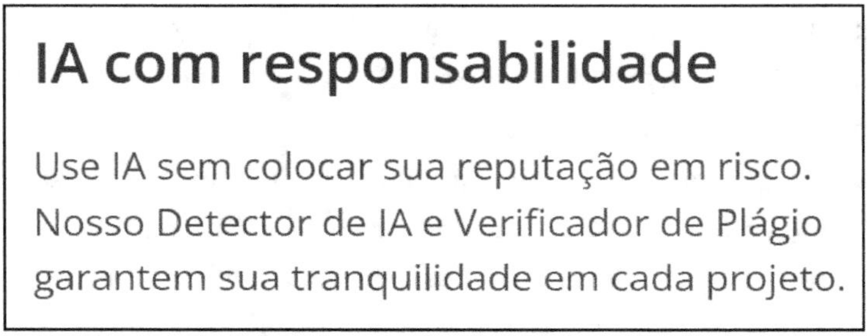

> ## IA com responsabilidade
>
> Use IA sem colocar sua reputação em risco. Nosso Detector de IA e Verificador de Plágio garantem sua tranquilidade em cada projeto.

FIGURA 21: Detector de IA do QuillBot

Em outras palavras, "Use o QuillBot para verificar se um trabalho com apoio de IA não é detectável como gerado por inteligência artificial ou plagiado." Ao realizar alterações com esse objetivo, os parafraseadores atuam removendo as características do texto que indicam a origem em IA generativa — não buscam melhorar a qualidade da escrita e frequentemente produzem um resultado inferior.

Cada vez mais, as principais ferramentas de IA generativa estão incorporando uma segunda camada de reescrita com o objetivo declarado de burlar detectores de IA. O Caktus, por exemplo, que funciona em português do Brasil por meio de seu portal em inglês, é igualmente explícito quanto ao propósito de seu reescritor.

FIGURA 22: Reescritor do Caktus

[Mantenha seu trabalho seguro – Reescritor Indetectável – Burle os detectores de IA e entregue seu trabalho com segurança.]

Existem outras ferramentas que os estudantes podem utilizar, embora a maioria não tenha sido projetada com o intuito de enganar. O Scribbr Paraphraser tem como objetivo auxiliar na produção de textos compatíveis com padrões acadêmicos, incluindo a correta formatação de citações. Já o Jasper Rewrite, com suporte a mais de 80 idiomas, é voltado principalmente para profissionais de marketing e criadores de conteúdo. O paraphraser.io, uma ferramenta online bastante popular, é de uso simples, mas também mais facilmente detectável. Seu funcionamento consiste em manter a estrutura original da frase e substituir palavras individuais por sinônimos — o que, por vezes, gera resultados inusitados ou incoerentes.

Ferramentas de detecção de IA e de plágio, em resposta aos parafraseadores, foram forçadas a incorporar mecanismos e elementos em seus relatórios voltados à identificação de parafraseamento conduzido por inteligência artificial.

Humanização é semelhante ao parafraseamento, mas adiciona um novo elemento. Trata-se de um modo ou função presente nas principais ferramentas de reescrita. Seu objetivo é afastar o texto do estilo formal e robótico típico de conteúdos gerados por IA, aproximando-o de uma linguagem mais natural e com aparência humana. Por exemplo, ao inserir a frase "Recomenda-se evitar dirigir em velocidades excessivas para não incorrer em responsabilidade penal" em uma ferramenta de humanização, ela pode retornar algo como: "Pisa no freio! Se te pegarem correndo, vai levar multa." O pop-up do QuillBot, na aba Humanize, afirma: "Reescreve o texto de forma mais humana e autêntica." "Mais humana do que o quê?", pergunta-se inevitavelmente. Mais humana do que o computador que escreveu o original — o convite à dissimulação da autoria não poderia ser mais claro.

Em última análise, a humanização parece um pouco mais preocupante do que o mero parafraseamento, pois pode ser usada não apenas para evitar a detecção por ferramentas de IA, mas também para aumentar a confiança do leitor na suposta autoria humana do texto.

Reescrita e humanização são frequentemente apresentadas como um pacote integrado. O Walter Writes AI (https://walterwrites.ai/) é uma das várias ferramentas que não apenas reescrevem e humanizam o texto, mas também oferecem um serviço adicional: verificar se o novo conteúdo consegue, de fato, escapar dos mecanismos de detecção.

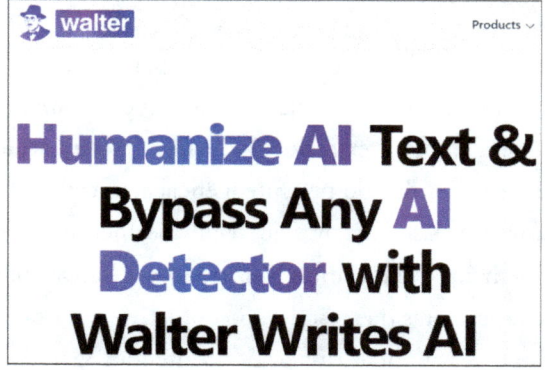

FIGURA 23: Walter Writes AI

[Humanize textos gerados por IA e burle qualquer detector de inteligência artificial com o Walter Writes AI.]

Derrotar os controles tecnológicos, especialmente em exames realizados remotamente, infelizmente não é uma tarefa difícil para estudantes com conhecimento técnico. É provável que você já esteja familiarizado com softwares de supervisão online, como o Respondus Lockdown Browser ou o Proctorio. Certamente, essas ferramentas dificultam a prática de trapaças; elas utilizam uma variedade de técnicas para detectar atividades ilícitas, incluindo o monitoramento dos movimentos oculares, a análise de padrões de digitação e a detecção de sons. Em alguns de nossos exames remotos, adicionamos uma segunda camada de controle, exigindo que o(a) candidato(a) mantenha uma transmissão ao vivo a partir de um telefone celular posicionado atrás de si.

Apesar de todos esses esforços, estudantes podem empregar máquinas virtuais, ferramentas de acesso remoto (para envolver uma segunda pessoa no exame), falsificação do feed da webcam utilizando softwares como o OBS Studio para enganar o sistema com um vídeo do próprio estudante, óculos inteligentes, ou simplesmente burlar o navegador de bloqueio. Essa é mais uma corrida armamentista que estamos destinados a perder.

Para uma demonstração particularmente ousada de intenção de facilitar a cola, vale observar o FloatBrowser (https://macmenubar.com/floatbrowser/) ou https://beauty-of-pixel.tech/floatbrowser/blog/bypass-lockdown-browser). No segundo endereço citado, você encontrará um título que começa com: "*How to Bypass Lockdown Browser...* " [Como burlar o Lockdown Browser ...]. O site oferece instruções passo a passo e pergunta abertamente:

> Lockdown browsers are increasingly common for online exams and tests, ensuring that students stay focused and don't access external resources. But what if you could have the freedom to multitask,

search for extra information, or chat with friends without breaking your flow? [Lockdown browsers estão se tornando cada vez mais comuns em exames e testes online, garantindo que os estudantes permaneçam focados e não acessem recursos externos. Mas e se você pudesse ter a liberdade de realizar múltiplas tarefas, buscar informações adicionais ou conversar com amigos sem interromper seu ritmo?]

O FloatBrowser, conforme declara abertamente, "works flawlessly alongside lockdown browsers like Respondus LockDown, offering a way to browse the web without being restricted" [funciona perfeitamente em conjunto com navegadores de bloqueio como o Respondus LockDown, oferecendo uma forma de navegar na web sem restrições.]

O FloatBrowser está longe de ser a única ferramenta que permite a estudantes contornar os controles de vigilância em avaliações. Recomendo fortemente que você leia a página da qual extraímos essa citação — embora, provavelmente, isso lhe cause um certo desalento.

PRACTICANDO APRESENTAÇÃOES ORAIS

O componente de voz do ChatGPT, em particular, tornou disponível uma funcionalidade extraordinária para qualquer pessoa que precise praticar apresentações orais. Por exemplo, um estudante piloto pode solicitar que o chatbot assuma o papel de controle de tráfego aéreo, controlador de torre ou de outras aeronaves no circuito, e praticar comunicações por rádio. Recentemente, observamos uma demonstração na qual o ChatGPT forneceu dados teóricos e, em seguida, avaliou as chamadas de rádio orais do estudante quanto ao conteúdo e à precisão. Temos apenas elogios a essa funcionalidade, especialmente porque elimina o custo de contar com um(a) instrutor(a) para treinar as chamadas ou outras respostas presencialmente, além da imprevisibilidade de utilizar outro estudante como interlocutor. O exemplo se estende com facilidade à prática de exames orais, entrevistas com pacientes, sessões de perguntas e respostas após apresentações e muitos outros cenários.

USANDO IA GENERATIVA OFFLINE

Modelos de IA generativa offline e de código aberto representam um desafio particular. Alguns LLMs, como LLaMA 2 e 3, Mistral, Gemma, Phi-3, RWKV, Falcon e OpenChat, podem ser baixados e executados localmente, sem conexão com a internet. É possível instalá-los até mesmo em um pen drive, em um disco rígido externo ou em um computador de laboratório universitário. Seu uso torna-se praticamente indetectável. Como não há interação com serviços em nuvem, não se registra histórico de navegação, nem atividade em ambientes virtuais de aprendizagem (AVA), tampouco logs de API ou qualquer possibilidade de os detectores de IA denunciarem uso indevido.

Embora esses modelos offline não possuam o mesmo nível de sofisticação do ChatGPT ou do Claude, são suficientemente competentes para redigir ensaios, gerar código, traduzir entre idiomas e resolver tarefas acadêmicas. São gratuitos, sem necessidade de assinatura ou verificação de identidade. Com algum conhecimento técnico, podem ser executados de forma invisível para certos navegadores de bloqueio — embora o Respondus provavelmente os detectasse. Os modelos mais recentes não apresentam dificuldades para lidar com questões dissertativas ou de resposta curta, gerando soluções em frações de segundo. A ameaça é evidente.

O conceito de "corrida armamentista pela integridade acadêmica" é uma metáfora poderosa para descrever o que tem ocorrido até agora. No entanto, ela posiciona a IA generativa como uma arma em uma batalha épica. Isso não precisa ser assim. Se formos capazes de estabelecer um tratado acadêmico sobre o uso de IA — assim como ocorreu no campo do armamento nuclear — poderemos construir um cenário em que tecnologias extraordinárias sejam utilizadas em benefício de todas as partes envolvidas. Tratados de desarmamento só funcionam com transparência; o mesmo se aplica à IA generativa.

Antes disso, porém, precisamos enfrentar os desafios mais imediatos.

TRÊS PONTOS FUNDAMENTAIS

1. Os estudantes estão utilizando IA generativa de forma constante.
2. A IA generativa está incorporada em muitos outros aplicativos, como o Word e o Excel.
3. Precisamos compreender o comportamento estudantil não para punir, mas para ensinar.

Parte II. INTEGRIDADE E INFRAÇÕES

Capítulo 5. DETECTANDO IA GENERATIVA

Nosso estudante perguntou: "Por que você acha que meu português não melhorou, pô?"

IDENTIFICANDO TRABALHOS SUSPEITOS

FIGURA 24: Detecção de computação suspeita: Gerado no DALL·E, 28 de maio de 2025

Educadores naturalmente desejam saber quais ferramentas e conhecimentos podem ajudá-los a detectar o uso de IA generativa. No mínimo, espera-se ser capaz de identificar os abusos mais evidentes, tomar as medidas cabíveis e seguir em frente. Estamos felizes em oferecer algumas orientações, embora com a ressalva de que nem as ferramentas nem as capacitações disponíveis atualmente são particularmente confiáveis.

Ao propor uma atividade ou administrar uma prova online, não perca tempo se perguntando: "Será que meus estudantes vão usar IA generativa?" Eles vão. Alguns poderão ser obedientes ou honestos e evitar seu uso se você solicitar, mas muitos não o farão. A única pergunta real é qual porcentagem dos estudantes utilizará IA generativa — e a resposta provavelmente supera os 80%.

Descreveremos algumas ferramentas tecnológicas que podem auxiliar na detecção do uso de IA generativa. No entanto, seus resultados estão sujeitos a falsos positivos e falsos negativos, e elas apresentam um risco significativo de gerar vieses contra estudantes que usam a segunda língua. Gostaríamos de poder analisar mais profundamente as razões por trás dos erros dessas ferramentas, mas, infelizmente, os fornecedores geralmente não são transparentes quanto aos algoritmos utilizados para avaliar os trabalhos.

Embora professores tendam a avaliar sua própria capacidade de detectar o uso de IA generativa como alta, estudos recentes indicam que essa confiança é, na verdade, superestimada (Fleckenstein et al., 2024).

A seguir, examinaremos algumas das técnicas mais conhecidas e exploraremos como funcionam. A maior parte deste capítulo será dedicada à análise de materiais escritos, como redações, trabalhos e respostas discursivas; ao final, daremos atenção especial a quizzes, provas online e atividades de programação.

CONTEÚDO GERADO POR IA EM TRABALHOS ESCRITOS

Soluções tecnológicas

GPTZero e outras ferramentas[5]

O GPTZero (https://gptzero.me/) é gratuito, fácil e intuitivo de usar. A partir da página inicial, é possível colar até 5.000 caracteres de texto e receber quase instantaneamente um relatório indicando o nível de confiança quanto à autoria humana ou por IA. Quem assina a versão paga tem acesso a limites maiores e à possibilidade de enviar documentos anexados para análise. Inserimos os dois primeiros parágrafos deste capítulo na ferramenta para ilustrar como é um relatório típico.

---

[5] O GPTZero é a ferramenta de detecção mais conhecida. Não iremos dedicar tempo à descrição e análise das demais, mas talvez você se interesse em conhecer outras ferramentas amplamente utilizadas, como o Originality.AI e o Copyleaks. Ambas funcionam, até certo ponto, com textos em português, mas são tipicamente otimizadas para o inglês — o que pode comprometer a confiabilidade dos resultados em outros idiomas.

FIGURA 25: GPTZero Relatório positivo

[GPTZero AI Modelo Detecção 3.2m —Estamos altamente confiantes de que este texto é totalmente humano —Divisão de probabilidade 0% Gerado por IA —7% Misto — 93% Humano]

Então, pedimos ao ChatGPT que escrevesse um parágrafo de 120 palavras sobre o clima em Manaus. O texto está em baixo[6] mas você não precisa lê-lo. O resultado:

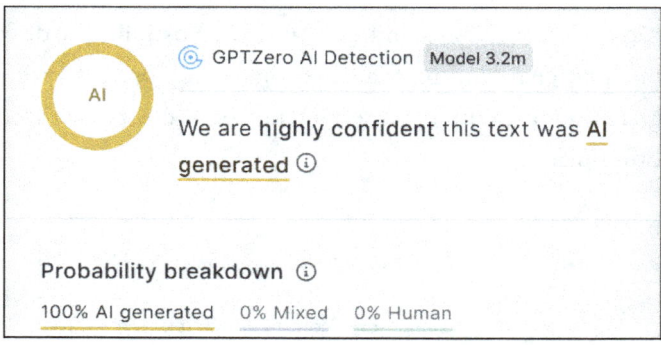

FIGURA 26: GPTZero Relatório negativo

---

[6] O clima em Manaus, Brasil, é caracterizado por altas temperaturas e níveis elevados de umidade durante todo o ano. A região possui clima equatorial úmido, com temperatura média anual em torno de 27 graus Celsius. As chuvas são abundantes, especialmente entre dezembro e maio, que corresponde à estação chuvosa. A estação seca ocorre entre junho e novembro, embora ainda haja precipitações ocasionais. Os níveis de umidade permanecem consistentemente altos, frequentemente acima de 80 por cento. A cobertura de nuvens é comum, embora haja períodos de sol ao longo do dia. A velocidade dos ventos é geralmente baixa e apresenta pouca variação entre os meses. As variações sazonais de temperatura são mínimas. O clima pode ser descrito como quente, úmido e chuvoso.

[GPTZero AI Modelo Detecção 3.2m – Estamos altamente confiantes de que este texto foi gerado por IA – Divisão de probabilidade 100% Gerado por IA – 0% Misto – 0% Humano]

Isso é simples. O GPTZero nem sempre apresenta tanta certeza e, diante de envios ambíguos ou híbridos, costuma apresentar percentuais de confiança ou estimativas do uso de IA generativa.

Em uma reviravolta curiosa, o GPTZero foi criado e lançado por um estudante da Universidade de Princeton, Edward Tian. Esse fato deu origem a um apelo de marketing: "escrito por um estudante, para professores" (Beam, 2023). A ferramenta estreou apenas em janeiro de 2023, mas em 18 meses já contava com quatro milhões de usuários. Em meados de 2025, a plataforma afirma ter oito milhões de usuários, distribuídos em 3.500 universidades e escolas. Também declara uma taxa de precisão de 99% na detecção do uso de IA generativa. Somos céticos em relação a esse último número.

Com o desenrolar da corrida armamentista acadêmica, ferramentas de paráfrase começaram a desafiar a eficácia do GPTZero. Em resposta, o sistema passou a incorporar recursos para detectar paráfrases, alegando cerca de 95% de precisão (Thomas, Adam & Cui, 2024).

Por razões comerciais, diferentemente de certos softwares de código aberto, o GPTZero não divulga todos os detalhes de seu funcionamento, especialmente no que se refere a seus algoritmos proprietários. De modo geral, no entanto, combina análise estatística e aprendizado de máquina para calcular a probabilidade de que um texto tenha sido escrito por IA generativa. Seus dois principais componentes são a perplexidade (grau de imprevisibilidade do texto, sendo que humanos tendem a ser menos previsíveis que a IA) e a burstiness (variação na estrutura das sentenças, já que humanos tendem a alternar frases curtas e longas, enquanto a IA geralmente apresenta maior uniformidade) (McKay, s.d.). A tecnologia de aprendizado de máquina é integrada à análise a partir do treinamento da ferramenta com grandes volumes de textos gerados tanto por humanos quanto por IA, para identificar padrões característicos.

O GPTZero e ferramentas semelhantes apresentam limitações importantes. Embora detectem o uso de IA generativa com grau considerável de precisão, basta que um estudante edite manualmente o texto gerado e conheça os principais indicadores para que a ferramenta seja facilmente enganada. Falsos positivos ocorrem com mais frequência em textos de falantes de segunda língua, especialmente quando limitações de vocabulário ou gramática resultam em sentenças mais curtas; nesse caso, professores tendem a identificar com mais facilidade um texto não editado em "GPTês". Em áreas nas quais a escrita segue fórmulas padronizadas — como em relatórios de laboratório nas ciências — é possível que estudantes produzam textos que se assemelham àqueles gerados por IA. Textos muito curtos também são difíceis de analisar.

Como o GPTZero é amplamente acessível e gratuito, os estudantes também têm acesso a ele. Muitos verificam seus próprios textos na ferramenta para garantir que não sejam detectados, caso sejam avaliados por professores.

Infelizmente, a constante evolução de ferramentas de "antidetecção" e a facilidade de acesso a verificadores têm um efeito geral negativo — contribuem para a normalização do uso não declarado de "ajuda" da IA. O próprio GPTZero incentiva professores a orientar os estudantes a revisar seus textos na plataforma — mas essa prática também pode levar os estudantes a alterar estrategicamente seus textos apenas o suficiente para evitar a detecção.

> **O GPTZero, isoladamente, nunca é suficiente.**

Quando educadores permitem o uso de IA generativa, ela deve ser empregada para potencializar a aprendizagem — não deve ser demonizada. Quando seu uso não é permitido, é fundamental explicar aos estudantes os motivos dessa restrição. Melhorar o design das avaliações e aprimorar as ferramentas de detecção, mesmo em conjunto, não será suficiente para garantir que os estudantes trabalhem de forma autônoma.

Turnitin

O Turnitin foi lançado pouco antes do início do novo milênio e é a ferramenta mais amplamente utilizada no mundo para a detecção de plágio. Seu funcionamento baseia-se na comparação de pequenos trechos do texto submetido com um vasto banco de dados que inclui fontes da internet, trabalhos acadêmicos previamente entregues por estudantes e publicações científicas. Após identificar cadeias de texto idênticas ou semelhantes, o sistema gera um relatório de similaridade que sinaliza essas correspondências, permitindo que educadores avaliem se houve plágio.

O Turnitin possui uma capacidade importante ao avaliar textos escritos em português brasileiro — ele pode detectar trabalhos que tenham sido traduzidos a partir de obras já presentes em seu banco de dados. A ferramenta é muito eficaz quando a tradução é literal ou apenas levemente modificada, mas é menos útil quando o conteúdo foi amplamente parafraseado.

Com a chegada da IA generativa, o Turnitin incorporou um módulo de detecção de IA. Esse módulo opera de forma independente do verificador de plágio, dividindo o texto em segmentos e atribuindo a cada um deles uma pontuação que indica a probabilidade de geração por IA. Em seguida, é calculada uma pontuação geral com base na avaliação dos segmentos.

O Turnitin utiliza os mesmos conceitos básicos do GPTZero, mas adota uma abordagem diferente para avaliar o conteúdo. Ele fornece um percentual resumido e uma análise de frase por frase (com base no conhecimento da arquitetura do GPT), mas tem desempenho inferior na detecção de conteúdo parafraseado. Assim, as duas ferramentas oferecem informações complementares e, por isso, ambas podem ter valor. No entanto, os mesmos problemas de precisão, viés e falta de transparência persistem em ambas.

O Turnitin oferece informações valiosas, mas não pode ser utilizado isoladamente.

Usando o infrator como fiscal

O ChatGPT não foi projetado para ser um detector de IA generativa! Apesar de seu impressionante poder de raciocínio, ele não é capaz de fornecer uma resposta confiável sobre se um trecho ou documento foi gerado por IA. Ele pode fazer sugestões e explicar seu raciocínio. No entanto, existe um risco constante de que, se não souber a resposta, ele possa simplesmente adivinhar, alucinar ou até mesmo confessar ter feito algo que, na verdade, não fez.

Ainda assim, o ChatGPT convida o usuário a "perguntar qualquer coisa". Por que não envolvê-lo no processo investigativo? Educadores geralmente recorrem a um ou mais dos seguintes métodos:

Reverse prompting [reformulação reversa de comandos ou análise reversa de prompts] consiste em pegar um texto suspeito, fornecê-lo ao ChatGPT (ou a outro chatbot) e fazer perguntas com o objetivo de obter indícios sobre o envolvimento da IA. Pode-se perguntar diretamente: "Este texto foi escrito por IA?" Ou, de forma mais astuta: "Se este texto tivesse sido escrito por IA, qual seria o prompt que teria gerado essa resposta?" Uma abordagem ainda mais detalhada seria: "Há aspectos neste texto/trabalho que são característicos de produções geradas por IA, e não por humanos?" As respostas fornecidas pelo chatbot podem ser bastante úteis na análise de um trabalho estudantil, embora não sejam conclusivas.

Prompt matching [correspondência de prompt]) pode ser bastante simples. Se uma prova ou atividade propôs uma pergunta, o professor pode submetê-la a um chatbot e comparar a resposta recebida com a do estudante. Não se deve esperar respostas idênticas — na verdade, é possível fazer a mesma pergunta ao mesmo chatbot duas vezes e receber respostas diferentes. Um exercício mais desafiador é tentar imaginar qual prompt o estudante poderia ter usado, gerar uma resposta a partir dele e fazer a comparação com o texto entregue.

Comparação de estilo envolve pegar uma amostra de trabalhos anteriores do(a) estudante e pedir ao chatbot que compare com o texto suspeito, analisando elementos como tom, estilo, complexidade, estrutura, voz, entre outros. O ChatGPT realiza esse tipo de comparação com eficiência e consegue explicar claramente suas conclusões.

Assim como ocorre com as ferramentas eletrônicas descritas anteriormente neste capítulo, os achados são úteis, mas não definitivos. A manifestação mais assertiva que você provavelmente obterá de um chatbot é uma suposta "confissão" — algo como: "Sim, eu escrevi isso." Infelizmente, essa é a resposta menos confiável. Lembre-se: chatbots não têm moral, não sentem vergonha e não têm memória de suas respostas anteriores. Eles estão perfeitamente dispostos a confessar, com convicção, coisas que nunca fizeram!

Verificação de referências é uma ferramenta bastante prática. Você pode fornecer ao ChatGPT (ou a outro chatbot) uma lista de referências copiada e colada e solicitar a verificação passo a passo. Isso ajuda a identificar referências alucinadas, o que pode indicar o uso de IA generativa por parte do autor. Eis um exemplo de prompt:

> Estou anexando uma lista de referências. Verifique cada item, um por um, e confirme se corresponde a uma fonte verificável. Aponte qualquer referência que pareça alucinada ou fabricada e explique os motivos. Não assuma que uma referência é real apenas porque parece plausível.

Uma observação final sobre o uso dessas técnicas: mantenha registros de todas as perguntas feitas e das respectivas respostas recebidas. Se o chatbot escolhido não oferecer um histórico de auditoria, é fundamental preservar os diálogos e suas anotações, especialmente se essas informações forem utilizadas para fins educacionais ou em procedimentos disciplinares.

Experiência, instinto e forma

Você já assistiu ou participou de uma exposição agropecuária ou de um concurso de cães? Juízes experientes observam os animais inscritos na competição e preenchem formulários em placas para atribuir pontuações e decidir quais são os vencedores — ou o melhor exemplar do evento. Eles não precisam, e até recentemente não usavam, nenhum tipo de software para identificar defeitos. Após avaliarem milhares de animais, desenvolveram experiência — e, com ela, uma intuição apurada para aspectos como forma, equilíbrio, temperamento e conformidade. Preenchem os formulários para gerar um relatório formal, mas também confiam em seus olhos e no próprio julgamento — eles reconhecem um bom carneiro ou um bom cão assim que o veem. Malcolm Gladwell, em seu livro **Blink** (2005), chama esse fenômeno de **fatiamento fino** — a capacidade que pessoas experientes têm de reconhecer padrões e fazer julgamentos precisos de forma rápida e intuitiva (Stanat, 2024).

Educadores que já leram milhares de trabalhos estudantis desenvolvem uma experiência e uma intuição semelhantes. Frequentemente, ao ler uma submissão, surge uma sensação de que "há algo errado" — seja no estilo de escrita, na voz narrativa, nas transições, no vocabulário ou na gramática, algo não parece coerente. Essa impressão pode se basear no conhecimento prévio sobre determinado estudante ou ser apenas uma percepção geral. Tais impressões são válidas e podem justificar uma ação — mas são realmente confiáveis?

A pesquisa quantitativa sobre a detecção de textos gerados por IA começou a emergir recentemente. Um estudo de 2024 revelou um desalinhamento preocupante: educadores experientes afirmam, em média, ter 80% de confiança em sua capacidade de distinguir textos escritos por humanos dos gerados por IA. No entanto, quando testados, acertaram a classificação de menos da metade das submissões (Chung et al., 2024). Para colocar isso em perspectiva — se tivessem feito escolhas aleatórias, sem sequer ler os textos, teriam acertado 50% das vezes. Uma taxa de acerto de 50% indicaria que a experiência e a intuição dos educadores pouco contribuíram para a tarefa; o fato de terem acertado menos do que se tivessem adivinhado aleatoriamente diz muito sobre o excesso de confiança em suas próprias habilidades.

Incluímos neste capítulo um exercício divertido. Um trecho foi escrito completamente — 100% — por uma ferramenta de IA. Tente descobrir qual é, à medida que você lê. Você pode conferir sua resposta e identificar a passagem acessando:
https://alym.com/challenge

Dito isso, conhecer as características típicas dos textos gerados por IA (o chamado "GPTês") melhora significativamente o desempenho na detecção. A seguir, apresentamos uma lista de traços que podem orientar esse processo com mais precisão.

ESTRUTURA FÍSICA

Os principais chatbots às vezes alteram a estrutura física de suas respostas. No entanto, elas são reconhecíveis e bastante consistentes. Trabalhos estudantis que reproduzem um formato amplamente conhecido são um forte indício de autoria não original — embora nunca sejam uma prova definitiva. Continuamos nos surpreendendo com o número de estudantes que copiam e colam respostas geradas por IA sem qualquer tentativa de modificar, revisar ou disfarçar o conteúdo.

O ChatGPT, por exemplo, costuma responder à maioria dos prompts em formato de lista. Perguntamos: "Quais são as três maiores companhias aéreas do mundo?" A seguir, apresentamos o início da resposta.

As **três maiores companhias aéreas do mundo por tamanho de frota** (em meados de 2025) são:

1. **United Airlines**
   - **Tamanho da frota:** entre 1.023 e 1.034 aeronaves, sendo a maior do mundo.
   - Opera majoritariamente com jatos da Boeing, com cerca de 22% da frota composta por aeronaves de fuselagem larga.

2. **American Airlines**
   - **Tamanho da frota:** entre 988 e 991 aeronaves.
   - Transporta o maior número de passageiros no mundo — mais de 226 milhões em 2024.

3. **Delta Air Lines**
   - **Tamanho da frota:** entre 979 e 986 aeronaves.
   - Opera com aeronaves da Boeing e da Airbus, incluindo modelos wide-body como o A330 e o A350.

FIGURA 27: ChatGPT — Maiores companhias aéreas do mundo

Há diversos elementos de formatação e estrutura que são típicos das respostas do ChatGPT, incluindo variações no tamanho da fonte, uso de marcadores circulares e a progressão clássica: afirmação — lista — resumo. O uso intensivo de dois-pontos chama particularmente a atenção, como demonstra a próxima resposta. Perguntamos sobre as lendas folclóricas mais conhecidas da cultura brasileira.

> O folclore brasileiro é rico em personagens lendários que refletem a diversidade cultural do país. Aqui estão três dos mais conhecidos:
>
> 1. **Saci-Pererê**: Um menino travesso de uma perna só, que usa um gorro vermelho e gosta de pregar peças nas pessoas. Ele costuma aparecer em redemoinhos de vento e é símbolo de astúcia e rebeldia.
> 2. **Curupira**: Guardião das florestas, é conhecido por seus cabelos vermelhos e pés virados para trás. Ele protege os animais e a mata contra caçadores e destruidores da natureza.
> 3. **Iara**: Uma sereia indígena que vive nos rios da Amazônia. Com sua beleza e canto hipnótico, atrai pescadores para o fundo das águas. Representa o encantamento e o perigo oculto da natureza.

FIGURA 28: ChatGPT — Lendas folclóricas brasileiras

O ChatGPT segue de forma consistente a prática de usar letra maiúscula após dois-pontos, como no "Saci-Pererê: Um menino ...". Não entraremos profundamente no debate gramatical complexo sobre se isso está certo ou não; basta dizer que a maioria das autoridades considera essa capitalização opcional quando o texto após os dois-pontos constitui uma frase completa. No entanto, o ChatGPT adota essa convenção de forma consistente e, embora não seja impossível que um texto humano original imite essa prática, ele funciona como mais um indício.

À medida que você analisa muitas respostas longas ou curtas de estudantes a perguntas e atividades, começará a reconhecer padrões estruturais e gramaticais típicos de textos produzidos por IA generativa em sua área.

PALAVRAS E EXPRESSÕES FAVORITAS

Como a IA generativa é orientada por previsões de palavras estatisticamente prováveis, ela seleciona seu vocabulário com base nos dados de treinamento — muitos dos quais têm um tom formal. Além disso, tende a utilizar palavras "seguras" — termos úteis que se encaixam em diversos contextos e não ofendem ninguém. O mesmo se aplica a expressões: há um conjunto limitado de fórmulas prontas que, embora possam ser empregadas legitimamente por autores humanos, aparecem com frequência exagerada em textos gerados por IA generativa.

TABELA 9: Palavras favoritas dos chatbots

Expressão em português	Categoria	Observações
Ademais	Conectivo	Transição excessivamente formal; pouco usada na fala natural
Aproveitar ao máximo	Verbo	Equivalente a 'leverage'; tom corporativo artificial
Em conclusão	Frase	Sinaliza estrutura de forma forçada e pouco natural
É importante destacar que	Atenuação	Tenta inflar artificialmente a importância de um ponto
Potencializar	Verbo	Verbo inflado, comum em textos gerados por IA
Robusto	Adjetivo	Termo vago e técnico demais; frequentemente usado sem necessidade
De forma fluida	Adjetivo	Equivalente a 'seamless'; parece técnico, mas diz pouco
Empoderar	Verbo	Palavra com carga moral e tom excessivamente positivo

A tabela acima apresenta palavras que observamos com frequência excessiva. Entre as expressões, algumas que surgem de forma recorrente são: *"É importante notar que..."*, *"Um ponto-chave é..."* e *"Por meio desta análise..."*. Existem outras, e algumas aparecem com mais frequência em determinados campos acadêmicos. Em artigos de química, por exemplo, a IA generativa costuma empregar a expressão *"desempenha um papel crucial em..."*. Embora não esteja necessariamente errada, essa formulação não é muito adequada às ciências naturais, nas quais as leis da natureza costumam ser mais absolutas. A IA generativa tenta parecer excessivamente autoritária, o que resulta em textos que soam vazios.

EXTENSÃO DE FRASES E PARÁGRAFOS

Autores humanos naturalmente dedicam mais tempo a certos temas e menos a outros. Pegue um romance, um livro didático ou uma revista da estante mais próxima e abra em qualquer página. É muito provável que você encontre parágrafos de diferentes extensões. Alguns podem ter apenas uma linha; outros podem desenvolver uma ideia ao longo de uma dezena de linhas ou mais. Embora seja um pouco mais difícil perceber, o mesmo se aplica às frases.

A IA generativa, por outro lado, é mais formulaica e tende a buscar um equilíbrio estrutural. Se todos os parágrafos de um texto têm aproximadamente o mesmo comprimento — ou se todas as frases seguem o mesmo padrão —, isso é um forte indicativo de que você pode estar lendo o trabalho de um chatbot. A seguir, apresentamos um exemplo gerado pelo ChatGPT:

> A educação exerce papel crucial na construção do futuro de uma sociedade. Ela proporciona habilidades fundamentais para o sucesso pessoal e profissional do indivíduo. As escolas ensinam pensamento crítico e resolução de problemas com eficiência crescente. Professores orientam estudantes por meio de conteúdos estruturados e avaliações periódicas. A tecnologia se torna cada vez mais presente nas salas de aula modernas. Ferramentas digitais aumentam o engajamento e ampliam o acesso a recursos educativos. Investir em educação é essencial para garantir desenvolvimento sustentável no longo prazo.

Cada frase deste parágrafo está gramaticalmente correta e contém entre 10 e 14 palavras. Não há ritmo ou cadência humana na escrita — francamente, é monótona. Máquinas, a menos que sejam instruídas a imitá-lo, não têm qualquer noção de calor humano.

CONTEÚDO DO MUNDO REAL

Autores humanos, mesmo nos temas técnicos mais áridos, normalmente inserem algo de si e de suas experiências de vida naquilo que escrevem. A IA generativa não possui vivência, sentidos ou emoções. Por isso, tudo o que produz tende a ser descritivo e a parecer autoritativo, mas carece de qualquer elemento de contribuição humana.

A seguir, o ChatGPT descreve uma feira.

> A freira estava movimentada, com pessoas envolvidas em diversas atividades comerciais. Vendedores expunham seus produtos, e os clientes circulavam de uma barraca para outra. Negociações eram realizadas, e as transações ocorriam de forma eficiente. A feira funcionava como um local central para a troca de bens e serviços na comunidade.

Pense na última vez em que você visitou uma feira. O ar estava impregnado de cheiros, certo? Hortaliças, frutas, alimentos preparados, talvez serragem e até um pouco de plástico. O ambiente era barulhento, vibrante, possivelmente lotado e, quem sabe, até um pouco opressor. Chatbots não têm vivência alguma, portanto não sentem nada disso — a menos, é claro, que sejam especificamente instruídos a simular uma percepção sensorial.

DEFICIÊNCIA LITERÁRIA

Autores humanos dispõem de um repertório valioso de recursos para tornar sua escrita mais envolvente. Exemplos incluem o uso de expressões idiomáticas, sarcasmo, narrativa, alusão, apelos à ação e experiências compartilhadas. A IA generativa, por sua vez, não utiliza essas ferramentas literárias, não assume riscos artísticos e não possui senso de drama ou humor. Como resultado, o texto gerado apresenta um tom plano e pouco variado.

VOCABULÁRIO AVANÇADO

Os chatbots frequentemente adotam padrões repetitivos de escolha lexical. Tendem a recorrer a expressões preferidas, e seus dados de treinamento, por vezes, os conduzem a selecionar vocabulário excessivamente sofisticado — indo além das necessidades, ou mesmo das capacidades, do estudante típico. Perceber esse descompasso exige um entendimento claro de quem são seus(as) estudantes. Alguns terão facilidade com a linguagem e produzirão textos elaborados, sim — mas, mesmo nesses casos, seu estilo será reconhecível.

Às vezes, o texto gerado é tão rebuscado que perde o sentido. Tome como exemplo uma frase simples sobre o discurso de Marco Antônio após a morte de César: "Ao falar com a multidão, Marco Antônio usa emoção e sarcasmo para influenciar os sentimentos do público contra Brutus." Se instruída a soar sofisticada, uma IA pode produzir algo como: "A oração de Marco Antônio exemplifica a subversão retórica por meio do uso calculado de ironia verbal e pathos estratégico." Isso não é apenas exagerado — é totalmente desconectado da forma como estudantes realmente escrevem, especialmente nos primeiros semestres da graduação.

Outro sinal revelador é quando a IA tenta exibir vocabulário avançado e tropeça na própria ambição. Não se trata apenas de palavras difíceis — é a maneira forçada com que elas são combinadas. Um(a) bom/boa estudante pode usar linguagem complexa de forma intencional e adequada. A IA generativa, por outro lado, frequentemente encadeia termos densos em construções que soam artificiais ou erradas. Esse desequilíbrio costuma ser um indicativo claro de autoria artificial.

PERFEIÇÃO

Todos sabemos que até mesmo livros didáticos submetidos a rigorosos processos de revisão profissional costumam apresentar alguns erros. Trabalhos acadêmicos de estudantes, por sua vez, não passam por esse nível de edição e, mesmo que a ortografia e a pontuação estejam impecáveis, é esperado que contenham alguma formulação estranha ou pequenas imperfeições. Quando um trabalho inteiro está gramaticalmente perfeito — especialmente se carece de personalidade —, vale a pena investigar se o estudante realmente possui esse nível de domínio linguístico.

EXCESSO DE CONFIANÇA

A escrita da IA generativa transmite confiança, mesmo quando está errada. Espera-se que um estudante, ao se deparar com um novo tema ou área de conhecimento, demonstre alguma hesitação ou incerteza — ou, ao menos, indícios de que está refletindo sobre o assunto. Quando nos deparamos com um texto inteiramente declarativo, sem debate ou consideração de outros pontos de vista, é possível que, mais uma vez, a autoria seja da IA generativa.

FABRICAÇÃO, ALUCINAÇÃO E INVENÇÃO

Citações são um ponto crítico para muitos chatbots. Fique atento a referências imprecisas, com informações incompletas ou que remetem a fontes inexistentes. Alguns chatbots — uns mais do que outros — são perfeitamente capazes de inventar artigos, relatórios ou até mesmo decisões judiciais para sustentar seus argumentos.

Da mesma forma, certos chatbots (notadamente o ChatGPT) tendem a criar estatísticas e dados fatuais. Quando um trabalho apresenta uma narrativa improvável, vale a pena verificar. Se estatísticas, cálculos ou dados quantitativos surgirem sem origem clara, isso também pode ser um indício da participação da IA generativa.

A seguir, apresentamos uma afirmação gerada pelo ChatGPT:

> De acordo com um relatório de 2023 da International Digital Learning Association, 68% dos estudantes universitários em todo o mundo admitiram utilizar ferramentas de IA generativa, como o ChatGPT, para auxiliar na realização de tarefas. Além disso, o mesmo estudo constatou que 42% dos professores não tinham conhecimento de que seus estudantes estavam utilizando tais ferramentas. Essa crescente lacuna entre o comportamento dos estudantes e a percepção

dos professores evidencia a necessidade urgente de atualização das políticas de integridade acadêmica.

Se você se sentir tentado a aceitar essa informação sem questionar, não estará sozinho. A maioria das pessoas leria essa declaração, presumiria que a fonte é confiável e que os percentuais específicos e precisos apresentados refletem fielmente os resultados de um estudo real. No entanto, não existe nenhuma instituição chamada IDLA (embora haja um instituto semelhante voltado para educação a distância); tal estudo nunca foi realizado, e não há qualquer citação para o suposto relatório. Ainda assim, a afirmação soa plausível, está alinhada com outros dados que já vimos e o tom acadêmico do parágrafo contribui para a sua credibilidade.

Testes e exames online

Usuários de ambientes virtuais de aprendizagem (AVAs), como Canvas, Moodle ou Brightspace — todos compatíveis com cursos em português do Brasil — podem criar testes e avaliações com diversos tipos de questões. Esses sistemas oferecem recursos como correção automática, revisão individual das respostas dos estudantes e geração de estatísticas sobre o desempenho.

O uso de IA generativa para melhorar notas ou até mesmo realizar avaliações no lugar dos estudantes tornou-se um problema recorrente. Temos observado evidências de três usos principais: obtenção de respostas para questões de múltipla escolha, geração de respostas para questões dissertativas curtas e automação de todo o processo de avaliação.

Textos gerados em resposta a questões dissertativas curtas podem ser analisados quanto ao possível uso de IA generativa com base nas técnicas apresentadas anteriormente, com um ajuste relacionado ao tempo de produção. Mas como identificar estudantes que recorreram a chatbots para responder a questões objetivas? E o que dizer daqueles suficientemente sofisticados para automatizar toda a realização da prova? Para isso, é essencial consultar o registro de atividades do AVA.

À medida que os estudantes realizam testes ou exames, o ambiente virtual de aprendizagem (AVA) registra sua atividade com nível considerável de detalhe, incluindo marcações de tempo em segundos para cada ação. O sistema registra quando o estudante começa a ler uma questão, quando a responde, se retorna a ela e se altera a resposta. Caso o estudante saia da avaliação e depois retorne, o AVA também registra esse evento.

Se tentássemos listar tudo o que pode ser observado ao analisar o registro de atividades de um estudante — especialmente ao exportar esses dados para um programa externo que calcula o tempo gasto em cada questão ou resposta dissertativa curta — a lista seria extremamente extensa. No entanto, tudo se resume a isto: deve-se buscar tempos implausíveis, padrões repetitivos, velocidades de digitação ou comportamentos consistentes que não correspondam à ideia de que o estudante realizou a avaliação de forma autônoma. Por exemplo:

- O Estudante A realiza um teste com dez questões de múltipla escolha. Após ler a primeira pergunta, ele sai do AVA, retorna 30 segundos depois e responde à pergunta (geralmente corretamente). *Há uma forte probabilidade de que esse estudante tenha recorrido ao Google ou a um chatbot para encontrar a resposta. Se o estudante estiver utilizando uma fonte externa em outro dispositivo, como um segundo notebook ou um iPad, o registro de atividades não indicará essa ação.*
- O Estudante B lê rapidamente uma questão dissertativa curta, sai do AVA, retorna cerca de um

minuto depois e insere uma resposta impecável, aparentemente digitando a 240 ppm (divida o tempo de digitação pela contagem de palavras). *Muito provavelmente, esse estudante recorreu a uma fonte externa para gerar ou copiar a resposta e, em seguida, colou-a na avaliação. Como mencionado anteriormente, ao observar esse tipo de comportamento, é possível aplicar técnicas de avaliação textual nas respostas para confirmar a suspeita.*

- O Estudante C acessa o exame, leva um tempo razoável para ler a introdução e as instruções, mas depois responde 50 questões de múltipla escolha em 15 minutos, aparentemente gastando um número quase idêntico de segundos em cada uma. *Esse estudante provavelmente programou um robô para ler e responder às questões, o que ocorre com velocidade constante.*

- O Estudante D lê uma pergunta que exige uma resposta dissertativa curta. A pergunta permanece aberta por apenas alguns segundos, há uma pausa, e então o estudante envia uma resposta impecável em menos de 10 segundos. *Esse estudante provavelmente gerou, copiou e colou uma resposta a partir de uma fonte externa — possivelmente uma IA generativa.*

- O Estudante E parece demorar mais nas questões difíceis de múltipla escolha. Durante esses momentos, não há atividade registrada ou o estudante desconecta-se e depois retorna, acertando sistematicamente todas as questões — inclusive as mais difíceis. *É possível que os períodos de inatividade tenham sido usados para buscar respostas em uma fonte externa.*

- O Estudante F conclui um teste longo em tempo muito inferior à mediana, mas obtém uma pontuação extremamente alta. *Isso pode indicar o uso programado de IA generativa — mas atenção: também pode ser indicativo de um estudante excepcionalmente brilhante.*
- Os Estudantes G e H, embora estejam em locais ou até países diferentes, apresentam registros de atividade semelhantes e respostas similares: acessam e saem da avaliação ao mesmo tempo, gastam tempos semelhantes nas questões e terminam com pontuações parecidas. *Há um forte indício de que colaboraram entre si utilizando IA generativa para obter respostas.*
- O Estudante I pula algumas questões na primeira passagem pelo exame, faz uma pausa de 10 ou 15 minutos e depois retorna para responder à maioria ou à totalidade das questões inicialmente deixadas em branco, acertando-as. *Esse padrão de tempo sugere que imagens ou cópias das questões foram fornecidas a um chatbot durante o intervalo.*
- O Estudante J responde a uma prova com consulta de 150 minutos em apenas 20 minutos, depois permanece inativo por duas horas antes de submeter a avaliação. *Esse padrão de tempo sugere fortemente o uso de IA generativa por um estudante experiente, que sabe que não deve submeter rapidamente — mas não percebe que o registro de atividades revelará a verdade de qualquer forma.*

Mais adiante, discutiremos em maior detalhe o conceito de "prova à prova de IA". Mas vale mencionar, enquanto esses cenários ainda estão frescos, que uma ferramenta poderosa para aprofundar a investigação após uma avaliação inicial de risco consiste em incluir perguntas cuja resposta a IA generativa não pode conhecer — sendo forçada a adivinhar — ou que exijam engajamento pessoal por parte do estudante.

No caso das questões de múltipla escolha, estudantes que acertam todas as perguntas públicas, mas erram nas questões privadas, são mais propensos (ainda que não seja uma certeza) a estarem utilizando IA generativa. Já nas respostas dissertativas curtas, a IA generativa terá dificuldade em produzir o conteúdo pessoal solicitado.

A seguir, apresentamos alguns exemplos.

Vamos imaginar uma disciplina de História com foco em lideranças inspiradoras. Uma pergunta fatual típica poderia ser:

> Qual líder nacional declarou publicamente: "Nunca nos renderemos" ao se dirigir à população durante a Segunda Guerra Mundial?
> (a) Winston Churchill
> (b) Franklin D. Roosevelt
> (c) Imperador Hirohito
> (d) William Lyon Mackenzie King

ChatGPT e ferramentas semelhantes não têm qualquer dificuldade em encontrar a resposta correta e identificar a data e o contexto do discurso. Mas e se, em vez disso, fizermos a seguinte pergunta:

> Na nossa primeira aula, discutimos a liderança de quatro figuras nacionais durante a Segunda Guerra Mundial e fizemos uma votação para escolher quem foi o mais eficaz. Qual líder recebeu mais votos?
> (a) Winston Churchill
> (b) Franklin D. Roosevelt

(c) Imperador Hirohito
(d) William Lyon Mackenzie King

O chatbot não esteve presente na aula, portanto não pode responder com certeza. No entanto, o ChatGPT, "prestativamente", afirma que a escolha mais provável seria Roosevelt, com base em sua influência histórica e na percepção popular.

A segunda pergunta apresenta um benefício colateral além de ajudar a identificar o uso de IA generativa — ela valoriza o engajamento em sala de aula e recompensa os estudantes que prestaram atenção.

Nas questões dissertativas curtas, considere incluir elementos que exijam contribuição pessoal. Por exemplo, em vez de perguntar:

> Por quais motivos Winston Churchill pode ser considerado o líder nacional mais eficaz durante a Segunda Guerra Mundial?

considere reformular como:

> Qual é sua reação pessoal à afirmação de que Winston Churchill foi o líder nacional mais eficaz durante a Segunda Guerra Mundial? Você concorda ou discorda? Por quê? Que emoções (se houver) essa afirmação desperta em você?

O ChatGPT não hesita em fornecer uma resposta a esse tipo de pergunta, mas a resposta costuma ser seca, padronizada e, apesar da solicitação de engajamento emocional, revela pouco ou nenhum sentimento genuíno. Se vários estudantes utilizarem IA generativa para compor respostas-modelo, é provável que apresentem linhas de argumentação semelhantes, mesmo que a ferramenta não repita exatamente a mesma resposta para diferentes usuários.

Reproduzimos uma dessas respostas em baixo — não é necessário lê-la.[7]

> **Gostaria de aprender um truque interessante?**
>
> Após uma prova ou teste, acesse o registro de atividades de um estudante. Copie e cole o registro em um documento do Word e salve-o. Em seguida, envie o arquivo para o ChatGPT com o seguinte comando:
>
> Examine este registro de atividades em busca de indícios de que o estudante utilizou IA generativa durante a avaliação.
>
> Você estará, assim, *usando o caçador contra si mesmo*! Uma das maiores forças da IA é sua capacidade de identificar padrões — e o chatbot analisará o registro em busca de sinais como envios rápidos (sem revisões), tempos de resposta excessivamente consistentes, ausência de digitação, entre outros comportamentos suspeitos que podem indicar o uso de IA generativa.

---

[7] "Seus discursos e a recusa em se render ofereceram esperança em um momento em que a derrota parecia inevitável. Esse tipo de liderança — baseada em palavras, visão e coragem — desperta em mim um sentimento de admiração. Isso demonstra como a liderança pode influenciar o curso da história. Ao mesmo tempo, penso com respeito e certa tristeza sobre o peso das decisões que ele precisou tomar, inclusive aquelas que resultaram em perdas humanas. Embora outros líderes, como Franklin D. Roosevelt e Stalin, tenham desempenhado papéis importantes, a firmeza pessoal de Churchill nos momentos mais difíceis do Reino Unido confere a ele, em minha percepção, uma posição singular como símbolo de determinação diante de adversidades extremas."

Programação (Código)

Se você não escreve código nem leciona programação, pode pular esta seção.

O código gerado por IA, assim como o texto, apresenta marcas características. Tal como ocorre com a escrita, não é impossível que um estudante produza um código com algumas dessas características — mas é improvável que muitas delas apareçam juntas no mesmo trabalho. Esses elementos estão apresentados na tabela a seguir.

TABELA 10: Sinais de IA generativa em programação

Marca	Descrição
Comentário excessivo	Código gerado por IA frequentemente contém comentários que explicam, de forma repetitiva, o que o código faz, em vez de por que o faz. Atenção a comentários que repetem o óbvio, apresentam estilo e espaçamento uniformes ou usam palavras desnecessárias.
Código-padrão repetitivo	Como é baseado em fórmulas, o código gerado por IA tende a não eliminar extensões desnecessárias. Por exemplo, pode incluir repetidamente estruturas completas de HTML/JS para widgets simples.
Consistência na nomeação	A consistência pode ser sinal de organização. Mas, se for excessiva em blocos grandes ou aparecer de forma desigual entre partes do código, pode indicar uso de IA. O uso sistemático de padrões como camelCase ou snake_case, sem variação, também pode ser um indício.
Ausência de elementos essenciais	Código gerado por IA frequentemente omite elementos que programadores humanos incluiriam: validação de entrada, tratamento de erros, lógica de limpeza, controle assíncrono, entre outros. Pode também deixar de tratar exceções e condições de corrida.
Erros de contexto	Código gerado em blocos isolados pode incluir importações ou etapas desnecessárias. Programadores humanos normalmente evitariam isso, por estarem conscientes do contexto geral do projeto.

Perfeição	Código de IA costuma ser mecanicamente perfeito, sem sinais de criatividade, humor ou estilo pessoal. Submissões estudantis normalmente contêm pequenas inconsistências. Códigos de IA não apresentam marcações como TODOs ou apelidos típicos de autoria humana.
Alucinação	IA generativa pode inventar nomes de funções, assinaturas de métodos, bibliotecas ou parâmetros — especialmente ao lidar com APIs especializadas. Isso é raro entre programadores humanos.
Repetição	IA ainda não aplica bem o princípio DRY (Don't Repeat Yourself) em blocos grandes, resultando em lógica repetida de forma desnecessária.
Desenvolvimento	Código de IA é entregue 'perfeito' na primeira versão. Código humano geralmente apresenta sinais de tentativa e erro ou experimentação.
Mistura de estilos	Como a IA conhece várias linguagens, às vezes combina estilos — por exemplo, usa padrões de JavaScript ao escrever em Python. Programadores humanos tendem a respeitar os padrões de cada linguagem.
Espaços reservados genéricos	Embora humanos também usem espaços reservados, a IA tende a utilizar valores genéricos como 'nome do usuário ', 'example.com', 123 ou 'someone@email.com'. Programadores humanos normalmente usam valores relacionados ao projeto.

EM RESUMO

A IA generativa veio para ficar. Ainda precisamos de ferramentas para detectar seu uso não declarado, mas, como veremos adiante, é irrealista pensar em aplicar uma proibição absoluta. Nosso desafio não é impedir o uso da IA generativa, e sim repensar nosso ensino e nossos materiais para que os estudantes continuem aprendendo.

Em breve, será necessário tratar da conformidade com as normas e das leis que regulam os dados nos ambientes educacionais.

Preparamos uma lista de verificação personalizável para a análise de possíveis casos de uso indevido de IA generativa em trabalhos escritos. Neste ponto, é pertinente considerar o impacto da legislação de privacidade sobre o modo como tratamos as produções dos estudantes — mas deixaremos esse tema para a parte final do livro, quando trataremos das questões jurídicas.

LISTA DE VERIFICAÇÃO PARA TEXTOS GERADOS POR IA[8]

Não existe um número fixo de respostas "sim" ou "não" a estas perguntas que garanta, com absoluta certeza, a identificação de um texto produzido por IA generativa. No entanto, ao percorrer essa lista, é possível observar indícios de padrões e, com base neles, tomar uma decisão fundamentada sobre a necessidade de conversar com o(a) estudante.

Sugerimos, contudo, que:
– se houver três respostas "sim" ou menos, é razoável supor que se trata de um trabalho produzido por um ser humano;
– se houver dez respostas "sim" ou mais, é igualmente razoável considerar que o texto foi gerado com o auxílio de IA.

---

[8] A lista de verificação está disponível para download na seção de recursos do site alym.com: https://www.alym.com/resources

SIM	NÃO	Pergunta
		O Turnitin ou o GPTZero indicam que o texto foi gerado por IA?
		O ChatGPT ou outro chatbot indica que o texto parece ter sido gerado por IA?
		O tom e o estilo do texto são diferentes de trabalhos anteriores do mesmo estudante?
		O texto parece genérico ou excessivamente polido?
		O texto é inteiramente impessoal, sem sinais de reflexão ou debate sobre ideias?
		Os parágrafos têm aproximadamente o mesmo número de linhas?
		As frases têm aproximadamente o mesmo comprimento e estrutura?
		A gramática e a ortografia estão impecáveis?
		Há muitas palavras típicas de 'jargão acadêmico', como paradigma, nuançado ou holístico?
		Há muitas expressões do tipo 'conclusão principal' ou 'por meio desta análise'?
		Há ausência de detalhes sensoriais onde seria esperado encontrá-los?
		A submissão está inteiramente sem opinião, emoção ou contribuição pessoal?
		O texto é inteiramente declarativo, mesmo quando o tema exige perspectiva?
		O autor demonstra excesso de autoconfiança?
		O autor considera apenas um ponto de vista, ignorando outras possibilidades?
		Há estatísticas ou fatos sem fontes ou sem possibilidade de verificação?
		Existem citações incompletas ou falsas?

FIGURA 29: Lista de verificação para uso não declarado de IA

TRÊS PONTOS FUNDAMENTAIS

1. Detectores de IA são pouco confiáveis e nunca oferecem resultados definitivos.
2. A forma mais eficaz de identificação é por meio do conhecimento profundo sobre os(as) estudantes.
3. Jamais conseguiremos "erradicar" o uso da IA generativa. No entanto, podemos aprender a utilizá-la de forma construtiva.

Capítulo 6. RESPONDENDO AO USO INDEVIDO

> *Nosso estudante perguntou: "Ué, todo mundo não é inocente até que provem o contrário?"*

É AJUDA OU É FRAUDE?

Um estudante usa o ChatGPT para estruturar um ensaio e, em seguida, escreve o texto com base nos tópicos gerados. As palavras são do estudante; as ideias vieram da IA.

Em outra atividade, um estudante que tem o inglês como segunda língua escreve uma postagem em um fórum da disciplina, com valor avaliativo. Ele utiliza o Grammarly no navegador enquanto digita, e a ferramenta corrige a maior parte das frases em tempo real. As ideias são dele, mas as palavras soam como se tivessem sido escritas por IA — e o estudante nem entende parte do vocabulário sugerido.

Qual desses estudantes está colando? Ambos? Qual deles seremos capazes de identificar? É mais provável que desconfiemos da autoria do segundo. Mas, entre os dois, quem está mais "errado"?

Quando colocamos essas perguntas a plateias de educadores, não é surpresa que surjam fortes divergências. Se nós não conseguimos chegar a um consenso — e nossas instituições não fornecem diretrizes consistentes que nos ajudem a tomar boas decisões —, que chance nossos estudantes têm de compreender onde termina a pesquisa legítima e começa o plágio?

Traçar a linha entre o que é aceitável e o que não é — mesmo antes de considerar as consequências — está longe de ser simples. As ferramentas de IA generativa possuem múltiplas funções, algumas das quais não representam maior ameaça do que uma simples busca no Google. No entanto, também é verdade que estudantes podem digitar um prompt e receber, em segundos, um ensaio completo, encontrar a resposta correta para a maioria das perguntas e não apenas localizar fontes, mas também obter resumos delas. Quando os estudantes usam IA generativa — como todos usam —, em que momento o aprendizado cruza a linha e se transforma em trapaça?

A resposta, sugerimos, não está em examinar *o que* os estudantes fazem, mas *como* o fazem. Se simplesmente perguntarmos "Eles estão colando?" e aplicarmos padrões anteriores a 2020, corremos o risco de nos perder diante do fato de que a IA generativa pode funcionar como um tutor bem-informado, porém sem filtro. A IA não sabe quando parar de ajudar — ela não limita seu auxílio, apenas faz o que lhe é solicitado. Se for pedida para fazer o trabalho, ela o fará, sem hesitação.

Ao examinarmos uma situação específica, fazer uma pergunta binária como "Foi trapaça?" raramente produzirá respostas consistentes — exceto nos casos mais óbvios. A maioria dos casos não óbvios será melhor respondida com: "Depende." No entanto, se perguntarmos: "Houve aprendizado?", poderemos analisar com muito mais clareza de que forma a IA generativa contribuiu (ou prejudicou) o processo de aprendizagem — e basear nossa resposta nessa análise.

Ao observar o comportamento do estudante e considerar seu nível de compreensão, sua intenção e se houve ou não transparência sobre o uso da IA, teremos melhores condições de compreender quais respostas são apropriadas — e quais serão, de fato, eficazes.

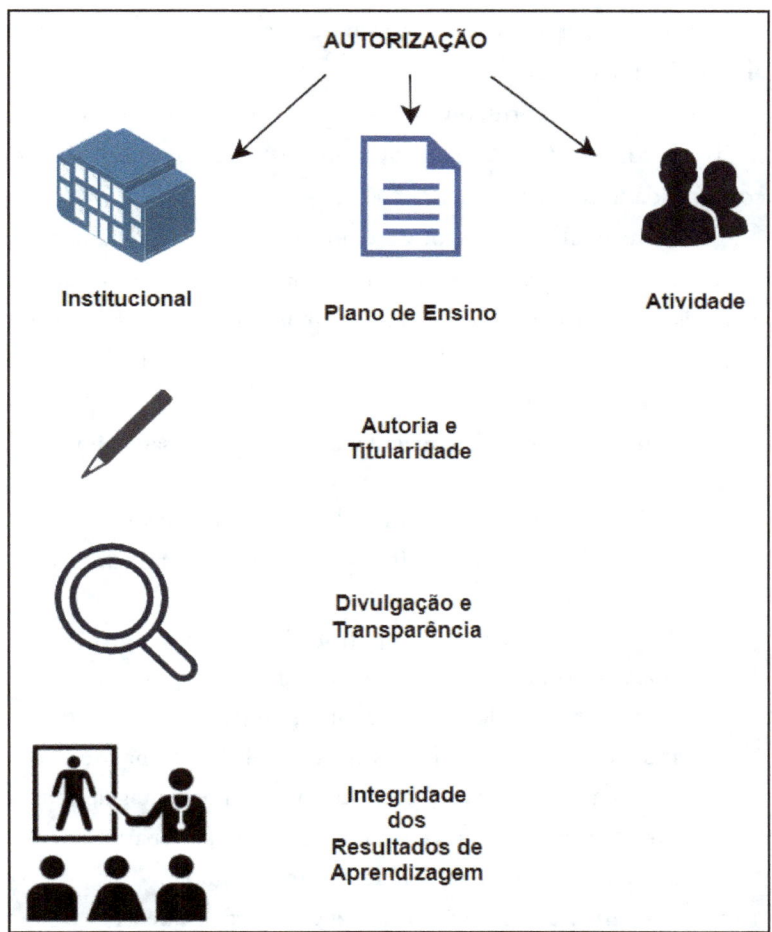

FIGURA 30: As lentes da investigação sobre IA

Para realizar esta análise, propomos a aplicação interativa de quatro lentes. Começamos pela autorização, que possui três fontes. Não podemos perder de vista quaisquer restrições impostas por nossa instituição. Podemos estar à frente do nosso tempo; mas, por mais que queiramos promover a fluência em IA, se normas rígidas e inflexíveis forem impostas pelas instâncias superiores, não teremos alternativa senão segui-las.

O estudante cumpriu, ou violou, as regras vigentes, considerando todas as fontes? Caso tenha utilizado IA, esse uso estava em conformidade com as normas?

Na parte final deste livro, daremos atenção mais detalhada às políticas institucionais. No entanto, já cabe destacar que a inconsistência entre instituições constitui um problema significativo. Constatamos que as políticas institucionais atualmente se distribuem em três grupos principais:

1. **A instituição oferece orientações, mas a decisão cabe ao professor.** Os estudantes têm motivos legítimos para reclamar da falta de uniformidade dentro da própria organização; pode ser difícil saber o que é permitido e o que não é.
2. **A instituição possui uma política formal mas o professor pode conceder exceções.** Trata-se de um avanço, mas ainda gera confusão. Nossos estudantes irão utilizar IA generativa, independentemente de existir uma política formal ou não. Ainda assim, cabe ao estudante conhecer as regras de cada professor e aplicá-las corretamente. Isso os prepara adequadamente para o mercado de trabalho?
3. **A instituição incentiva o uso da IA e exige que os professores ensinem seu uso responsável.** Essa abordagem é a que mais recomendamos, embora exija um esforço significativo para ensinar aos estudantes quando é — e quando não é — adequado utilizar IA.

O segundo nível, sobre o qual temos maior controle, é o do plano de ensino. É necessário alguns cuidados ao estabelecer regras sobre o uso da IA para uma disciplina inteira, pois essas regras devem levar em conta variações que possamos desejar para atividades específicas.

O grau mais detalhado de controle é obtido ao explicitar as expectativas quanto ao uso da IA em cada atividade avaliatória. Isso gera mais trabalho inicialmente, mas torna-se muito mais fácil quando incorporado ao processo de elaboração das avaliações.

Para fins de definição de expectativas em diferentes níveis de avaliação, o professor Mike Perkins e seus colegas publicaram um importante trabalho de base sobre a formulação de expectativas. Em 2024, eles divulgaram esta tabela fundamentada, à qual adicionamos possíveis critérios de matrizes de avaliação das atividades.

A segunda lente examina a autoria e a titularidade. Quem é o autor do trabalho? É o(a) estudante, o chatbot ou uma colaboração entre ambos? Alguma ideia central, análise ou formulação está sendo apresentada como se fosse do(a) estudante quando, na verdade, foi gerada por IA? Não há uma resposta binária e determinante; a resposta precisa ser contextualizada com base no que foi autorizado. Desejávamos que o(a) estudante demonstrasse domínio do conteúdo por meio de produção autônoma, ou queríamos que demonstrasse proficiência no uso de ferramentas de IA para alcançar um resultado aceitável?

A terceira lente, relativa à divulgação e à transparência, interage com as duas primeiras. Considerando as regras estabelecidas pelas autorizações, o(a) estudante revelou corretamente e de forma completa o uso de IA? Os níveis propostos por Perkins ilustram bem essa relação entre transparência e exigência de divulgação. Nos níveis mais baixos, espera-se divulgação integral. À medida que avançamos nos níveis, o uso de IA torna-se normalizado, pois a atividade já presume a participação da ferramenta. A exigência de transparência e divulgação é satisfeita quando uma pessoa razoável consegue compreender com clareza, a partir da declaração do(a) estudante, a extensão do uso de IA.

TABELA 11: Escala de avaliação da IA de Perkins, Furze, Roe e MacVaugh

1	SEM IA Matriz: Demonstra domínio independente sem influência de IA, pensamento original e voz própria.	A avaliação é realizada inteiramente sem assistência de IA em um ambiente controlado, garantindo que os estudantes dependam apenas de seu conhecimento, compreensão e habilidades existentes. **Você não deve usar IA em nenhum momento durante a avaliação.** É necessário demonstrar suas competências e conhecimentos essenciais.
2	PLANEJAMENTO COM IA Matriz: Descreve claramente o processo de planejamento informado por IA e depois desenvolve ideias originais além das saídas geradas.	A IA pode ser usada para atividades prévias, como brainstorming, elaboração de esboços e pesquisa inicial. Este nível foca no uso eficaz da IA para planejamento, síntese e ideação, mas as avaliações devem enfatizar a capacidade de desenvolver e refinar essas ideias de forma independente. **Você pode usar IA para planejar, desenvolver ideias e realizar pesquisas. Sua entrega final deve mostrar como você desenvolveu e refinou essas ideias.**
3	COLABORAÇÃO COM IA Matriz: Engaja criticamente com o conteúdo gerado pela IA, modifica, exerce julgamento e adiciona insights.	A IA pode ser usada para ajudar na conclusão da tarefa, incluindo geração de ideias, redação, feedback e refinamento. Os estudantes devem avaliar criticamente e modificar as saídas sugeridas pela IA, demonstrando sua compreensão. **Você pode usar IA para auxiliar em tarefas específicas, como redação de texto, refinamento e avaliação do seu trabalho.** É necessário avaliar criticamente e modificar qualquer conteúdo gerado pela IA que você utilizar.
4	USO TOTAL DE IA Matriz: Usa IA de forma eficaz, com evidência de prompts bem elaborados, investigação e tomada de decisões.	A IA pode ser usada para completar quaisquer elementos da tarefa, com os estudantes direcionando a IA para alcançar os objetivos da avaliação. As avaliações neste nível podem também exigir engajamento com IA para alcançar metas e resolver problemas. **Você pode usar IA extensivamente em seu trabalho, seja livremente ou conforme especificamente indicado na avaliação.** O foco deve estar em direcionar a IA para alcançar seus objetivos, demonstrando seu pensamento crítico.
5	EXPLORAÇÃO COM IA Matriz: Usa IA de maneira inovadora e/ou experimental, com explicações claras. A co-criação com pensamento original é evidente.	A IA é usada de forma criativa para aprimorar a resolução de problemas, gerar novos insights ou desenvolver soluções inovadoras. Estudantes e educadores co-criam avaliações para explorar aplicações únicas de IA dentro da área de estudo. **Você deve usar IA criativamente para resolver a tarefa,** potencialmente co-criando novas abordagens com seu instrutor.

A quarta lente analisa a integridade dos resultados de aprendizagem. O que esperávamos que os(as) estudantes alcançassem? Domínio sem ferramentas — estaríamos nos níveis inferiores da tabela de Perkins. Domínio com ferramentas — então o uso colaborativo e integral da IA estaria em jogo. Domínio das ferramentas — nesse caso, estaríamos nos níveis 4 ou 5, buscando fluência no uso da IA. A aprendizagem está preservada, ou foi comprometida pela IA?

Ferramentas de correção ortográfica com suporte de IA nos oferecem um exemplo extremo, mas ilustrativo. Se você é professor(a) de inglês e o objetivo da aula é ortografia, então um(a) estudante que utiliza o corretor ortográfico para concluir o exercício compromete completamente a finalidade da aprendizagem. Agora, se você é professor(a) de astrofísica e um(a) estudante latino-americano(a) utiliza um corretor ortográfico para aperfeiçoar seu texto sobre instabilidades magnetohidrodinâmicas em zonas convectivas de protoestrelas de nêutrons, é difícil argumentar que essa ferramenta comprometeu, de algum modo, a brilhante demonstração de compreensão do conceito.

Outro pesquisador e palestrante influente, o Professor Phill Dawson, da Universidade Deakin, em Melbourne, Austrália, analisa a integridade e a validade da avaliação por meio do modelo do queijo suíço. Nenhuma intervenção isolada, afirma ele corretamente, é suficiente para eliminar completamente a trapaça ou o uso indevido de IA. No entanto, salvaguardas múltiplas organizadas em camadas podem ser eficazes, pois as falhas de uma camada são compensadas por outras. Por exemplo, a vigilância remota (proctoring), quando combinada com verificações orais e tarefas escalonadas, oferece maior confiabilidade. A solução, conclui o Professor Dawson, não está na proibição da IA, mas na adaptação das avaliações (Bowen & Fleming, 2024). Concordamos plenamente.

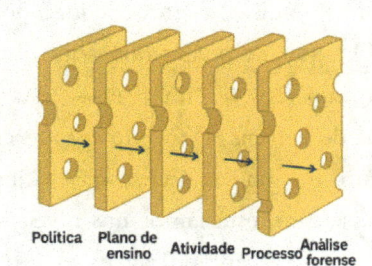

FIGURA 31: O modelo do queijo suíço para controles de integridade. Ilustração gerada no DALL·E, 22 de junho de 2025

Dito isso, não é viável reformular todo o nosso sistema educacional da noite para o dia diante do avanço da IA. Precisamos de soluções de curto prazo — simples, mas eficazes.

SUSPEITAMOS DE VIOLAÇÃO. E AGORA?

Existem regras. Expectativas claras foram estabelecidas. Agora, deparamo-nos com algo que nos leva a suspeitar que um(a) estudante ultrapassou os limites. O que faremos a respeito?

Com nosso olhar contábil, nossa resposta favorita é: "Depende." Advogados também apreciam essa resposta. Ela é útil neste contexto, pois a forma como reagimos, o tempo que dedicamos à resposta e os desdobramentos prováveis são fortemente influenciados pelo contexto.

Primeiramente, refletimos sobre os seguintes aspectos:

Qual é a gravidade da possível infração?

Uma pessoa faminta que rouba uma maçã e um(a) banqueiro(a) que desvia um milhão de reais da conta de um cliente são, tecnicamente, ladrões. No entanto, abordagens completamente diferentes são necessárias, conforme a gravidade da situação.

Qual é o histórico do(a) estudante?

Ele(a) já foi advertido(a) ou penalizado(a) anteriormente pelo uso indevido de IA generativa? Infratores reincidentes tendem a receber bem menos tolerância do que aqueles que cometem a infração pela primeira vez.

Qual foi o impacto do dano causado?
Compare-se um(a) estudante que publica conteúdo gerado por IA em um fórum de discussão que vale 2% da nota final, com outro(a) que apresenta um relatório final redigido por IA, correspondente a 55% da avaliação da disciplina.

Em que estágio está o curso?
Nas etapas iniciais há mais espaço para erros inocentes — e também mais oportunidade para correções — antes que o comportamento indesejado se torne um problema mais sério.

As palavras têm peso. Nos níveis mais baixos de gravidade, talvez a melhor forma de caracterizar uma troca verbal seja como uma "conversa" ou "discussão". O termo "reunião" é mais formal, mas evoca menos a ideia de um procedimento investigativo do que "entrevista", que transmite um tom mais sério. Utilizaremos aqui o termo "entrevista" por uma questão de consistência, embora ele possa ser qualificado com adjetivos como "informal" ou "inicial", conforme o contexto.

Cada uma dessas considerações orientará os primeiros passos e a preparação. Em quase todos os casos, será realizada uma entrevista com o(a) estudante (ou com o grupo de estudantes). Mesmo que a intenção seja conduzi-la de maneira informal, não há garantia de que o(a) estudante encare a situação com leveza; por isso, precisamos estar devidamente preparados.

A suspeita, independentemente do que a tenha motivado, é sempre apenas um ponto de partida. Trata-se de um estado mental diante de algo que observamos. Nunca é suficiente para fundamentar um juízo. Sempre que iniciamos uma ação com base em suspeita, estamos trilhando o caminho da integridade acadêmica; qualquer decisão ou medida tomada deverá basear-se em evidências. A entrevista é uma dessas evidências — por vezes, uma peça fundamental —, mas ainda assim é apenas uma parte do todo. A tarefa em questão é completar o registro, de modo a subsidiar uma decisão fundamentada.

> A literatura acadêmica sobre a investigação de condutas impróprias frequentemente faz referência ao modelo PEACE, desenvolvido pelo Ministério do Interior do Reino Unido nas décadas de 1990 e 2000. Policiais, psicólogos e juristas participaram de sua formulação, incluindo Ray Bull, psicólogo forense de destaque (Bull & Milne, 2004). O PEACE é um modelo estruturado para condução e avaliação da própria entrevista — *Planning and Preparation, Engage and Explain, Account, Closure, Evaluation* [Planejamento e Preparação, Engajamento e Explicação, Relato, Encerramento, Avaliação]. Embora seja útil do ponto de vista procedimental, não confrontativo e relativamente adaptável, pode ser excessivamente prescritivo e pouco flexível em certos níveis de gravidade.
>
> Em vez de forçar nossas práticas a se moldarem a um modelo de aplicação da lei, preferimos percorrer as etapas com base em nossa própria experiência sobre o que funciona melhor com estudantes.

Compreender a diferença entre suspeita e evidência é essencial para reconhecer que a entrevista precisa ser conduzida com equidade, respeitar o devido processo e nos proteger contra possíveis reações adversas.

Qual é o próximo passo? A preparação.

PREPARANDO MATERIAIS E NÓS MESMOS

A preparação envolve reunir as evidências relevantes e garantir familiaridade com as normas aplicáveis. Sempre será necessário ter à disposição a entrega do(a) estudante, acesso facilitado às políticas institucionais pertinentes e a quaisquer materiais específicos da disciplina que tenham sido disponibilizados. Dependendo da situação, também pode ser necessário reunir:

- Trabalhos anteriores do(a) mesmo(a) estudante ou grupo (caso haja consistências ou diferenças relevantes);
- Registros do Ambiente Virtual de Aprendizagem (AVA), metadados dos arquivos ou históricos de revisão;
- Matriz de Avaliação da Atividade;
- Relatório do Turnitin;
- Resultados do GPTZero;
- Cópias de conversas com chatbots;
- Relatórios de softwares de monitoramento remoto.

Se a causa da suspeita estiver relacionada ao formato e/ou conteúdo da entrega do(a) estudante, pode ser apropriado preparar um registro em tópicos indicando quais características do trabalho suscitam dúvida. Caso as suspeitas estejam baseadas em ferramentas como Turnitin ou GPTZero, é fundamental lembrar que esses indícios são alertas — **sinais de atenção**, mas não provas definitivas de má conduta.

Também devemos nos preparar pessoalmente. É uma boa prática garantir que:

- A entrevista possa ser conduzida em ambiente privado (evite, por exemplo, abordagens logo após a aula, quando outros estudantes ainda estão por perto);

- Haja tempo suficiente para a entrevista — a equidade exige que ela não seja apressada;
- Estejamos emocionalmente prontos(as). Nunca se deve iniciar uma entrevista importante sob forte irritação ou estando altamente distraído(a) por fatores externos.

A ENTREVISTA

Entrevistas com estudantes às vezes tomam rumos inesperados. Quando temos evidências suficientes para justificar a realização de uma entrevista, podemos presumir que há grande chance de o(a) estudante ter cometido alguma infração às regras. No entanto, ao ouvirmos sua explicação, pode ocorrer uma mudança abrupta de percepção. Quando há de fato uma infração, a maioria dos(as) estudantes simplesmente admite o erro e deseja seguir para as consequências. Por outro lado, alguns(as) mantêm uma negação inflexível, mesmo diante de evidências convincentes de desonestidade. Outros(as) podem se abalar emocionalmente e revelar fatores altamente atenuantes, como uma doença ou acidente, dos quais não tínhamos conhecimento. Uma resposta comum que observamos é a alegação de que o(a) estudante "não fazia ideia de que aquilo era proibido".

É fundamental manter flexibilidade ao longo da entrevista; algo que, à primeira vista, parecia terminar com uma advertência leve pode assumir proporções bem diferentes. Não é necessário tomar uma decisão imediata — é perfeitamente aceitável encerrar a entrevista sem chegar a uma conclusão definitiva.

Como a entrevista constitui uma parte importante das evidências, ela deve ser devidamente documentada. Tomar notas é uma possibilidade, desde que seguida por um e-mail de confirmação ao(à) estudante, que pode responder caso identifique algum equívoco. Para estudantes em ensino remoto, é uma boa prática solicitar permissão para gravar a reunião via Zoom ou Teams. Em casos mais sérios, recomenda-se a presença de uma segunda pessoa como testemunha da entrevista. Independentemente da gravidade da situação, há um requisito mínimo: um registro escrito do encontro e de seu conteúdo.

Não podemos dar orientações específicas sobre prazos, mas é essencial conhecer a política institucional sobre guarda e descarte de registros. Haverá regras claras sobre o que deve ser arquivado e por quanto tempo.

Um pequeno conselho, fruto de décadas de experiência: **sempre sente-se e convide o(a) estudante a sentar também**. Isso reduz o aspecto confrontativo da situação, reforça sua formalidade (não se trata de uma conversa casual no corredor) e contribui para um ambiente mais calmo.

Devemos iniciar a fala. Adotar uma postura acolhedora logo no começo ajuda a neutralizar tensões potenciais — dar as boas-vindas ao(à) estudante com uma expressão de gratidão, por exemplo: *"Obrigado(a) por ter vindo conversar comigo hoje."* No entanto, não devemos nos alongar em cordialidades — uma conversa sobre esportes, por exemplo, pode soar artificial e dar a impressão de emboscada. O ideal é ser claro(a), mas sem julgamento, ao apresentar o motivo do encontro, como por exemplo:

> Pedi para conversar com você porque o ensaio que você entregou na semana passada apresenta indícios de ter sido escrito por inteligência artificial. Nosso objetivo hoje é entender como você desenvolveu seu trabalho e reunir informações que me ajudem a lidar com a situação.

Uma técnica eficaz é transferir rapidamente a narrativa para o(a) estudante. Após identificar o trabalho em questão, podemos pedir que descreva, passo a passo, o processo de criação ou execução da atividade.

Em outras situações, podemos apresentar metodicamente as evidências reunidas, esclarecer nossas preocupações e os comportamentos esperados, e então pedir que o(a) estudante comente.

Devemos ouvir com atenção a resposta do(a) estudante. A escuta ativa — fazer perguntas, demonstrar compreensão — é útil, e às vezes será necessário recorrer à criatividade. Pode ser apropriado pedir ao(à) estudante que realize pequenas tarefas, como explicar um conceito ou digitar algo, para testar a veracidade de suas alegações. O(a) estudante deve sentir que teve uma oportunidade justa de apresentar seu ponto de vista.

Durante a resposta, observamos tanto o que é dito quanto a forma como é dito. Buscamos inconsistências, por exemplo, entre a explicação verbal de um conceito e o que o(a) estudante afirma ter escrito. Se, ao pressionarmos por esclarecimentos, as respostas mudam, isso geralmente indica que há algo sendo ocultado ou distorcido. O(a) estudante deve estar familiarizado(a) com o conteúdo da própria entrega — se não estiver, isso é um forte indicativo de que outra pessoa ou ferramenta pode ter realizado o trabalho.

A evasão é uma resposta comum. Devemos estar atentos(as) a tentativas de mudar de assunto ou de transferir a responsabilidade ("O professor X disse que isso era permitido..."). Alegações de mal-entendidos devem ser analisadas quanto à sua credibilidade. Quando genuínas, podem levar a penalidades leves ou mesmo à simples emissão de esclarecimentos. Quando utilizadas como estratégia — especialmente em casos reincidentes —, devem ser desconsideradas.

As reações emocionais podem ser variadas e, às vezes, surpreendentes. Surpresa ou confusão genuína podem indicar inocência, mas o medo também pode provocar reações emocionais intensas. Um(a) estudante completamente inocente pode se desestabilizar durante a entrevista — talvez estejamos diante de alguém cuja família usou todas as economias para pagar as mensalidades, e que agora teme a vergonha e a desaprovação familiar. O fator cultural importa. Reações emocionais intensas, inclusive a raiva, não constituem prova de nada, mas devem ser registradas cuidadosamente e consideradas no contexto.

Você deve se lembrar de que, no primeiro caso apresentado neste livro (Kai), fomos recebidos com excesso de autoconfiança e uma negação desdenhosa de nossas preocupações. Essas reações — especialmente quando exageradas — indicam recusa em lidar com a realidade da situação e podem ser tentativas de intimidação. Diante dessas táticas, esforçamo-nos para manter a calma, agir com objetividade e racionalidade. Registramos o comportamento e seguimos em frente.

A equidade exige que a entrevista seja encerrada com uma indicação clara dos próximos passos. Pode ser que já tenhamos decidido que não houve infração, ou que ela foi muito leve — nesses casos, é plenamente aceitável concluir a entrevista imediatamente, com um pedido de desculpas ou uma advertência leve. Caso precisemos de tempo para refletir, analisar ou consultar outras instâncias, devemos dizer isso e indicar quando será comunicado o resultado. E se chegamos ao ponto em que a escalada do caso é inevitável, é apropriado informar o(a) estudante de que a próxima decisão será tomada em outra instância da instituição.

O mais importante: jamais devemos deixar o(a) estudante sem saber o que esperar a seguir.

RUMO A UMA DECISÃO

FIGURA 32: A estrutura dos 3Ms [9]

Uma vez que tenhamos compreendido, tanto quanto possível, o que de fato ocorreu, é útil posicionar o comportamento observado ao longo do contínuo representado por nosso modelo dos 3Ms. Na extremidade esquerda, encontram-se os comportamentos menos ofensivos — como uma única linha parafraseada em um longo ensaio, incluída por um estudante que interpretou de forma equivocada o que era permitido. Na extremidade direita, temos casos como o de Kai — uso deliberado de IA generativa, com plena consciência da proibição, para redigir uma avaliação importante, seguido de negação e ocultação. A intenção é o fator determinante que desloca o comportamento para a categoria de má conduta, abrindo a possibilidade de sanções mais graves.

Desenvolvemos uma árvore decisória que percorre essa análise. Uma vez reunidas todas as evidências e feitas as devidas considerações, determinamos se houve, de fato, uma infração. Caso não estejamos convencidos disso, nenhuma ação específica adicional é necessária.

Em seguida, avaliamos o grau de compreensão do estudante. Embora o desconhecimento da norma não constitua justificativa, se ficar claro que ele realmente não compreendia as regras,

---

[9] Desenvolvemos a estrutura dos 3Ms como uma ferramenta conceitual. Direitos autorais ©2025 de Alym Amlani e Paul Davis (Amlani, 2025).

aprofundamos a análise: por que utilizou IA para realizar uma tarefa que deveria ter sido feita de forma autônoma? A resposta a essa pergunta orientará a resposta institucional. Nesse nível, uma explicação clara e, possivelmente, uma advertência formal podem ser respostas adequadas. É também o momento de olharmos para dentro — é importante refletir sobre os motivos pelos quais o estudante não compreendeu as diretrizes. As regras estavam disponíveis de forma clara? Estavam redigidas de maneira confusa? Foram abordadas de forma adequada durante as aulas? Há lacunas que emergem quando examinamos o caso sob a ótica da autorização?

Se for constatado que o estudante tinha ciência de que estava agindo de forma indevida (intenção), então adentramos o campo da má conduta acadêmica. A partir desse ponto, é provável que haja algum tipo de consequência negativa, cuja forma específica dependerá fortemente das circunstâncias. Codificamos por cores os níveis de sanção para indicar que a consequência mais severa tende a ser aplicada a estudantes reincidentes, que demonstram ausência de arrependimento e que agiram deliberadamente para obter vantagem indevida em sua avaliação. Por outro lado, as penalidades são mais brandas para quem comete a infração pela primeira vez, assume responsabilidade e demonstra arrependimento.

Há sempre espaço para justiça restaurativa, mesmo nos níveis mais altos de culpabilidade — se o dano puder ser revertido e o estudante demonstrar um compromisso genuíno com a mudança, talvez não seja necessário mais do que isso. Permitir que ele refaça uma atividade, com a exigência adicional de incluir um parágrafo reflexivo sobre uso adequado de fontes, pode ser uma experiência positiva e alinhada com os objetivos de aprendizagem.

Existe vasta literatura acadêmica sobre justiça restaurativa na educação. Diversos modelos alternativos de resposta à má conduta estudantil vêm sendo desenvolvidos, incluindo diálogos mediados, processos de reparação de danos e responsabilização com base comunitária. Uma exploração completa desses modelos está fora do escopo desta obra, mas incentivamos educadores a considerar essas abordagens como parte de uma perspectiva centrada no ser humano.

As decisões de maior complexidade — que envolvem, por exemplo, reprovação na disciplina ou sanções mais graves — podem ser tomadas por um órgão de integridade acadêmica ou por um professor em cargo sênior. As regras institucionais determinam quando temos autoridade para resolver essas situações e quando devemos encaminhá-las a instâncias superiores.

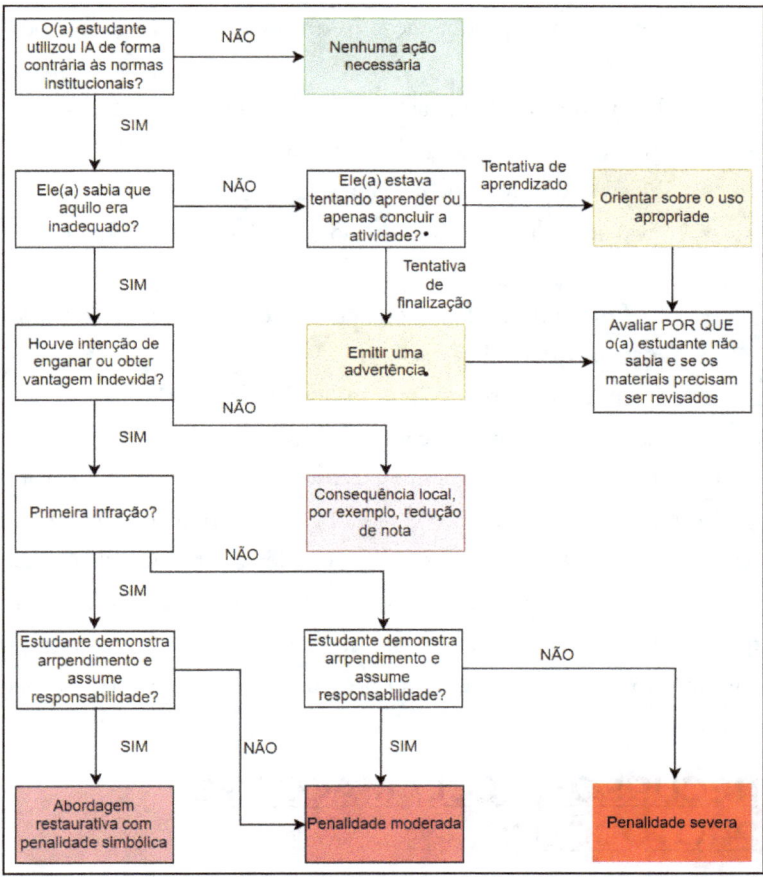

FIGURA 33: Árvore de decisão para má compreensão, mau uso e má conduta

MOMENTO DA DECISÃO

Via de regra, é uma boa prática registrar por escrito a decisão tomada; com o passar do tempo, nossa memória pode falhar.

Uma decisão bem redigida deve conter:
- Informações técnicas (nome do(a) estudante, disciplina, professor responsável, data);

- Exposição da preocupação (o que está sendo alegado e por quê);
- Resumo das evidências, incluindo a entrevista e eventuais defesas apresentadas pelo(a) estudante;
- Decisão quanto à ocorrência (ou não) da infração;
- Avaliação do nível da infração (com base no modelo dos 3Ms);
- Definição do desfecho específico, com referência à norma institucional aplicável;
- Convite para esclarecimento de dúvidas adicionais;
- Assinatura e informações de contato.

Pode parecer um documento extenso, mas o ideal é reunir todo o histórico relevante do caso e as etapas percorridas em um único registro. Nunca sabemos quais decisões poderão ser objeto de recurso ou contestação. A maioria dos(as) estudantes aceita as decisões sem questionamentos — mas sempre nos sentimos mais seguros ao contar com uma boa documentação para os casos em que isso não acontece.

RECURSOS, RECLAMAÇÕES E PROTOCOLOS

As instituições de ensino superior costumam dispor de um procedimento formal para apelação de decisões relacionadas à má conduta acadêmica ou às sanções aplicadas. Devemos conhecer esse procedimento e saber quem está envolvido. Os recursos variam em qualidade — desde contestações baseadas em reações emocionais até argumentos bem estruturados fundamentados em erro processual, apresentação de novas evidências ou inadequação da penalidade. Normalmente, há também um prazo curto para interposição do recurso.

As reclamações podem assumir natureza distinta. Se o(a) estudante alega ter sido vítima de preconceito, discriminação ou tratamento injusto, a instituição iniciará um processo que segue o mesmo rito adotado para outros tipos de queixas, independentemente do envolvimento de IA generativa.

Em qualquer dos casos, é essencial manter nossa integridade pessoal e profissional. Diante de explosões emocionais por parte do(a) estudante, devemos permanecer calmos(as). Em situações de conflito, manter o foco nos fatos, seguir os procedimentos estabelecidos e fundamentar-se na documentação — e não em opiniões — traz benefícios importantes. As instituições costumam oferecer múltiplos níveis de apoio, como a coordenação de curso, direção de departamento, setor de integridade acadêmica e assessoria jurídica.

Raramente é algo pessoal. Estudantes que são responsabilizados por entregas indevidas podem tentar transformar o caso em algo emocional, apelando para seus medos ou sentimentos pessoais. Não devemos levar isso para o lado pessoal — o ideal é manter a calma e a coerência, com disposição para dialogar com colegas ou com o setor de integridade acadêmica. Todos nós já enfrentamos situações semelhantes; não é necessário passar por isso sozinho(a).

POUR ENCOURAGER LES AUTRES

A frase sombria de Voltaire ressalta a importância do trabalho que realizamos hoje para orientar e proteger outros amanhã. Neste novo contexto de IA generativa, cada caso que analisamos pode ter um valor significativo para colegas e demais integrantes da comunidade acadêmica.

Os estudantes conversam entre si. Alguns podem manter seus processos em sigilo, mas outros irão reclamar com colegas, expressar opiniões a outros professores ou relatar suas experiências em redes sociais. Quando lidamos bem com um caso, conseguimos transformar a situação em um momento de aprendizado coletivo. Não devemos ter receio de compartilhar aprendizados (anonimizados) com colegas e estudantes.

Em nível institucional, compêndios de casos graves e seus respectivos desfechos são publicados por diversas universidades. Uma instituição com a qual estamos familiarizados publica um Relatório Anual de Integridade Acadêmica, com análises detalhadas e estatísticas exemplares sobre tipos de incidentes e suas consequências. No nível universitário, onde os casos mais sérios são encaminhados para instâncias superiores, também é publicado um relatório anual com resumos de todas as ocorrências de má conduta acadêmica. Os resumos são anonimizados e contêm poucos detalhes, como mostra o exemplo a seguir:

> Um(a) estudante cometeu má conduta acadêmica ao utilizar uma ferramenta de IA generativa para criar diversas referências fraudulentas em uma versão revisada de sua tese de doutorado, que foi submetida ao(à) orientador(a). O(a) estudante solicitou o desligamento voluntário do programa de pós-graduação.
> Sanção: Registro de má conduta acadêmica no histórico escolar.

É difícil determinar o número exato de casos envolvendo IA generativa em cada relatório, pois o termo nem sempre é explicitado (pode, por exemplo, estar implícito em casos classificados como "plágio"), mas já é possível observar um crescimento no número de ocorrências a partir de 2022.

A etapa final de encerramento de cada investigação recai diretamente sobre nós, enquanto educadores. Sempre que um(a) estudante se envolve em problemas relacionados à IA generativa, temos a oportunidade de fazer uma autoavaliação:

- A atividade, prova ou avaliação estava vulnerável ao uso indevido de IA?
- Como posso torná-la mais resistente?
- Comuniquei as regras com clareza?
- Proporcionei aos(às) estudantes todas as orientações necessárias para que pudessem ter êxito sem recorrer à trapaça?

Investigações sobre integridade acadêmica são exaustivas — consomem tempo, energia e envolvimento emocional. No entanto, conduzi-las de forma justa e consistente fortalece nossa profissão, nosso ensino e, acima de tudo, nossos(as) estudantes. Vale a pena.

CASOS PRÁTICOS

Desenvolvemos uma série de estudos de caso que demonstram a aplicação das ferramentas de análise. Eles são um complemento popular nas apresentações públicas de Alym; esperamos que você também os aprecie.

Caso 1

Lee utiliza uma ferramenta de IA para gerar ideias de temas para um trabalho de pesquisa em contabilidade. Após selecionar algumas sugestões promissoras, Lee realiza uma pesquisa completa de forma independente e redige o relatório final. Lee acredita que a contribuição da IA foi mínima e não declara seu papel inicial na fase de brainstorming. As diretrizes da instituição incentivam o uso de IA com a devida transparência.

Análise

Perspectiva: Autorização. O uso de IA por Lee não infringe nenhuma política institucional.

Perspectiva: Autoria. Lee realizou a pesquisa e escreveu o relatório final. A autoria é dele(a).

Perspectiva: Divulgação. "Divulgação apropriada" é um conceito vago. Lee determinou conscientemente que a contribuição da IA foi mínima. Isso é aceitável.

Perspectiva: Resultado de Aprendizagem. Lee demonstrou ter alcançado o resultado de aprendizagem ao realizar pesquisa e redação originais.

Resultado

NÃO HOUVE INFRAÇÃO. De forma informal, poderíamos aconselhar Lee sobre os riscos de tomar decisões individuais quanto ao que deve ou não ser divulgado, e tomar cuidado para não criar precedentes. Se houver canal apropriado, podemos sugerir à comissão de políticas da instituição que torne mais claro o conceito de "divulgação apropriada".

Caso 2

Alex tem dificuldade para articular com clareza a seção de análise financeira de seu relatório. Insere o rascunho em uma ferramenta de IA, que reformula significativamente cada frase para melhorar clareza e profissionalismo. Embora os dados e a análise sejam genuinamente seus, a redação foi fortemente influenciada pela IA. Alex faz uma divulgação genérica sobre o uso de IA, mas não indica a extensão de sua utilização. O plano de ensino permite o uso de IA sem atribuição para revisão ortográfica, gramatical, etc., mas proíbe copiar e colar conteúdos gerados por IA.

Análise
Perspectiva: Autorização. Ao utilizar IA para reescrever o rascunho, Alex ultrapassou a linha do permitido, configurando cópia de conteúdo.

Perspectiva: Autoria. A autoria agora é compartilhada. Mesmo que Alex tenha feito toda a análise e tenha as ideias, ele(a) não redigiu o relatório de forma autônoma. Ferramentas de IA que aprimoram a expressão criam coautoria.

Perspectiva: Divulgação. Embora esteja próxima do aceitável, a adoção de linguagem gerada por IA exige mais do que uma divulgação genérica.

Perspectiva: Resultado de Aprendizagem. O resultado de aprendizagem está preservado, pois Alex compreende o conteúdo central.

Resultado
INFRAÇÃO LEVE. Evitaríamos aplicar penalidade acadêmica a Alex, mas é necessário orientá-lo(a) sobre a aplicação das políticas da atividade e a importância da transparência.

Caso 3

Fernando está desenvolvendo uma atividade simulada de auditoria que exige a identificação de riscos e procedimentos. Insere os detalhes do caso em uma ferramenta de IA, que fornece sugestões e procedimentos. Fernando verifica essas sugestões, faz pequenas modificações e as incorpora ao relatório. Há menção ao uso de IA, mas sem detalhar sua influência na análise. A política da avaliação segue práticas reais de firmas de contabilidade, que normalmente proíbem a divulgação de dados de clientes a ferramentas de IA.

Análise

Perspectiva: Autorização. Ao submeter dados do cliente a uma IA, Fernando violou claramente as regras de autorização.

Perspectiva: Autoria. Fernando modificou e verificou as sugestões, mas a análise fundamental foi realizada pela IA.

Perspectiva: Divulgação. A divulgação é insuficiente.

Perspectiva: Resultado de Aprendizagem. Fernando terceirizou o resultado de aprendizagem. Pode ter aprendido algo ao reescrever, mas perdeu a experiência de identificar riscos por conta própria.

Resultado

INFRAÇÃO GRAVE. Fernando deve receber uma penalidade acadêmica significativa, além de ser orientado(a) sobre privacidade, segurança e padrões profissionais. Deve refazer a atividade.

Caso 4

Sam utiliza uma ferramenta de IA com o objetivo de parafrasear trechos das normas contábeis IFRS, incorporando essas versões ao seu trabalho. Sente-se seguro(a) quanto à compreensão, mas não acrescenta análise ou comentário próprio. Sam indica claramente que utilizou IA para parafrasear. Não há diretrizes institucionais ou da disciplina sobre o uso de IA.

Análise
Perspectiva: Autorização. Na ausência de política, não há infração explícita.
Perspectiva: Autoria. A autoria é da IA. A integridade acadêmica foi comprometida pela submissão de trabalho não original.
Perspectiva: Divulgação. Sam declarou o uso de IA para parafrasear, o que atende à exigência de transparência.
Perspectiva: Resultado de Aprendizagem. Na ausência de contribuições originais, o resultado de aprendizagem não pode ser avaliado.

Resultado
INFRAÇÃO GRAVE. Apesar da divulgação, Sam apresentou como seu um trabalho gerado por IA, caracterizando violação da integridade acadêmica. O caso deve ser encaminhado ao setor responsável por integridade acadêmica. Sam não deve receber nota por esta entrega. Este caso mostra que a divulgação, por si só, não justifica o uso inadequado da IA — um equívoco comum.

Caso 5

Jamie tem dificuldade para sintetizar artigos acadêmicos sobre contabilidade. Utiliza uma ferramenta de IA para gerar resumos, incorporando-os diretamente em uma revisão de literatura sobre práticas de reconhecimento de receita. Jamie declara genericamente o uso de IA, mas não especifica que os resumos foram gerados pela ferramenta. É estudante de pós-graduação em uma instituição que permite o uso de IA, desde que haja citação e atribuição adequadas.

Análise

Perspectiva: Autorização. As diretrizes institucionais permitem o uso de IA, mas condicionam à divulgação adequada — que não foi feita.

Perspectiva: Autoria. A autoria é da IA. A integridade acadêmica foi comprometida ao submeter um trabalho não original como se fosse próprio. Em revisões de literatura, a tarefa principal do(a) estudante é sintetizar e resumir. Jamie terceirizou essa função.

Perspectiva: Divulgação. A divulgação foi incompleta.

Perspectiva: Resultado de Aprendizagem. O resultado de aprendizagem foi perdido. Jamie não demonstrou capacidade de resumir, comparar, sintetizar, analisar ou criticar fontes.

Resultado

INFRAÇÃO GRAVE. Apesar da divulgação, Jamie apresentou como seu um conteúdo gerado por IA, caracterizando violação da integridade acadêmica. O caso deve ser encaminhado ao setor de integridade acadêmica. Jamie não deve receber pontuação ou reconhecimento acadêmico por essa atividade.. É razoável exigir maior maturidade acadêmica e conhecimento das políticas por parte de estudantes de pós-graduação.

TRÊS PONTOS FUNDAMENTAIS

1. A dependência excessiva de detectores de IA é perigosa.
2. Toda suspeita ou acusação deve ser tratada com justiça e em conformidade com o devido processo.
3. A longo prazo, teremos melhores resultados por meio do diálogo, não da confrontação.

Parte III. TRIAGEM E TRATAMENTO

Capítulo 7. RESPOSTAS RÁPIDAS

> *Nosso estudante perguntou: "Por que cê tá pedindo um resumo, se o que você quer saber mesmo é o que eu aprendi de verdade?"*

A IA generativa já está entre nós. Ela mudou a forma como nossos estudantes pensam, planejam, estudam, escrevem e entregam seus trabalhos. Tudo aconteceu rápido demais para um planejamento racional, e os efeitos ainda estão se desenrolando.

A academia se move em ritmo lento. Definimos currículos com semestres de antecedência, planos de ensino levam tempo para serem aprovados; enquanto isso, o desenvolvimento da IA avança de forma exponencial.

Se você sente que está ficando para trás — que a velocidade das mudanças é avassaladora —, saiba que não está sozinho. Este capítulo é para você, para atender à necessidade imediata de reagir e se adaptar. Antes de pensar em estratégias de longo prazo, é preciso fazer uma triagem acadêmica — ações rápidas e eficazes para lidar com os aspectos mais desafiadores do que está acontecendo.

O Dr. Jason Openo, referência canadense em integridade acadêmica, resumiu de forma bastante concisa o que é necessário:

> The best way to curb academic dishonesty is to create relevant and engaging learning tasks that connect with a learner's motivation and goals ... if the assessments we design ask students to engage in meaningful tasks they care about, they are less likely to act in a dishonest fashion. [A melhor maneira de coibir a desonestidade acadêmica é criar tarefas de aprendizagem relevantes e envolventes que se conectem com a motivação e os objetivos do aprendiz ... se as avaliações que projetamos pedem que os estudantes se envolvam em tarefas significativas com as quais se importam, eles têm menos probabilidade de agir de maneira desonesta] (Openo, 2022).

Vamos dar um passo atrás e refletir sobre por que avaliamos e como os estudantes aprendem a partir do processo de avaliação. Anteriormente, exploramos as taxonomias de Bloom e SOLO. Esses modelos nos ajudam a compreender que estamos trabalhando em direção a diversas metas de aprendizagem distintas — e que sua vulnerabilidade não é uniforme.

Não é apenas a automação que ameaça a integridade da avaliação. Ela é apenas um elemento dentro de uma teia complexa de fatores, incluindo plágio e terceirização de tarefas acadêmicas (*"contract cheating"*), inflação de notas, vieses culturais e linguísticos, e excesso de avaliações. Os estudantes estão sujeitos a uma multiplicidade de influências sobre seus comportamentos de aprendizagem — redes sociais, plataformas de compartilhamento entre pares, sites que legitimam a cola disfarçada de "tutoria", e até mesmo políticas institucionais que priorizam a atribuição de notas em detrimento da aprendizagem.

FIGURA 34: Roteiro para o futuro com IA generativa

Ao considerarmos respostas imediatas e, posteriormente, de longo prazo, Bloom e Biggs nos lembram que algumas medidas, como o retorno a provas em papel, não abordam verdadeiramente os objetivos pedagógicos mais elevados. Simplesmente cortar o acesso a recursos online durante algumas horas de prova pode reduzir certas formas de trapaça, mas não ajudará nossos estudantes a se prepararem para um mundo saturado por IA. Nossos cursos e avaliações precisam ser redesenhados; os estudantes necessitam de formação em letramento em IA. É instrutivo considerar em que ponto dos modelos de aprendizagem cada tarefa se localiza, qual o impacto potencial da IA generativa sobre essa tarefa e, a partir disso, repensar nossa abordagem.

O MODELO 3DS

Criamos um modelo simples baseado nos 3Ds — Dialogar, Declarar, Desenhar. Inicie o diálogo imediatamente. Incorpore a declaração do seu próprio uso de IA, bem como suas intenções e exigências, em todos os aspectos de sua atuação como professor. Em seguida, comece a implementar o redesenho em todo o seu currículo. Esses três conjuntos contínuos de ações o posicionarão para continuar oferecendo valor aos estudantes neste ambiente em rápida transformação.

DIÁLOGO SOBRE IA GENERATIVA

Se ainda não o fez, converse com seus estudantes sobre a IA. Deixe claro que o tema não é tabu — é perfeitamente válido falar sobre ele, discutir seu uso e suas implicações, e confirmar que você se interessa pelas opiniões deles. Enfatize que é importante utilizar e dominar a IA generativa. Acima de tudo, não permita que a IA generativa se torne "aquele assunto que todos conhecem, mas ninguém quer mencionar". A IA generativa é onipresente; ela merece ser discutida em todos os fóruns relevantes — na aula inaugural de um novo curso, ao apresentar um trabalho futuro, ou ao revisar as atividades realizadas ou provas já corrigidas. A transparência — inclusive sobre o seu próprio uso de IA generativa — e uma clareza absoluta quanto às expectativas trarão retornos imensos em termos de confiança e credibilidade.

A linguagem importa. Estabelecer o tom desde o início facilita discussões futuras sobre uso responsável e sinaliza aos estudantes que eles não estão "em apuros" ou sujeitos a sanções simplesmente por abordarem o tema.

Nas primeiras conversas com estudantes sobre IA generativa, fale sobre o processo de aprendizagem, o que eles esperam obter com o curso e os prejuízos que o uso excessivo pode causar a seus objetivos educacionais. Mencione o "GPTês" e a falta de envolvimento humano revelada pela repetição cega de linguagem gerada. Mostre exemplos de textos produzidos por IA e afirme que você sabe que eles podem fazer melhor.

Ao mesmo tempo, converse com colegas, com seu departamento e com a instituição. Não há qualquer exigência de que você resolva isso sozinho. Colegas, chefes de departamento ou diretores de unidade, bem como setores especializados da instituição (especialmente os responsáveis por integridade acadêmica), estão atentos às questões ligadas à IA generativa e são ótimas fontes de explicação, debate e sugestões. Quando você tentar algo que funcione — ou não funcione — compartilhe com colegas e gestores acadêmicos.

Procure sessões de capacitação, apresentações pontuais e cursos sobre IA generativa. Cada vez mais recursos estão sendo disponibilizados, e o campo acadêmico está avançando rapidamente. Consuma o máximo de conhecimento que puder — quanto mais confortável estiver com o tema, mais valor você oferecerá como educador.

Encontre os recursos úteis que estão se tornando rapidamente disponíveis. Nos Estados Unidos, o grupo de trabalho da MLA (*Modern Language Association*) sobre Iniciativas de IA Generativa e o Comitê Especial da CCCC (Conference on College Composition and Communication) estão fortemente focados na produção de trabalhos que abordam o uso da IA na escrita, na literatura e no ensino de línguas. O professor Antonio Byrd, membro de ambos os comitês, fala amplamente sobre questões relacionadas à IA generativa. Algumas de suas apresentações podem ser encontradas no YouTube (Byrd, 2023). Faça novas buscas no YouTube para acessar os conteúdos mais recentes, pois a ciência avança muito rapidamente.

Considere envolver ativamente os estudantes na criação de políticas sobre IA generativa para as disciplinas que cursam. "Cartas de sala de aula" (classroom charters), elaboradas em conjunto por educador e estudantes, promovem senso de pertencimento e responsabilidade. Em várias de nossas disciplinas, incluímos um breve debate em sala sobre o uso da IA generativa, para ajudar os estudantes a lembrar e internalizar os princípios em jogo. Levantar essas questões em um ambiente aberto e seguro permite que os estudantes expressem opiniões contrárias ou inusitadas — e temos muito a aprender com elas.

A seguir, apresentamos um exemplo de acordo de sala de aula, que você pode copiar e adaptar conforme necessário.

Acordo de Sala de Aula: Uso de IA Generativa
BUSI-362 Economia Imobiliária
Professor: Alym Amlani
Semestre: 2025-S2

Esta carta, desenvolvida conjuntamente pelo professor e pelos estudantes, descreve nosso entendimento e expectativas compartilhadas quanto ao uso de ferramentas de IA generativa neste curso.

1. Por que criamos esta Carta?
As ferramentas de IA generativa podem nos ajudar a aprender, desenvolver ideias e sermos mais produtivos. No entanto, também podem substituir processos e resultados de aprendizagem, prejudicando os benefícios que este curso pode oferecer. Nosso uso deve estar em conformidade com todas as políticas institucionais relevantes e deve apoiar — e não substituir — nosso trabalho.

2. Como podemos usar IA generativa neste curso?
Salvo instruções específicas em contrário, os estudantes podem usar IA generativa para:
• Elaboração de ideias (brainstorming)
• Organização do pensamento
• Simulação de casos ou questões de prova
• Explicação de conceitos
• Resumos de leituras
• Correção ortográfica
• Correção gramatical

3. O que é proibido?
• Pedir que a IA generativa escreva redações, postagens ou respostas a perguntas
• Submeter conteúdo gerado por IA como se fosse de autoria própria
• Utilizar IA generativa para realizar atividades do curso como análises, cálculos ou raciocínios

- Usar citações ou referências geradas por IA sem verificação independente

4. Citação e Transparência
Os estudantes devem:
- Divulgar integralmente todo uso de IA generativa, incluindo tipo, data e finalidade
- Guardar todos os prompts e resultados até 30 dias após a prova final, tornando-os disponíveis ao professor mediante solicitação

5. Uso de IA generativa pelo Professor
O professor se compromete a:
- Divulgar claramente quando utilizar IA generativa para criar, aprimorar ou corrigir avaliações
- Responder com clareza a todas as perguntas sobre o uso de IA generativa
- Manter um diálogo contínuo sobre o uso apropriado ao longo do curso
- Incorporar o letramento em IA como objetivo de aprendizagem da disciplina
- Demonstrar usos apropriados e inadequados nas primeiras semanas do curso

6. Mal-entendidos, Uso Indevido e Má Conduta
Violações desta carta serão analisadas conforme as políticas institucionais vigentes. As respostas podem variar desde advertência até encaminhamento ao setor responsável por integridade acadêmica.

7. Ajustes ao Longo do Caminho
Esta carta é um documento vivo. Podemos revisitá-la ao longo do semestre para garantir que continue atual e relevante. Estudantes e professor são incentivados a propor emendas sempre que necessário.

Assinada em 22 de junho de 2025:

Alym Amlani (professor)
Um(a) estudante (representante da turma)

Por fim, se desejar, converse conosco. Somos facilmente acessíveis e teremos grande prazer em discutir suas ideias e dificuldades. Ficaremos entusiasmados em saber sobre suas conquistas.

DECLARAR EXPECTATIVAS

Claro, não é possível parar tudo e redesenhar um curso inteiro no meio do semestre. No entanto, se as diretrizes básicas ainda não estiverem estabelecidas, vale a pena fazer uma análise criteriosa do conteúdo da disciplina e identificar onde orientações adicionais devem ser incluídas.

A importância de uma declaração eficaz pode ser ilustrada por diferentes estilos de arbitragem em lutas de boxe. Um árbitro assume que os lutadores já conhecem as regras, leva-os ao centro do ringue no início do primeiro round e diz: "Toquem as luvas — lutem!". Um árbitro mais experiente diz algo mais: "Quero uma luta limpa. Nada de golpes abaixo da linha da cintura, nada de bater após o gongo, nem atacar enquanto o oponente estiver caído durante a contagem". Esse segundo árbitro estabelece credibilidade e autoridade muito superiores, ao reforçar limites claros.

O mesmo princípio se aplica em sala de aula. Quando somos claros desde o início com nossos estudantes, temos mais segurança para aplicar os padrões de integridade posteriormente. Os estudantes terão muito menos espaço para alegar falta de clareza ou injustiça.

Como o conteúdo das disciplinas e as expectativas professores variam amplamente, não é possível prescrever uma redação única. Mas é possível oferecer orientações sobre como decidir e apresentar essas diretrizes.

Comece localizando as orientações ou regras institucionais sobre o uso de IA generativa, se existirem. Elas são obrigatórias para todos os cursos, ou apenas recomendações? Qualquer exigência institucional deve ser seguida. Poucos estudantes acessam páginas institucionais para ler as regras em detalhes — pelo menos até que surja um problema. Assim, será necessário interpretá-las e complementá-las para que façam sentido no contexto da sua disciplina.

Com sorte, talvez você encontre regras institucionais que se encaixem perfeitamente em seus cursos e tarefas. Mas, na maioria dos casos, será necessário complementá-las. Você provavelmente será responsável por dois níveis adicionais: as regras no plano de ensino e eventuais variações específicas por atividade.

Comece esse reforço desde o início, pelo plano de ensino ou pela descrição da disciplina. Estabeleça expectativas claras, inclua essas informações na documentação relevante do ambiente virtual de aprendizagem (AVA) e considere criar um módulo específico sobre IA generativa. A maioria dos AVAs permite alguma repetição de conteúdo — por exemplo, incluindo Matrizes de Avaliação da Atividade tanto em uma página dedicada quanto dentro de cada tarefa. Não há nenhum problema em repetir informações importantes para garantir que todos os estudantes as vejam.

Ao planejar as diretrizes para suas disciplinas, vale a pena observar modelos já existentes e considerar se algo semelhante funcionaria para você. Há muitos recursos disponíveis online para isso, incluindo a página da Northern Illinois University, que compila exemplos de políticas de diversas instituições. Aqui está o link: https://www.niu.edu/citl/resources/guides/class-policies-for-ai-tools.shtml

Uma orientação simples, mas completa, deve conter quatro elementos:

1. Uma explicação acolhedora e fundamentada sobre a razão da política.
2. Definição clara do que é permitido, e sob quais condições.
3. Definição de termos-chave.
4. O que fazer em caso de dúvida.

A justificativa para a política exige apenas algumas frases, mas comunica a intenção do(a) professor(a). Ela não deve ser excessivamente jurídica nem acusatória. Recomendamos um tom acolhedor, amigável e de apoio. Por exemplo:

> ChatGPT e outras ferramentas de IA generativa estão amplamente disponíveis. Quando usadas de forma responsável, podem ajudar muito no aprendizado e na eficiência. Quando usadas para substituir o esforço intelectual, prejudicam seu processo de aprendizagem. A tabela a seguir mostra o que pode e o que não pode ser utilizado neste curso, bem como as condições aplicáveis.

A definição clara do que é permitido — juntamente com as condições aplicáveis — é o elemento central das diretrizes. Também é aquele que exige maior detalhamento. Embora seja possível redigir as regras em formato textual, observamos que a apresentação em forma de tabela facilita a leitura e a compreensão. As visualizações mais eficazes utilizam um sistema de cores no estilo "semáforo" para indicar permissões de maneira intuitiva.

Os principais nomes no desenvolvimento desse tipo de codificação por cores incluem um pequeno grupo liderado pelo consultor educacional australiano Leon Furze, que publicou pela primeira vez uma Escala de Avaliação com IA multicolorida (AI Assessment Scale – AIAS) em 2023 (Furze et al., 2023), atualizou-a em 2024 (Furze, agosto de 2024), e desenvolveu de forma mais aprofundada a metáfora do semáforo no final daquele mesmo ano (Furze, setembro de 2024).

A seguir, apresentamos um exemplo simples desenvolvido por Alym para seus estudantes em 2025.

TABELA 12: Uso da IA generativa

USO DA IA GENERATIVA		
Esta tabela apresenta, de forma geral, o que é e o que não é aceitável neste curso. Algumas atividades específicas poderão conter instruções particulares que prevaleçam sobre esta orientação geral. As atividades na coluna **verde** são aceitáveis sem restrições. As atividades na coluna **amarela** exigem **divulgação** ou **citação**: **Divulgação** significa indicar claramente o que foi utilizado. **Citação** é obrigatória quando você incorpora conteúdo gerado pela IA no seu trabalho. As ações na coluna **vermelha** configuram **má conduta acadêmica**. Para mais detalhes, consulte o **Módulo de Política sobre IA** no Canvas.		
	Verde (Permitido)	Amarelo (Exige Divulgação ou Citação)	Vermelho (Proibido)
Revisão ortográfica, gramatical e de pontuação, ex.: Grammarly.	✓		
Geração de ideias, busca de fontes e resumos, ex.: ChatGPT.		✓ divulgar uso	
Geração de citações, ex.: Copilot.		✓ citar fonte	
Paráfrase, reescrita ou 'humanização', ex.: QuillBot.			✗
Geração de textos, fórmulas, soluções ou códigos, ex.: GitHub Copilot.			✗

Esta é uma tabela de nível de plano de ensino. Quando necessário, ela pode ser adaptada para tarefas específicas em que as regras sejam diferentes.

Por exemplo, se a tabela acima se aplica à maioria dos módulos de um curso, mas houver uma aula dedicada ao treinamento em letramento em IA — na qual o uso de chatbots está incorporado à atividade — será necessário comunicar de forma clara as alterações às regras gerais.

Para as expectativas em relação ao nível de avaliação, recorremos novamente à Escala de Avaliação com IA do Professor Perkins, que reproduzimos no Capítulo 6. Os autores fazem questão de destacar que devemos adaptar a tabela de forma contemporânea, à medida que a tecnologia evolui, e que temos a responsabilidade de implementá-la com senso crítico e cautela (Roe, Perkins & Furze, 2025).

Tanto para regras no nível do plano de ensino quanto no nível das atividades, é essencial definir claramente os requisitos principais. Não podemos presumir que os estudantes compreenderão automaticamente o que queremos dizer com "divulgar" ou "citar". Fornecer modelos ou exemplos é a abordagem mais eficaz. Por exemplo:

Exemplo de Divulgação Aceitável

> **Divulgação de Uso de IA Generativa.** Utilizei o Claude, da Anthropic (Claude 3 Opus, acessado em 18 de maio de 2025), para gerar ideias iniciais e sugerir abordagens durante o processo de brainstorming dos temas deste trabalho. Também o utilizei para localizar fontes e resumi-las. Revisei e verifiquei todos os resumos quanto à precisão e relevância, e assumo total responsabilidade pelo uso dessas informações no processo de elaboração do trabalho. Nenhum trecho dos resumos foi incorporado diretamente na minha submissão. Todo o conteúdo, análise e estrutura apresentados são de minha autoria original.

Exemplo de Citação Aceitável de Fonte

> **Divulgação de Uso de IA Generativa com Citação**
> Utilizei o Claude, da Anthropic (Claude 3 Opus, acessado em 20 de maio de 2025), para gerar referências bibliográficas compatíveis com

o estilo APA7, referentes a livros e artigos utilizados para fundamentar minha pesquisa. Eu mesmo confirmei a exatidão de cada referência gerada.

Referência:
ANTHROPIC. Claude 3 Opus [modelo de linguagem de larga escala]. Disponível em: https://www.anthropic.com. Acesso em: 20 maio 2025.

FERRAMENTAS EXISTENTES PARA CONTROLE DA IA

As técnicas para conter ou controlar o uso de IA generativa se dividem em dois grupos principais. O primeiro é físico: provas com lápis e papel, celulares deixados fora da sala (ou nos cantos da frente), carteiras limpas, proibição de dispositivos secundários, entre outros. Testes curtos e quizzes de leitura são facilmente resolvidos com alta precisão se o estudante tiver acesso a um chatbot. Para obter informações mais precisas sobre o conhecimento real dos estudantes, considere transferir testes online feitos em casa para o início das aulas, reduzindo também o tempo disponível.

Durante anos, permitimos 30 minutos para quizzes de leitura com 10 questões feitos em casa. Reduzir esse tempo para 10 minutos e aplicar o teste no início da aula correspondente limita consideravelmente a possibilidade de os estudantes pesquisarem as respostas — mas não sem prejuízos. Isso reduz o tempo para reflexão genuína, e estudantes que precisam de tempo extra acabam em desvantagem. É necessário continuar equilibrando integridade acadêmica com aprendizagem. Esse é um compromisso que já gerenciamos no passado e que agora deve ser adaptado às novas condições.

Não vamos repetir indefinidamente essas técnicas: elas reduzem a trapaça com IA generativa da mesma forma que reduzem outras formas de trapaça. No entanto, são um tanto invasivas, nem sempre práticas, e, no caso de avaliações online, bastante difíceis de implementar. Se você tem 500 estudantes em disciplinas de grande porte, talvez não queira voltar a correger manualmente 500 provas duas vezes por semestre.

O segundo grupo de soluções envolve mudanças no conteúdo da avaliação. Enquanto ainda estamos em uma fase de contenção, pode ser possível aplicar algumas dessas mudanças de forma imediata.

No caso de testes de leitura e provas, considere cuidadosamente o conteúdo das questões de múltipla escolha e das respostas curtas. Quão fácil é para o ChatGPT (ou outro chatbot) encontrar a resposta correta em seus dados de treinamento ou na internet? Inclua perguntas que sejam relevantes para o conteúdo do curso, mas que não sejam de conhecimento público — como o resultado de uma discussão em aula ou o tema de uma apresentação. Por exemplo:

> Na semana passada, nossa palestrante convidada, Dra. Sia, discutiu o engajamento de investidores usando o exemplo de uma start-up de tecnologia de Santos. Qual era o nome da empresa?"

Ou

> Na apresentação que você estudou como preparação para esta aula, usei um método de cálculo de depreciação para ilustrar o raciocínio contábil. Qual foi esse método?

Respostas curtas e pequenos trabalhos escritos podem ser facilmente respondidos com cópia e colagem de um chatbot. Considere exigir que os estudantes incluam um parágrafo descrevendo seu método de pesquisa, incluindo se utilizaram ferramentas online e de que forma foram empregadas. Personalize as perguntas para exigir engajamento real com o tema. Por exemplo, em vez de perguntar:

Escolha um país com o qual você esteja familiarizado e descreva seu ambiente de mercado de capitais

pergunte:

Escolha o país onde você cresceu ou onde vive atualmente. Quando você sai à rua, o que vê que indica o tipo de ambiente de mercado de capitais presente ali?

Chatbots podem tentar formular respostas para esse tipo de pergunta, mas com a prática, você aprenderá a distinguir entre uma narrativa genuína de estudante e uma resposta fabricada pela IA.[10]

Projetos de Pesquisa e Relatórios são altamente vulneráveis ao uso de conteúdo gerado por IA generativa ou à terceirização completa da produção. Nosso antídoto preferido é a entrega em etapas: no início do semestre, exige-se que os estudantes (individualmente ou em grupo) submetam uma proposta de tema;

---

[10] O ChatGPT respondeu a este prompt da seguinte forma:
"Ao caminhar pelo centro de Vancouver, vejo imediatamente evidências de uma economia desenvolvida. Altos edifícios envidraçados abrigam as sedes de grandes bancos como o RBC e o TD, além de escritórios regionais de instituições financeiras globais. Painéis digitais exibem anúncios de ETFs e fundos de investimento imobiliário. Caixas eletrônicos e terminais de pagamento por celular estão por toda parte, sinalizando um sistema financeiro altamente integrado. A presença de startups de tecnologia, espaços de coworking e empreendimentos de condomínios de luxo também indica forte acesso a capital de risco e financiamento imobiliário. Guindastes de construção apontam para um mercado imobiliário ativo, enquanto sinalizações regulatórias — como alvarás e avisos de zoneamento — refletem transparência e governança." Para fins de prática, considere aplicar a lista de verificação do Capítulo 4 e avaliar a probabilidade de que esse texto seja uma produção original de um(a) estudante genuinamente engajado(a).

no meio do período, uma entrega técnica com elementos desenvolvidos e/ou uma lista de referências comentadas; ao final, o produto concluído. Essas etapas criam oportunidades para conversas com os estudantes após cada submissão, permitindo avaliar a originalidade do trabalho e orientar os(as) autores(as) rumo a um resultado bem-sucedido.

Em um curso de sociologia, por exemplo, uma tarefa de semestre poderia exigir a escolha de uma grande questão histórica e a produção de um artigo analítico original. A primeira entrega seria uma proposta de pesquisa contendo fontes-chave e uma hipótese ou tese. A exigência intermediária incluiria um esboço detalhado, um sumário provisório e uma bibliografia comentada. Nas duas últimas semanas, o projeto culmina com a entrega do artigo final.

As entregas em etapas desestimulam o uso inadequado de IA generativa, embora não impeçam usos permitidos, como a geração de ideias ou a revisão de linguagem. Como professores orientadores(as), ganhamos a oportunidade de discutir as contribuições da IA generativa nas fases intermediárias do trabalho.

Dependendo da plataforma de entrega adotada, pode-se considerar a solicitação de históricos de edição visíveis para grandes trabalhos. Ferramentas como Google Docs, Microsoft SharePoint e GitHub/GitLab preservam versões anteriores e, em alguns casos, identificam os(as) colaboradores(as). Esses recursos permitem acompanhar a evolução do trabalho em um ambiente não acusatório.

Ressaltamos que o objetivo de acompanhar o progresso sequencial não é proibir o uso de IA generativa, mas sim incentivar seu uso responsável. Considere fornecer e exigir o envio de um formulário de divulgação personalizado, além do texto em baixo ou notas finais. Há diversos modelos disponíveis online, muitos dos quais podem ser baixados e adaptados conforme a disciplina ou atividade.[11] Ao final desta seção, incluímos um formulário personalizável que desenvolvemos; sinta-se à vontade para copiá-lo e manter apenas as linhas da tabela que forem aplicáveis às atividades específicas.

O formulário tem como objetivo estimular a reflexão metacognitiva e auxiliar o(a) estudante na consideração de aspectos éticos. Ele se alinha à taxonomia revisada de Bloom, ao convidar os(as) estudantes a identificar, explicar e avaliar seu uso de IA generativa (correspondendo, assim, aos níveis 2, 3 e 5 — compreender, aplicar e avaliar). No modelo SOLO, o formulário atua no nível relacional, ao solicitar que os(as) estudantes justifiquem o uso de ferramentas de IA generativa dentro do processo de aprendizagem.

Fóruns de discussão e outras formas de participação online são especialmente suscetíveis a envios por copiar e colar. Ao elaborar os tópicos, é possível desestimular o uso de conteúdo gerado por IA propondo perguntas que exijam consideração pessoal de materiais locais, da aula ou não publicados. Exigir que os(as) estudantes comentem as postagens de colegas também os(as) direciona ao engajamento pessoal. No entanto, essas medidas não são infalíveis — chatbots facilmente sugerem conteúdo para esse tipo de tarefa. Isso nos leva de volta à necessidade de reconhecer o GPTês quando o vemos.

Apresentações em PowerPoint e plataformas similares também podem ser completamente geradas por IA. O ChatGPT, por exemplo, é capaz de preparar e preencher um conjunto de slides com

---

[11] Por exemplo, o formulário de declaração de David Bryant Copeland disponível em https://declare-ai.org/1.0.0/declare.html, publicado sob uma licença Creative Commons.

instruções mínimas. Existem ainda ferramentas de aprimoramento com IA, como o gamma.app, que não apenas geram layouts profissionais, mas também adicionam textos, ideias, imagens e análises. Pode ser extremamente difícil distinguir um layout gerado por IA de um criado por um(a) estudante competente em plataformas como o Canva.com.

Ao avaliar apresentações, valorize o processo em vez do produto final — se os(as) estudantes souberem que receberão crédito por demonstrar progresso, iteração e aprendizado, e não apenas pela aparência polida do resultado final, terão um incentivo real para se engajar autonomamente no processo de aprendizagem.

Incluir requisitos de referência e perguntas que convidem ao engajamento pessoal não eliminará o uso de IA generativa, mas ajuda a direcionar os(as) estudantes a fazerem escolhas mais responsáveis.

Projetos em grupo apresentam uma dinâmica interessante, pois o uso de IA generativa costuma ser desigual entre os integrantes. Incluir avaliação entre pares e solicitar reflexões individuais sobre o processo é uma política eficaz de autorregulação. Observamos que, quando membros da equipe percebem infrações por parte de colegas ou sentem que a integridade do grupo está sendo comprometida pelo uso indevido de IA, eles tendem a buscar uma solução interna rapidamente — e, se isso não for possível, não hesitam em relatar o ocorrido.

Em todos os instrumentos de avaliação, há três práticas que reforçam ou tornam indispensável a participação original do(a) estudante.

- Adicione componentes ao vivo ou orais. Defesas curtas, sessões de perguntas e respostas ou resolução de problemas em sala ajudam a consolidar o conhecimento e reduzem significativamente as chances de dependência de recursos externos.

- Exija apresentações em vídeo de curta duração. É verdade que os(as) estudantes ainda podem utilizar chatbots para criar o roteiro, mas você rapidamente aprenderá a identificar uma entrega mecânica de conteúdo padronizado.
- Ajuste os critérios de avaliação. Reserve uma pequena parte da nota — talvez 10% — para avaliar a transparência na divulgação do uso de IA e a conformidade com as exigências do curso. Essa medida reforça a importância da honestidade acadêmica e lembra os(as) estudantes de limitar seu uso da tecnologia às práticas permitidas.

Está se sentindo mais tranquilo(a)? Neste capítulo — nosso manual de primeiros socorros — apresentamos mudanças que podem ser implementadas ao longo do semestre para fortalecer a confiança, reforçar a integridade das avaliações e ajudar os(as) estudantes a manterem sua trajetória de aprendizagem sem se entregarem por completo às facilidades da IA generativa. Aplicar o modelo dos 3Ds — Dialogar, Declarar, Desenhar — permite responder às mudanças atuais com confiança e clareza.

No entanto, o processo de triagem serve apenas para ganhar tempo e formular uma resposta mais sólida. Uma vez estabilizado o cenário, temos a oportunidade de transformar nosso ensino e aproveitar o potencial da IA para aprimorar o processo de aprendizagem — justamente onde, antes, ele poderia estar sendo comprometido. Esse é o nosso próximo passo.

No próximo capítulo, sairemos do hospital de campanha e entraremos no laboratório de design. Com mais tempo e menos pressão, será hora de reconfigurar nosso pensamento, os cursos e as avaliações de forma a promover melhores resultados de aprendizagem, manter os(as) estudantes engajados(as) e prepará-los(as) para o uso responsável da IA generativa. A fase da reação fica para trás; a do redesenho começa agora.

DECLARAÇÃO DE USO DE IA-GENERATIVA

Nome:
Data:
Disciplina:
Título do Projeto:

Instrutor: indique na coluna da esquerda quais usos são permitidos ou não. Estudante: indique na coluna da direita se utilizou ferramentas de IA generativa ou não e, em caso positivo, quais. Declara que todas as fontes de informação utilizadas foram devidamente citadas.

Instructor Use			Student Use		
Permitido	Não Permitido	Tarefa	Usou	Não Usou	Qual ferramenta?
		Geração de ideias (brainstorming)			
		Busca de evidências			
		Organização do conteúdo			
		Elaboração de Sumário			
		Resumo de fontes			
		Análise de dados			
		Geração de texto			
		Paráfrase ou reescrita			
		Humanização de linguagem			
		Revisão ou edição			
		Geração de citações			
		Verificação de fontes			
		Verificação de fatos			
		Formatação			
		Avaliação baseada em critérios de avaliação			
		Identificação de omissões			
		Tradução de idioma			
		Criação de imagens			
		Alteração de imagens			
		Criação de código			
		Depuração de código			

Assinatura do(a) Estudante:

_____

FIGURA 35: Declaração sobre o uso de IA generativa

TRÊS PONTOS FUNDAMENTAIS

1. Não podemos fazer tudo de uma vez. Foque no que os(as) estudantes precisam de você neste momento.
2. Pequenas mudanças podem gerar grandes impactos.
3. Não espere pelas mudanças institucionais.

Capítulo 8. REDESENHANDO A AVALIAÇÃO

> *Nosso estudante perguntou: Vai rolar aula sobre IA ou vocês vão continuar fingindo que a gente não usa essas coisas?*

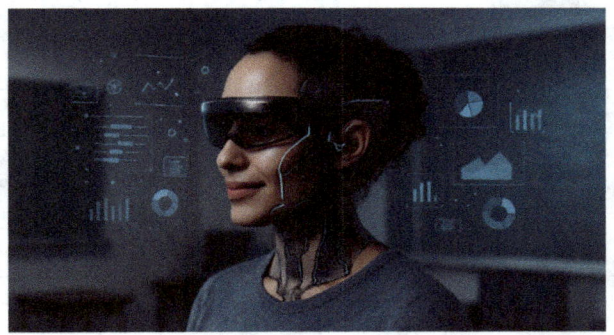

FIGURA 36: EuPT. Gerado no DALL·E, 28 de maio de 2025

Introduzimos o conceito de EuPT como uma expressão composta para descrever a fusão entre a mente dos estudantes ("Eu") e os transformadores pré-treinados ("PT"). Em inglês, chamamos de MePT, com pronúncia que rima com GPT. Nesse idioma, a sigla representa, de forma fortuita, os elementos conceituais que a compõem: *Mind Extension* (Extensão da Mente – Clark e Chalmers, 1998), *Posthumanism* (Pós-humanismo – Adams & Tompson, 2016) e a função protética (Vygotsky, 1978 — "ferramentas de adaptação intelectual"). A ferramenta pós-humana de extensão mental veio para ficar.

Nossas salas de aula, tanto virtuais quanto presenciais, estão povoadas por EuPTs. Precisamos de uma nova visão de mundo para o debate existencial que eles provocam.

REFLETINDO SOBRE NOSSO PAPEL
O que nossos colegas estão sentindo

Educadores (nossos colegas) apresentam uma variedade de reações.

TABELA 13: Reações à IA

O Ludita	**O Ludita** odeia novas tecnologias, prefeririria bani-las e sente alívio ao saber que a aposentadoria está próxima. Lamenta o afastamento do lápis e do papel e acredita que exames manuscritos resolveriam quase todos os problemas.
O Cético	**O cético** está preocupado que isso seja apenas a mais recente moda entre adolescentes e sente que já viu esse filme antes. O cético quer ver provas concretas de valor e uma demonstração de que vale a pena investir tempo e energia para se adaptar à IA.
O Desesperançado	**O desesperançado** sofre com a fadiga das mudanças, sente que as políticas são confusas e que falta apoio. Já está quase desistindo. Pode se retirar silenciosamente da conversa e sofrer em silêncio.
A Pragmática	**A pragmática** não reage com muita emoção, mas gostaria de receber orientações claras sobre o que fazer amanhã de manhã e na próxima semana.
O Repensador	**O reavaliador** está empolgado, motivado e atento; quer experimentar, aprender e liderar a transformação (Grant, 2021).

Você talvez reconheça algumas dessas pessoas entre seus colegas. É fácil perceber que a lista começa com uma oposição ferrenha, passa por níveis de aceitação relutante e chega ao entusiasmo do pensador de vanguarda. Subjacente ao pensamento dos quatro primeiros perfis está um elemento de medo — talvez você esteja ouvindo comentários tristes como "Sinto que estou me tornando redundante", previsões sombrias como "Daqui a dois anos, não vão mais precisar de nós" ou declarações resignadas como "Tudo o que eu sabia sobre ensino foi simplesmente apagado".

A posição de seus colegas nesse continuum provavelmente influencia suas ações, sentimentos e relações, dentro e fora da instituição. Esperamos que você esteja na última categoria — a do repensador — ou, ao menos, que deseje trilhar esse caminho. É o repensador quem terá mais chances de prosperar nesse novo cenário, agregar valor aos seus estudantes e colegas, e garantir maior estabilidade profissional, mesmo que a inteligência artificial reduza a necessidade de educadores. Você está pronto para abraçar esse desafio — e para apoiar seus colegas nessa transição?

O fenômeno do impostor (síndrome do impostor)

Quando as psicólogas Clance e Imes cunharam o termo "fenômeno do impostor" em 1978, dificilmente poderiam imaginar que ele se tornaria parte da linguagem popular com a forma de "síndrome do impostor," e muito menos prever o quanto esse conceito se tornaria relevante no contexto do EuPT (Clance & Imes, 1978).

Puristas argumentam que o termo síndrome do impostor sugere uma condição médica diagnosticável — o que não é o caso. No entanto, trata-se da expressão consagrada pelo uso, e é essa que adotaremos aqui.

A síndrome do impostor apresenta dois aspectos distintos e prejudiciais. O mais reconhecível, no momento em que os chatbots permeiam e minam processos anteriormente humanos (como o ensino e a aprendizagem), é o sentimento de que educadores passam a questionar sua própria relevância e valor. Em segundo lugar, no turbilhão de inovações trazidas pela IA generativa, mesmo educadores com alguma competência tecnológica podem se sentir ultrapassados e relutar em assumir posições de liderança.

Alguns educadores podem temer que, à medida que os estudantes se tornem mais proficientes no uso da IA generativa, sua autoridade em sala de aula seja corroída pela presença do aplicativo "sabe-tudo". Um medo interno de exposição pode se tornar um obstáculo ao desenvolvimento profissional. Um sentimento crescente de inadequação pode se intensificar ao perceberem que ferramentas de IA generativa são capazes de redigir ensaios melhores em segundos do que seus estudantes em horas. Surge, então, a dúvida: qual é o valor que lhes resta, se os computadores podem fazer tudo o que eles fazem — mais rápido e com aparente onisciência?

À medida que o "time humano" busca redefinir seu papel no espaço educacional, precisamos de lideranças dispostas a assumir o protagonismo no uso da IA generativa. Há uma necessidade amplamente não atendida por pessoas que, dentro de nossas comunidades, se disponham a aprender a nova tecnologia, refletir sobre seus usos e apoiar os demais enquanto aprendemos o necessário. No entanto, o ritmo de mudança e o avanço das capacidades da IA generativa são tão rápidos que, mesmo aqueles dispostos a liderar podem frequentemente sentir que já foram ultrapassados pela tecnologia — e se perguntar se realmente são as pessoas certas para assumir essa função.

O antídoto para esses sentimentos está em repensar o papel do educador. Já não somos os únicos "sábios no palco", pois há outro especialista no celular ou no computador. Muitos de nós construímos uma carreira baseada em profundo conhecimento ou letramento disciplinar, agora desafiado como fonte exclusiva de valor e autoridade pela fácil acessibilidade da IA generativa. No entanto, se reformularmos nossa autoimagem como treinadores, curadores, designers e guias, nosso valor se torna claro — e estaremos em posição privilegiada para ajudar nossos estudantes a continuar sua trajetória de aprendizagem.

Temos ouvido muitos educadores afirmarem que estudantes não são muito eficazes no uso da IA generativa — que apenas lançam perguntas ou trabalhos inteiros com a instrução "faça isso". Com nossa maior experiência e conhecimento disciplinar, geralmente elaboramos prompts melhores e obtemos resultados superiores. Nosso papel é ensinar a eles como aprimorar essas interações.

É verdade — e devemos reconhecer isso — que teremos muitos estudantes que se tornarão mais hábeis no uso da IA do que nós. Isso, na verdade, é um velho conhecido com novas roupagens: sempre houve estudantes com expertise mais aprofundada em algum aspecto da disciplina. Não há problema algum em dizer à turma que estamos aprendendo junto com eles — que se trata de uma jornada compartilhada. Eles sabem que tudo isso é novo, e irão nos respeitar por nossa honestidade. Podemos mudar nossa posição na corrida: em vez de tentar alcançar, podemos correr ao lado. A fluência em IA vem com prática e familiaridade, e, se nossos estudantes têm conhecimento útil, não devemos hesitar em pedir que compartilhem.

Nossa experiência acumulada na área nos permite fazer perguntas que os estudantes talvez não pensariam em formular, e construir comandos que eles talvez não soubessem estruturar. Com nosso conhecimento, estamos mais bem preparados para avaliar criticamente os resultados gerados pela IA generativa e julgar sua relevância e validade.

Tornando-se referência em pensamento sobre IA

Provavelmente há alguém no seu departamento para quem todos recorrem quando surgem questões técnicas. Não é porque essa pessoa saiba tudo, mas porque já demonstrou familiaridade com o funcionamento dos computadores, com as idiossincrasias do ambiente virtual de aprendizagem, ou talvez por já ter conduzido algumas transmissões ou apresentações informais sobre novas tecnologias.

Essa pessoa pode até ser você. Mas, sendo ou não, você tem agora a oportunidade de assumir esse papel. Ele não é exclusivo de uma única pessoa. Você não precisa ser cientista da computação — mas precisa ser curioso, com mente aberta, y disposto a ajudar os colegas. Construir influência e autoridade no mundo da IA generativa é uma das oportunidades de liderança mais relevantes que muitos educadores encontrarão ao longo de suas carreiras.

Como se lançar nesse papel? Comece adquirindo um conhecimento básico (você já está fazendo isso ao ler este livro). Em seguida, reflita com profundidade sobre como a IA generativa afeta sua disciplina e seus estudantes. Trabalhe na definição de usos aceitáveis para seus cursos e avaliações. Mantenha a mente aberta para novas possibilidades e continue extraindo aprendizados das suas experiências, leituras e contribuições dos estudantes. Você precisa uma mentalidade de crescimento.

Agora, envolva-se no processo de compartilhamento. Conduza uma ou duas apresentações no horário do almoço, voluntarie-se para grupos de trabalho ou comissões que estejam revisando políticas, compartilhe suas ideias e reflexões em blogs, no LinkedIn, no Reddit e nos seus círculos privados.

Este é um tema em alta no Brasil, e há diversos blogs, canais e perfis brasileiros que exploram especificamente o uso da IA generativa na educação. Use ferramentas de busca para encontrar os mais recentes conteúdos publicados em português. Não faremos uma lista exaustiva, mas você pode se interessar por educadores e iniciativas como Débora Garofalo, o Instituto Educadigital, ou os materiais sobre IA generativa para educação da Universidade Federal de Alagoas. Plataformas como a MemorizAÍ (da Seven EdTech) mostram como a IA pode ser adaptada ao contexto educativo brasileiro. Redes sociais e perfis dessas organizações costumam compartilhar referências e discussões relevantes, além de redirecionamentos para outros criadores de conhecimento.

Quando você já estiver confortável em espaços públicos menores, pense grande: ofereça-se para conduzir sessões em congressos educacionais, seminários ou jornadas de formação. Procure oportunidades de publicação em periódicos respeitados e boletins educacionais. Construa credibilidade e confiança na sua autoridade.

Acima de tudo, em cada etapa dessa jornada rumo à autoridade, mantenha os pés no chão e a comunicação simples. Você conquistará respeito e relevância nesse campo se reconhecer a realidade, acalmar os ânimos, desencorajar o pânico e liderar pelo exemplo. Tranquilize seus colegas: é possível lidar com essa nova tecnologia. Trata-se de uma oportunidade, não de uma ameaça. O caminho a seguir é o da integração informada, não da repressão ignorante. Neste momento, a voz da calma e da razão é necessária em todos os espaços da academia — da sala dos professores ao conselho universitário.

Defendendo a consistência

Além da necessidade de lideranças de base, há uma demanda urgente por coerência e clareza entre departamentos e instituições. A inconsistência é, hoje, a norma — e isso é extremamente problemático. Enquanto nós, educadores, nos preocupamos com nossos papéis professores, os estudantes estão tentando reconfigurar seu modo de pensar. Na ausência de diretrizes consistentes, eles podem ficar confusos, ansiosos e propensos a cometer erros que podem ser interpretados como má conduta acadêmica. Você tem condições de defender a consistência em um nível mais amplo, institucional? Se sim, faça sua voz ser ouvida.

Embora já tenhamos afirmado que os educadores devem considerar suas preferências pessoais e adaptar suas estratégias para avaliações específicas, isso não significa que exista um conflito insolúvel. Não estamos argumentando que todos os cursos devam ter regras detalhadas idênticas — mas sim que os princípios fundamentais sejam compartilhados, consistentes e baseados na justiça e na lógica. É simplesmente inaceitável que, dentro de um mesmo departamento, um educador proíba todo uso de IA, outro estabeleça diretrizes detalhadas para seu uso, e um terceiro permaneça em silêncio, deixando os estudantes no escuro.

Mas o que significa, na prática, uma consistência aceitável? Significa a formulação clara de princípios, a disponibilização de orientações centralizadas para que os estudantes possam compreender e interpretar as regras, a comunicação transparente das expectativas e a aplicação uniforme das respostas a infrações. Nossos estudantes não precisam do estresse da incerteza, merecem tratamento igualitário em todas as disciplinas e só poderão desenvolver um senso claro de integridade acadêmica se as zonas cinzentas forem eliminadas. A credibilidade pública de nossas instituições depende disso.

No fundo, consistência é um ingrediente essencial na promoção da equidade — e não do controle. Você pode desempenhar um papel fundamental na construção da transparência e da justiça ao trazer esse tema para comitês locais e grupos de trabalho, formar equipes interdepartamentais para compartilhar experiências e ideias, circular políticas em elaboração ou já publicadas, e incluir os estudantes nessa conversa. Este último ponto é o mais fácil de esquecer — mas também o mais indispensável. Afinal, quem mais sofrerá se a inconsistência não for enfrentada?

Dormindo bem à noite

Neste período de evolução acelerada, é desanimador — quase devastador — acreditar que você está ficando para trás, e ainda pior se houver o temor de nunca conseguir alcançar os outros. Mas você não está sozinho — muitos colegas também se sentem ameaçados.

Você pode afastar esses pensamentos. Você está refletindo ativamente sobre as questões relacionadas à IA generativa. Está lendo este livro! E está presente para seus estudantes, buscando com urgência aprender o que pode fazer por eles nesse novo cenário. Você não precisa ser um especialista em IA, reconstruir todos os seus cursos amanhã ou ter todas as respostas para seus estudantes ou colegas. O que você precisa é de mente aberta, valores claros, disposição para aprender e um compromisso genuíno com o sucesso dos seus estudantes.

Se você tem isso, tem tudo o que é necessário para agir com eficiência e eficácia. E poderá dormir tranquilo, sabendo que não está apenas reagindo às mudanças, mas contribuindo ativamente para moldar o futuro. Nas próximas seções, daremos início a uma exploração mais profunda sobre como fazer isso.

READEQUAÇÃO A CURTO PRAZO

Nesta seção, vamos nos aprofundar em algumas técnicas para adaptar ferramentas de avaliação amplamente utilizadas. Analisaremos cada uma delas separadamente e traremos mais detalhes sobre como formular tarefas que não possam ser facilmente executadas por IA generativa.

Na seção seguinte, mudaremos completamente de direção e apresentaremos estratégias de longo prazo para acolher e integrar plenamente a IA generativa em nossas trajetórias professores.

Questões de múltipla escolha (QMEs)

As questões de múltipla escolha são extremamente populares no ensino superior, inclusive em cursos de pós-graduação. Elas são relativamente fáceis de elaborar, permitem cobrir rapidamente uma ampla variedade de tópicos e, graças aos ambientes virtuais de aprendizagem (AVA), podem ser corrigidas de forma rápida e automatizada. No entanto, a menos que os testes sejam aplicados em ambientes rigorosamente supervisionados, os estudantes podem facilmente melhorar suas notas recorrendo a ferramentas de IA generativa para obter as respostas. Existem, contudo, diversas estratégias de elaboração que tornam essas questões mais difíceis para a IA — e, ao mesmo tempo, mais eficazes para avaliar a compreensão dos estudantes.

Ferramentas de IA generativa hoje têm capacidades extraordinárias para recuperar fatos e aplicar definições; quando a informação não está em sua base de dados, muitas são capazes de realizar buscas rápidas na internet. O desafio, ao elaborar QMEs, é criar questões que exijam compreensão — e que não possam ser resolvidas apenas por reconhecimento de padrões. Esse tipo de questão coloca a IA fora da sua zona de conforto, reduzindo consideravelmente sua utilidade.

Em muitos dos exemplos que apresentaremos a seguir, pareceremos defender o uso de enunciados longos. A teoria tradicional da carga cognitiva sugere que enunciados excessivamente longos acabam testando a habilidade de leitura dos estudantes, em vez de seu conhecimento sobre o conteúdo, ou ainda podem causar confusão. No entanto, a literatura acadêmica não proíbe o uso de enunciados mais extensos, especialmente quando se trata de perguntas baseadas em cenários ou com forte contextualização. Enunciados mais longos geralmente se alinham com níveis mais altos de aprendizagem nas taxonomias de Bloom e SOLO. Gostamos da afirmação atemporal de Haladyna et al. (2002), segundo a qual a qualidade de um item está na clareza e no foco — e não no seu tamanho. Devemos ser concisos, mas sem sacrificar a qualidade em nome da brevidade.

Pesquisas recentes e orientações profissionais continuam a enfatizar o valor das perguntas baseadas em cenários para avaliar a compreensão dos estudantes — e sua importância ainda maior diante do avanço da IA generativa (Chauhan, Gandi & Kulkarni, 2023; Squires & Sameera, 2023).

Cada um dos tipos de questões apresentados a seguir foi desenvolvido com base em nossa própria experiência e raciocínio, mas, para quem quiser se aprofundar, forneceremos uma referência específica e recente para cada um deles.

Começamos com as **questões baseadas em cenários que exigem julgamento**, e não apenas a aplicação direta de uma teoria (Ghanem et al., 2023). Após a devida orientação em sala de aula sobre como selecionar a resposta mais adequada, uma questão baseada em cenário pode ser formulada da seguinte maneira:

A empresa de transporte de Joe possui uma frota de 40 caminhões, conduzidos em turnos por cerca de 100 motoristas. É estritamente proibido fumar na cabine dos veículos, mas muitos motoristas desrespeitam essa regra e fumam mesmo assim. Cerca da metade dos motoristas não fuma e tem apresentado reclamações vigorosas sobre o cheiro de cigarro nas cabines. Todos os motoristas são representados por um sindicato nacional forte, e um deles atua como representante sindical da empresa. Qual é a melhor forma de a gestão da empresa lidar com esse problema?

(a) Separar a frota em caminhões para fumantes e não fumantes, alocando os motoristas de acordo.

(b) Convocar o representante sindical e solicitar que o sindicato regulamente o comportamento dos motoristas quanto ao fumo.

(c) Aplicar uma penalidade financeira aos motoristas que fumarem nas cabines, contrariando as regras.

(d) Ignorar a questão para evitar confronto com os motoristas fumantes ou com o sindicato.

Não há uma resposta "correta" de manual para essa pergunta, que combina diversas considerações — políticas internas, legislação trabalhista e comportamento humano — exigindo julgamento contextualizado. Todas as alternativas são plausíveis e, dependendo do local e da cultura organizacional, a melhor resposta pode variar. A escolha adequada deve ser feita por estudantes que assimilaram o conteúdo discutido em sala de aula, mas ferramentas de IA generativa, por não terem vivenciado esse processo de aprendizagem específico, tendem a falhar nesse tipo de questão.

Perguntas que articulam dois temas em uma nova combinação costumam gerar dificuldades para ferramentas de IA generativa, pois não há uma "resposta aprendida" já armazenada em seus modelos (Wu et al., 2024). Por exemplo:

Uma companhia aérea deseja reduzir os custos com combustível e está considerando oferecer um prêmio anual aos pilotos que apresentarem o menor consumo por milha voada. Qual das seguintes preocupações é a mais relevante em relação a essa proposta?

(a) Os pilotos podem ficar relutantes em executar uma arremetida quando o pouso estiver difícil.

(b) Os pilotos podem voar em velocidades mais baixas para economizar combustível, resultando em atrasos nas chegadas.

(c) Os pilotos podem se irritar com os controladores de tráfego aéreo se forem obrigados a esperar no solo após acionarem os motores ou depois de pousar.

(d) Os pilotos podem adotar práticas incomuns, como taxiar com apenas um motor para reduzir pela metade o consumo de combustível, o que impõe estresse adicional à estrutura da aeronave.

Essa pergunta exige a integração de dois domínios de conhecimento: incentivos de desempenho (da área de comportamento organizacional) e segurança/operações aeronáuticas. Ferramentas de IA generativa tendem a considerar as alternativas B e D como respostas atraentes, já que fazem referência direta à economia de combustível. No entanto, uma compreensão mais profunda sobre fatores humanos, especialmente a tomada de decisão sob pressão e os protocolos de segurança da aviação, muitas vezes escapa à capacidade dos chatbots.

Perguntas baseadas em concepções equivocadas confundem estudantes — e com frequência também confundem ferramentas de IA generativa. Esse tipo de pergunta geralmente é formulado assim:

Qual das afirmações a seguir representa um equívoco comum sobre as mudanças climáticas?

(a) A maioria dos cientistas do clima concorda que as mudanças climáticas são causadas pela atividade humana.

(b) Clima e tempo são a mesma coisa, aplicados em escalas temporais diferentes.
(c) C. O CO_2 é um gás de efeito estufa que contribui para o aquecimento global.
(d) O nível do mar sobe quando o gelo polar derrete.

As alternativas A, C e D são verdadeiras. A alternativa B, por sua vez, **distorce** a verdade: tempo se refere às condições atmosféricas em curto prazo, enquanto clima descreve padrões de longo prazo. A pergunta é formulada de maneira que exige conhecimento preciso da terminologia meteorológica — algo que muitos chatbots não dominam completamente.

Perguntas que envolvem detalhes locais ou específicos de um curso não podem ser respondidas por ferramentas de IA generativa, pois essas ferramentas não têm acesso a informações não publicadas. Um exemplo: o curso de Direito Empresarial ministrado por nosso colega Devin Kanhai utiliza um material próprio, com cerca de 200 páginas, que desenvolve progressivamente os desafios enfrentados por Amela, uma cliente que compra pisos de cerâmica e enfrenta diversos contratempos. Perguntamos ao ChatGPT:

> Qual é o nome da mulher que compra pisos cerâmicos no material do curso de Direito Empresarial?
> (a) Amela.
> (b) Anita.
> (c) Anna.
> (d) Aurora.

Após uma pausa de cerca de 30 segundos, o ChatGPT não conseguiu responder e recomendou que entrássemos em contato com o professor Kanhai para obter essa informação.

Perguntas que abordam práticas culturais, emoções ou valores culturais frequentemente têm respostas corretas diferentes, dependendo do contexto. Por exemplo:

Qual das seguintes ações é considerada mais desrespeitosa em ambientes profissionais no Brasil?
(a) Chegar atrasado a uma reunião.
(b) Fazer uma crítica direta ao superior hierárquico em público.
(c) Não cumprimentar todos os presentes ao entrar na sala.
(d) Interromper um colega durante a apresentação de uma ideia.

A resposta mais apropriada pode variar conforme o contexto cultural, organizacional e regional — e esse tipo de nuance frequentemente escapa à IA generativa, que tende a oferecer uma resposta genérica ou baseada em padrões internacionais, muitas vezes inadequados à realidade local.

Se uma empresa de consultoria contratada por uma montadora de automóveis para fornecer aconselhamento estratégico de mercado começasse sua apresentação dizendo: "Somos consultores de negócios, não especialistas em manufatura", qual seria a provável reação do CEO?

(a) Por que essas pessoas estão desperdiçando meu tempo?
(b) Gostaria de uma explicação sobre como isso afeta as recomendações deles.
(c) Agradeço a franqueza e agora confio mais nessas pessoas.
(d) Por que minha equipe não os integrou a especialistas em manufatura?

Surpreenderia você saber que qualquer uma dessas respostas poderia estar correta, dependendo de onde a pergunta fosse feita? (Respectivamente, Texas, Canadá, China e Japão).

No entanto, essa questão remete diretamente ao conteúdo discutido no curso, bem como à análise da pertinência da ressalva feita pelos consultores. Ferramentas de IA generativa não têm como contextualizar adequadamente esse tipo de pergunta, nem oferecer a resposta que seria apropriada a uma cultura ou discussão específica em sala de aula.

Escolher a melhor resposta, quando todas as alternativas são parcialmente corretas, representa uma grande dificuldade para ferramentas de IA generativa. Elas identificam facilmente respostas que correspondem ao conhecimento previamente aprendido, mas não sabem o que foi enfatizado em um curso nem conseguem exercer julgamento (Zheng et al., 2023).

> Um jogador de futebol participa de cinco partidas em uma semana. Ele marca 1 gol na segunda-feira, 3 na terça, 5 na quarta, 3 na quinta e 3 na sexta-feira. Em uma entrevista, o técnico diz: "Sam geralmente nos garante 3 gols por partida." Qual das seguintes explicações é a melhor para justificar por que essa afirmação faz sentido?
>
> (a) 3 é o número central quando eles são listados em ordem.
> (b) 3 é o número que mais se repete.
> (c) 3 é a média se somarmos todos os gols e dividirmos pelo número de partidas.
> (d) 3 é uma boa estimativa com base no desempenho de Sam.
> (e) 3 é a mediana das pontuações.

Mesmo os melhores chatbots às vezes têm dificuldade para distinguir entre moda, mediana e média. Eles podem ser atraídos pela alternativa (c), porque tem um tom técnico e "média" é um conceito amplamente memorizado. Mas um bom estudante perceberá que (b) é a melhor resposta, porque 3 é a moda, o que corresponde à linguagem do técnico — "geralmente". No entanto, como a palavra "moda" não está presente, a IA generativa é menos propensa a escolher a versão coloquial.

Questões do tipo "Marque Todas as Alternativas que se Aplicam" (MTA) são difíceis para ferramentas de IA generativa, que podem reconhecer padrões em vez de analisar o conceito no contexto (Xu et al., 2025). Por exemplo:

Quais das seguintes afirmações são sempre verdadeiras sobre depreciação? Selecione todas as que se aplicam:
(a) Tem um valor diferente do custo de capital.
(b) Pode ser acelerada para reduzir os lucros.
(c) O percentual pode ser alterado durante a vida útil de um ativo.
(d) Pode ser baseada no uso ou no tempo.
(e) O valor residual faz parte do cálculo da depreciação do primeiro ano.

Não vamos aborrecê-lo com os detalhes, exceto para dizer que, quando colocamos essa pergunta no ChatGPT, as respostas fornecidas estavam completamente erradas! A alternativa (a) é muitas vezes verdadeira, mas não sempre; ainda assim, o ChatGPT não conseguiu lidar com o elemento "sempre" da questão e a selecionou mesmo assim.

Arriscando afirmar o óbvio, recomendamos que você teste suas QMEs em uma ferramenta de IA generativa de sua escolha e veja como ela se sai. Na maioria das ferramentas é possível copiar e colar o texto das questões para obter uma resposta e explicação imediatas — em versões pagas, muitas vezes é possível até enviar imagens das questões. Isso também oferece, no caso de questões novas, uma forma rápida de verificar ambiguidades e eventuais erros de digitação ou de codificação.

Esses tipos de questões não eliminam o uso de IA, mas recompensam melhor os estudantes que realmente dominam o conteúdo e aprenderam a pensar. Eles dificultam a trapaça, mas fortalecem a aprendizagem.

Questões discursivas breves

Os princípios de elaboração para invalidar respostas de IA generativa em questões discursivas breves exploram a dependência dessas ferramentas em dados de treinamento e buscas na web, além de sua incapacidade de acessar conteúdos locais, contextuais ou de conhecer a mente do estudante. Vejamos alguns exemplos.

> Antiga: Quais são os três avanços mais promissores em biologia molecular?
>
> Nova: Em nossa discussão em aula na semana passada, quais concluímos serem os três avanços mais promissores em biologia molecular?

A IA generativa não terá dificuldade em formular uma resposta plausível para a pergunta antiga. No entanto, ela não saberá o que foi discutido ou concluído em aula. O professor e os estudantes detêm um conhecimento exclusivo.

> Antiga: [Após descrever um projeto com falhas] O que está tecnicamente errado neste projeto?
>
> Nova: Identifique a falha técnica neste projeto e descreva o processo de raciocínio que utilizou para encontrá-la.

A IA generativa geralmente consegue encontrar falhas técnicas, mesmo em projetos sofisticados. Contudo, ela terá dificuldade em inventar uma descrição humana e crível de um processo de descoberta que seja autêntico para cada estudante.

> Antiga: Explique por que o viés de confirmação é um problema na educação básica.
>
> Nova: Pense no período em que você estava no ensino fundamental e em um estudante que parecia ser impopular entre um ou mais professores. Sem citar nomes, avalie se o viés de confirmação esteve presente e se influenciou os resultados desse estudante.

A IA generativa pode facilmente escrever uma resposta genérica para a pergunta antiga. No entanto, embora possa inventar uma história, terá dificuldade em criar uma avaliação genuína e humana de uma situação na qual nunca esteve envolvida. Quando pressionamos o ChatGPT a responder essa pergunta, obtivemos o seguinte:

> Lembro de um estudante no ensino fundamental que era frequentemente visto de forma negativa por vários professores. Embora eu não cite nomes, ele estava sempre em apuros por conversar na aula ou não concluir as tarefas. Com o tempo, parecia que os professores esperavam que ele se comportasse mal e reagiam de forma mais rigorosa às suas ações do que fariam com outros estudantes.
>
> O viés de confirmação pode ter desempenhado um papel nessa situação. Os professores podem ter formado uma impressão inicial de que o estudante era problemático e, então, focaram inconscientemente em comportamentos que confirmavam essa crença. Comportamentos positivos, como quando ele participava ou entregava trabalhos no prazo, podem ter sido ignorados. Como resultado, o estudante pode ter sido tratado injustamente, o que impactou seu desempenho acadêmico e autoestima.

Esse texto soa vazio. É genérico e fluido, mas distante e impessoal. Não há emoção, e o segundo parágrafo está repleto de condicionais ("pode ter", "poderia"), evitando assumir uma posição. Falta memória, detalhe ou reação pessoal.

> Antiga: Compare a eficácia ambiental dos títulos verdes com a dos títulos vinculados à sustentabilidade.
>
> Nova: Cite um exemplo específico de um título verde e de um título vinculado à sustentabilidade. Use seus exemplos para avaliar a eficácia ambiental relativa de cada um.

A IA generativa não tem dificuldade em produzir uma comparação genérica para a pergunta antiga. Mas, quando confrontada com a nova, ela apresenta dificuldade em aplicar a metodologia solicitada. Após selecionar dois exemplos, tende a retornar a uma comparação genérica, com apenas uma referência superficial aos casos. Tem dificuldade em realizar uma tarefa de múltiplas etapas da maneira exigida, pois segue seu próprio fluxo em vez de o processo prescrito. Respostas com essa falha são fáceis de identificar.

> Antiga: Em estruturas militares, o que é mais importante para figuras de autoridade: respeito ou simpatia? Por quê?
>
> Nova: Em estruturas militares, o que é mais importante para figuras de autoridade: respeito ou patente? Explique sua opinião com um exemplo de sua carreira.

A IA generativa responde facilmente à primeira pergunta, porque há uma resposta padrão de livro. Já a segunda introduz ambiguidade, pois respeito e patente são importantes, cada um em um horizonte temporal diferente. A IA tende a hesitar diante desse tipo de pergunta, além de termos solicitado uma opinião e um exemplo. O pedido por uma ilustração da carreira do soldado amplifica o poder da nova questão em invalidar respostas de IA, ao exigir uma experiência pessoal.

> Antiga: Qual você acha que é a técnica mais eficaz para limitar a dependência dos estudantes em IA generativa nas tarefas?
>
> Nova: Em sua sala de discussão na semana passada, qual técnica o seu grupo considerou ser a mais eficaz para limitar a dependência dos estudantes em IA generativa nas tarefas?

Ao redesenhar essa questão, usamos uma técnica já demonstrada para QMEs — recorrer a conteúdo local ou privado. A IA generativa não saberá o que foi discutido, mas você terá um importante mecanismo de controle, pois os membros de um mesmo grupo deverão apresentar respostas coerentes com a técnica debatida. Respostas geradas por IA podem ser meras especulações, enquanto estudantes ausentes ou desatentos podem simplesmente não conseguir responder.

Para questões discursivas breves, a adição de restrições pode reduzir ainda mais a eficácia da IA generativa. Instruções de limite de palavras, como "em até 100 palavras", forçam os estudantes a pensar no que escrever, enquanto respostas de IA tendem a ser mais longas, estruturadas e formulaicas. Considere exigir uma forma de linguagem específica, como "explique sua resposta para alguém que não é cientista". Aplicar a questão em sala, e/ou exigir respostas manuscritas, pode aumentar sua carga de trabalho, mas reduzirá drasticamente a capacidade dos estudantes de recorrer à IA generativa para pensar por eles.

Questões discursivas longas e redações

As técnicas que acabamos de descrever para questões discursivas breves aplicam-se, em grande parte, também a trabalhos de maior fôlego. Aqui, desenvolveremos apenas os elementos que são suplementares no contexto de respostas longas.

Solicitar que os estudantes comparem conteúdos de diferentes elementos do curso é problemático para a IA generativa. Se acabamos de ministrar cinco ou mais aulas em sequência, podemos criar questões que ampliam as dificuldades da IA ao pedir comparações entre dois elementos que ela desconhece.

Como a resposta é mais extensa, podemos exigir que os estudantes assumam uma posição sobre um tema, defendam-na com raciocínio original e apresentem evidências que sustentem seu ponto de vista. A IA generativa tende a ter dificuldade em assumir uma posição, geralmente se esquiva, listando prós e contras sem se comprometer. Por exemplo:

Considere o dilema entre proteção ambiental e desenvolvimento econômico. Assuma uma posição sobre qual é mais importante para o governo estadual; defenda sua posição, forneça evidências que a sustentem e antecipe as objeções mais prováveis. Relacione sua discussão, de forma clara, com o debate realizado na semana 4 do nosso curso.

Fornecer dados ambíguos ou incompletos, com a exigência de identificar lacunas e planejar um curso de ação, também desestabiliza ferramentas de IA generativa. Elas são treinadas para resolver ambiguidades e encontrar informações faltantes, não para refletir sobre como proceder na ausência de clareza ou dados. Veja este exemplo do contexto contábil:

> Você é o contador externo de uma empresa industrial de médio porte em São Bernardo do Campo. Após receber as demonstrações contábeis de fim de exercício, você calcula o índice de liquidez corrente como 3,5:1 e o índice de liquidez seca como 0,9. Contudo, quando a empresa envia cartas de confirmação de saldo aos fornecedores, muitos respondem não apenas confirmando o saldo, mas também com notas de protesto exigindo pagamento imediato em dinheiro. Que informações você precisa para entender por que isso está acontecendo e como deve proceder?

Um bom estudante irá contrastar os dois índices e explicar suas implicações, sintetizando as análises para identificar a causa mais provável (excesso de ativos circulantes concentrados em estoques). A IA generativa, por outro lado, provavelmente explicará o que são os dois índices, mas parará aí, oferecendo etapas genéricas em vez de aprofundar a análise e propor ações para compreender melhor o problema. Observe que a pergunta não exige que os estudantes resolvam o problema, mas que exerçam julgamento profissional sobre como resolvê-lo.

O *roleplay* [**simulação**] é outra área em que a IA generativa ainda não desenvolveu criatividade comparável à humana. Colocar os estudantes em um ambiente em que precisam assumir um papel e negociar exige autenticidade pessoal para obter uma boa avaliação. Quando a IA é usada, surgem análises genéricas, estéreis e, por vezes, fora de contexto.

> Você é o diretor de sustentabilidade de uma empresa de mineração de grande porte, com sede em Belo Horizonte. O CEO vem da sua própria comunidade étnica e não está familiarizado com a região subártica. Recentemente, uma subsidiária com uma unidade de mineração de cobre em Parauapebas começou a construir uma nova estrada de serviço inteiramente em terras arrendadas ao redor de sua mina. Após o início das obras, um grupo indígena local, o povo Xikrin, levantou novas objeções, pois ficou evidente que o trabalho poderia perturbar um cemitério ancestral. As tensões aumentaram e o gerente local solicitou que o CEO visitasse a mina e conversasse pessoalmente com os anciãos indígenas.
>
> Prepare um memorando de três páginas (espaçamento simples) para o CEO, descrevendo as crenças típicas da comunidade indígena Xikrin, palavras ou expressões que devem ser evitadas, sugerindo estilos de negociação que respeitem tanto a cultura do CEO quanto as prováveis posições indígenas. Você acredita que a estrada deve ser construída? Explique claramente ao CEO quais são os trade-offs implicados na decisão de continuar ou interromper a obra. Escreva de forma clara e profissional, incluindo títulos e marcadores para as recomendações.

Conjuntos de problemas

Por **conjuntos de problemas**, estamos nos referindo a exercícios estruturados nos quais os estudantes praticam e desenvolvem habilidade com técnicas específicas. Eles existem principalmente em disciplinas matemáticas, científicas e orientadas por dados, como economia, estatística e contabilidade. São altamente vulneráveis ao uso indevido de IA generativa, pois muitos modelos de linguagem conseguem não apenas produzir respostas instantâneas, mas também apresentar o desenvolvimento dos cálculos. Muitos exames, cursos e questões anteriores estão presentes nos dados de treinamento, de modo que os chatbots podem simplesmente localizar um problema e reproduzir uma solução já conhecida.

Os riscos para os estudantes são duplos. Primeiro, ao copiar e colar uma solução, eles não aprendem nada sobre a técnica em questão. Segundo, as respostas nem sempre estão corretas, e eles podem, sem saber, enviar resultados errados.

A IA generativa é particularmente fraca na resolução de problemas que contêm tanto um elemento matemático quanto uma qualificação lógica. Por exemplo, segue uma questão de um curso introdutório de finanças.

> Com dois amigos, você planeja comprar um apartamento em Belo Horizonte. Cada um de vocês tem R$ 50.000,00 para a entrada, e a cooperativa de crédito oferece um financiamento imobiliário com taxa fixa de 5% ao ano por 20 anos, desde que o comprador dê 20% de entrada. Os três podem contribuir com R$ 5.000,00 por mês (R$ 1.666,00 cada) para o pagamento das prestações.
>
> **Pergunta:**
> Qual é o valor máximo do imóvel que vocês podem comprar?

Dado exatamente nessa forma ao ChatGPT, ele calcula o valor máximo do financiamento com base no valor disponível para as prestações mensais, somando depois o valor total da entrada, da seguinte maneira:

---

5. **Cálculo do financiamento máximo (PV):**

$$PV = 5.000 \times \frac{1 - (1 + 0,004167)^{-240}}{0,004167}$$

$$PV \approx 5.000 \times 151,5 = R\$757.500$$

6. **Entrada total (20% do valor do imóvel):**
A entrada é R$ 150.000,00 (R$ 50.000,00 de cada comprador).

7. **Valor total do imóvel:**

Valor do imóvel = PV + Entrada = $R\$757.500 + R\$150.000 = R\$907.500$

Resposta: O valor máximo do apartamento que vocês podem comprar é aproximadamente R$ 907.500,00.

FIGURA 37: Erro de cálculo do ChatGPT

Atraído pelo problema matemático, o ChatGPT realizou corretamente o cálculo complexo do valor do financiamento disponível, dado o valor estipulado das prestações mensais. No entanto, ele ignorou completamente a qualificação de que esse financiamento só está disponível se for feito um pagamento inicial de 20%.

O financiamento não estaria disponível para um apartamento no valor de R$ 907.500,00, a menos que o comprador fizesse uma entrada maior de R$ 181.500,00. Os estudantes possuem apenas R$ 150.000,00; portanto, eles não podem comprar um imóvel que custe mais de R$ 750.000,00 nessas condições.

Fizemos a mesma pergunta ao Claude e ao Perplexity, para fins de comparação. O Claude identificou a restrição e concluiu corretamente que a resposta era R$ 750.000,00, mas somente após calcular incorretamente o valor do financiamento. O Perplexity, curiosamente, tentou se esquivar falando sobre como aumentar o valor da entrada e depois se desviou para uma discussão sobre o mercado imobiliário de Belo Horizonte! No fim, concluiu que a resposta era aproximadamente R$ 907.500,00, mesmo tendo percebido a restrição.

Podemos desencorajar a dependência cega de IA generativa em conjuntos de problemas exigindo **raciocínio**, por exemplo, pedindo que os estudantes justifiquem sua escolha de método. Se souberem que alguns deles poderão ser chamados a explicar suas soluções em sala, estarão mais motivados a aprender as técnicas. Nos casos em que o uso do Excel é típico para a resolução, podemos exigir a entrega do arquivo de trabalho além das respostas finais.

Relatórios de laboratório

Relatórios de laboratório são suscetíveis ao uso não declarado de IA generativa, especialmente na fase de elaboração do relatório final. A IA generativa é eficiente na redação de textos bem estruturados, mas tem dificuldade em produzir documentação intermediária crível. A chave para desencorajar o uso excessivo, portanto, é exigir a submissão de materiais de apoio progressivos.

No início, pode-se solicitar documentos de planejamento, incluindo a formulação de hipóteses e o envio de procedimentos preliminares. À medida que o trabalho avança, pode-se requerer anotações de laboratório ou fotografias das montagens físicas. Para um estudante com celular, não há dificuldade em incluir fotos no relatório. Mesmo esboços feitos à mão já desafiam o estudante a documentar o trabalho real. Da mesma forma, quando aplicável, pode-se exigir a inclusão de registros de dados provenientes de instrumentos ou simulações, algo que a IA generativa não consegue falsificar.

A comparação entre pares também é uma estratégia válida. Se os estudantes ou grupos de laboratório forem obrigados a realizar validação cruzada com colegas, especialmente quando também precisarem refletir sobre as diferenças encontradas, a IA generativa oferecerá pouco ou nenhum conteúdo crível.

Estudos de caso

Nós adoramos **estudos de caso** pelo seu caráter multifacetado — eles exigem julgamento, síntese, aplicação e criação. Estudos de caso bem elaborados invocam diretamente os níveis mais altos das taxonomias de Bloom e SOLO.

A IA generativa é muito eficiente na produção de respostas estruturadas para estudos de caso e no uso de modelos consagrados para apoiar a análise (como uma matriz SWOT/FOFA ou o modelo das Cinco Forças de Porter). Além disso, muitos temas atrativos, como Petrobras, Vale ou Embraer, já foram amplamente explorados e publicados, permitindo que a IA generativa compile análises a partir de trabalhos existentes.

Para reduzir a possibilidade de os estudantes dependerem da IA generativa, evite o uso de casos já saturados ou, pelo menos, modifique seus fatos de forma que trabalhos pré-existentes não possam ser simplesmente reproduzidos. Procure negócios locais ou menos conhecidos que não sejam amplamente analisados, como **Havaianas**, **Reserva** ou **Cacau Show**. Considere criar seus próprios estudos de caso ou até pedir que os estudantes elaborem os seus. Além disso, exija que o conteúdo aborde o **caminho da análise** e/ou as **premissas utilizadas**; por exemplo, solicite que indiquem o que mudaria se uma ou mais premissas fossem inválidas.

Exigir a inclusão de elementos culturais, de contexto ou de experiências individuais também dificultará o uso da IA generativa. Embora prompts progressivos possam ajudar a IA a alinhar-se ao perfil do estudante, respostas padronizadas não se passarão por um bom trabalho acadêmico.

Segue um exemplo claro de como o ChatGPT perdeu um aspecto cultural fundamental.

Prompt: Você trabalha para a BCG, uma empresa global de consultoria. O Sr. Sato, CEO da Toyota, revelou as políticas da empresa para veículos elétricos de 2025 a 2030. Reflita sobre elas e dê seu conselho ao Sr. Sato sobre como proceder.

Resposta parcial: A Toyota deve aprofundar alianças com parceiros de bateria e software (por exemplo, Panasonic, Arene) para reduzir o tempo de lançamento no mercado e o custo por unidade. Um BEV competitivo para os mercados norte-americano e europeu, lançado até 2027, é crítico para recuperar o impulso.

Na cultura corporativa japonesa, dizer a alguém com o status do Sr. Sato que ele "deve" fazer algo é altamente inadequado. Tal linguagem soa presunçosa, talvez até confrontacional. Usar o termo "deveria" pode ser aceitável em um contexto brasileiro, mas é um erro grave no Japão. Esse é um forte exemplo do viés cultural inerente à IA generativa e pode ser explorado pelos educadores para ensinar o uso cuidadoso dessas ferramentas e identificar dependência não declarada.

Apresentações

Apresentações são excelentes ferramentas de avaliação e possuem características únicas que ajudam a desencorajar o uso excessivo de IA generativa. Como exigem de forma explícita a demonstração de compreensão e fluência verbal, são muito mais difíceis de terceirizar. No entanto, antes do evento ao vivo, há amplas oportunidades para os estudantes utilizarem IA generativa: para a produção de slides ou roteiros, geração de vídeos e organização da estrutura.

A IA generativa encontra dificuldades quando pedimos que estudantes ou equipes relacionem o conteúdo acadêmico às suas próprias experiências pessoais. Essa abordagem é comum em muitos instrumentos de avaliação, mas é particularmente eficaz em apresentações, pois o apresentador está "sob os holofotes", falando sobre sua vida ou eventos de sua carreira. Incluir uma sessão de perguntas e respostas ao final da apresentação pode ser revelador — estudantes que simplesmente copiaram conteúdo da IA terão dificuldade em aplicar conceitos a novos ângulos.

Slides suplementares (não apresentados) também representam uma oportunidade rica para incentivar o aprendizado genuíno. Considere solicitar um documento de planejamento antes que as apresentações sejam finalizadas, uma bibliografia anotada (para estimular a consulta ao material original) e até mesmo um apêndice ou documento separado descrevendo como os slides foram criados e identificando as ferramentas utilizadas.

Projectos em grupo

Atribuímos **trabalhos em grupo** em nossas disciplinas para ensinar e avaliar a colaboração, o compartilhamento equitativo de tarefas e a negociação entre diferentes perspectivas. Uma de suas maiores forças é que eles geralmente incluem entregas em etapas, permitindo que avaliemos o progresso e direcionemos o trabalho contínuo.

Os principais riscos associados ao uso de IA generativa são que um ou mais membros do grupo podem utilizá-la, resultando em esforços e autenticidade desiguais, ou que o grupo inteiro possa recorrer à IA de forma colaborativa, eliminando a oportunidade de contribuições individuais.

Podemos incorporar elementos de design nos projetos em grupo para mitigar esses riscos. Considere exigir requisitos individuais para cada membro, como a pergunta: "Como você completou sua contribuição para o projeto?". Ferramentas de controle de versão, como o Google Docs, também permitem acompanhar as contribuições e o desenvolvimento do trabalho. Seguindo o tema de exigir entradas individuais, pense em atribuir ou pedir que o próprio grupo atribua funções específicas: quem será o coordenador, o CFO, o responsável por vendas ou marketing, e assim por diante?

Uma adição criativa que temos visto recentemente é exigir uma página ou slide no projeto discutindo se a IA deveria ou não ter sido utilizada, se ela agregou valor ao projeto e se, de fato, foi usada no processo.

Avaliação por pares

Explorar o uso de IA generativa por meio da **avaliação entre pares** apresenta problemas semelhantes aos que já existiam antes da era do EuPT. Os estudantes podem facilmente colaborar para ocultar o uso e podem se mostrar relutantes em denunciar dependência não declarada. Muitos sequer perceberão que colegas geraram parte dos resultados com um chatbot, aceitando-os como contribuições genuínas.

Reformular as perguntas feitas nas avaliações entre pares provavelmente é a melhor estratégia. Questões abertas raramente produzem reflexões valiosas, mas perguntas específicas sobre IA, como "Quais ferramentas de IA X utilizou?" ou "Y compartilhou como completou sua contribuição?", ajudam a identificar membros que colaboraram mais com um chatbot do que com a equipe.

O feedback entre pares normalmente representa apenas uma pequena parte (cerca de 10%) da nota final. Como é enviado de forma privada, embora não necessariamente anônima para o professor, ele também oferece a oportunidade de incluir perguntas éticas sobre o grupo — quando o uso de IA generativa é opcional, "Seu grupo utilizou ferramentas de IA para completar o trabalho?" e, quando é presumido, "Os resultados da IA generativa ajudaram a equipe a concluir este trabalho?"

Notas por participação

Distinguimos as notas de participação das postagens ou respostas em fóruns, que trataremos separadamente. A principal ameaça à participação em sala de aula é que os estudantes, usando laptops ou celulares, possam terceirizar o pensamento sobre o que dizer para um chatbot e, em seguida, repetir suas ideias em vez de expressarem as próprias.

Abordar esses riscos em uma sala de aula presencial pode começar simplesmente proibindo o uso de celulares e exigindo que os laptops permaneçam fechados. Podemos ser espontâneos ao fazer perguntas e, assim, obter respostas igualmente espontâneas, recompensando os estudantes que interagem com o que os colegas dizem. É essencial formular perguntas de forma a impulsionar os objetivos de aprendizagem — solicite interpretação, opinião e justificativa, e não apenas fatos.

Para aulas online, exija que as câmeras permaneçam ligadas sempre que apropriado e utilize enquetes e o chat para monitorar as contribuições e manter a atenção dos estudantes.

Fóruns de discussão

Fóruns de discussão são um excelente recurso para promover engajamento antes do início do curso e reunir informações iniciais sobre as experiências, conhecimentos e habilidades dos estudantes. Após as aulas, podem ser utilizados para ampliar o conteúdo, estimular a reflexão, a expressão e o aprendizado. Também costumam servir como substituto da participação em sala — "se você não teve oportunidade de falar hoje, publique um comentário no fórum".

Infelizmente, como é fácil gerar um comentário de boa qualidade com IA generativa e simplesmente copiá-lo para o fórum, esses espaços apresentam alto risco de uso indevido. Os critérios de avaliação dos fóruns são, muitas vezes, binários e puramente quantitativos — publicar um comentário, responder a dois outros. É difícil avaliar se os estudantes realmente compreendem o que estão postando.

Como ocorre com a maioria das ferramentas de avaliação, os riscos associados à IA generativa indicam que exigir experiências pessoais como parte das postagens é uma estratégia eficaz. Eis um exemplo de uma tarefa pré-curso em uma disciplina de pós-graduação sobre Mercados Emergentes:

> Esta é uma discussão avaliada. Leia os materiais preparatórios e, em seguida, publique uma resposta às perguntas abaixo no fórum. Sua resposta será visível para todos os estudantes e professores. Sua postagem deve ter entre 200 e 400 palavras.
>
> 1. Em que país você está agora, enquanto faz este curso?
> 2. Em que país você cresceu? Se foram mais de um, escolha aquele onde passou mais tempo.
> 3. De acordo com as características descritas por Hazzan et al. (2025), Capítulo 1, que tipo de mercados são esses?
> 4. Agora descreva sua experiência pessoal. Quando você sai na rua em seu país de origem e no país onde está agora, que aspectos você observa que são características claras desse tipo de mercado?

Os estudantes ainda podem recorrer à IA generativa para obter ideias sobre experiências pessoais na questão 4, mas precisarão se envolver pessoalmente, no mínimo, com as três primeiras perguntas, já que a IA não pode fornecer respostas autênticas.

Pedir que os estudantes publiquem vídeos ou áudios no fórum também estimula maior envolvimento pessoal. A IA generativa pode fornecer roteiros, mas poucos estudantes (ainda) têm conhecimento técnico e recursos para criar vídeos falsos de si mesmos. Com os avanços atuais, no entanto, esse dia pode não estar distante.

Por fim, os fóruns de discussão são ideais para incentivar informalidade e liberdade de expressão. Ao apresentar as expectativas, considere pedir que os estudantes escrevam nos fóruns usando uma linguagem casual e natural, como falariam com amigos, em vez do tom acadêmico formal. Se a maioria adotar essa prática, aqueles que publicarem comentários excessivamente polidos e impecáveis, gerados por IA, se destacarão como um "cachorro em missa" na turma.

Simulações, dramatizações e debates

Eventos ao vivo, nos quais os estudantes assumem papéis ou defendem um caso, oferecem uma excelente oportunidade para avaliar seus conhecimentos, observar a aplicação prática, estimular a comunicação e avaliar seu raciocínio e adaptabilidade. A IA generativa pode até produzir discursos, argumentos, falas ou realizar o trabalho preparatório, mas é fácil identificar textos lidos que soam excessivamente confiantes ou sem alma.

Incorporar "reviravoltas no enredo" nesses exercícios, com novas informações surgindo de última hora, reduz a possibilidade de os participantes dependerem da IA generativa para obter ideias e respostas. Atribuir papéis que exigem empatia, negociação ou discordância também ajuda, já que as ferramentas de IA têm compreensão limitada das características de outros participantes ou do "lado oposto".

Recentemente, participamos de uma simulação de resposta a emergências, baseada em acontecimentos durante uma insurreição armada em Moçambique. Ao longo de três dias, o instrutor introduziu novos eventos e informações de forma contínua — às vezes enquanto estávamos falando ou reunidos em equipe, e até mesmo durante a noite, enquanto dormíamos. Cada membro do time recebeu um papel específico (chefe local da missão, comandante nacional, diplomata, diretor da base central). A divisão de responsabilidades e o fluxo constante de novas informações tornaram inútil qualquer exploração com IA generativa — o instrutor nos manteve em alerta por 60 horas, e a experiência foi inestimável.

Da reação ao redesenho

Fazer ajustes de curto prazo na forma como avaliamos não se trata de derrotar a IA generativa. Não acreditamos que seja um bom uso do tempo focar em criar armadilhas para descobrir usuários ocultos. Devemos planejar nossa reestruturação com base na ideia de propor tarefas que sejam difíceis de terceirizar para a IA generativa, adicionando elementos que incentivem o engajamento dos estudantes com os objetivos do curso.

A melhor política para repensar as ferramentas de avaliação na era do EuPT envolve exigir experiências pessoais, incorporar contexto, adicionar ambiguidade e insistir em julgamento e adaptabilidade.

Uma das estratégias mais eficazes para contornar a IA generativa é exigir raciocínio narrativo — pedir aos estudantes que expliquem como chegaram às suas conclusões ou adquiriram seu conhecimento, ou por que selecionaram determinados temas ou tópicos. A IA generativa ainda não está em um estágio em que consiga fornecer uma integração humana de fatos, emoções e experiências, e por isso falha quando esses são os resultados que exigimos dos nossos estudantes.

Essas mudanças não impedirão totalmente a cola nem eliminarão a IA generativa. Mas recompensarão os estudantes que se dedicam a compreender o conteúdo do curso, reduzirão o valor de atalhos online e incentivarão nossos estudantes a continuar se engajando de forma significativa com o material.

Essas são tarefas de curto prazo, que nos dão tempo para continuar usando ferramentas familiares enquanto reimaginamos o futuro. A seguir, avançaremos plenamente para o novo mundo e abraçaremos a IA generativa como parceira no ensino e na aprendizagem. Os estudantes de hoje precisam de uma compreensão completa sobre o uso ético e responsável da IA. É nosso papel orientá-los nessa jornada.

TRÊS PONTOS FUNDAMENTAIS

1. A avaliação precisa se adaptar à era do EuPT.
2. A redefinição da avaliação começa pela clareza nos objetivos. Avaliamos o uso da IA como colaboradora.
3. Os princípios pedagógicos continuam válidos; o que mudou foram as ferramentas que utilizamos.

Capítulo 9. REIMAGINANDO A EDUCAÇÃO

> *O estudante perguntou: "Se vocês usam IA pra corrigir meu trabalho, por que eu não posso usar pra fazer?"*

Você certamente já compreendeu nossa perspectiva de que a IA generativa veio para ficar. Tentar bani-la ou contorná-la está fadado a gerar frustração para todas as partes envolvidas. Isso reflete a realidade do mundo fora da escola, onde seu uso também é generalizado e inevitável.

> **Tentar ensinar os estudantes a não usar IA generativa é uma missão inútil.**

Falando à CNN com Anderson Cooper em 30 de maio de 2025, o CEO da Anthropic (Claude), Dario Amodei, previu um aumento dramático e iminente no desemprego. Segundo ele, a IA "poderia eliminar metade dos empregos de nível inicial em escritórios e elevar o desemprego para até 20% nos próximos um a cinco anos" (Duffy, 2025). Os sinais são claros. Ainda que previsões tão severas não se confirmem por completo, o futuro pertencerá aos profissionais que souberem integrar a IA em suas carreiras e perspectivas. Esse é o compromisso ético que assumimos com nossos estudantes.

Precisamos de uma base pedagógica sólida para reconstruir nossa filosofia de ensino e, a partir dela, redesenhar nossos cursos e formas de avaliação com vistas a novos objetivos. Acreditamos que há sete metas centrais a serem alcançadas nesse processo. A seguir, listamos essas metas e, em seguida, explicaremos cada uma com mais detalhes:

1. Normalizar o uso da IA generativa: torná-lo transparente e intencional.
2. Permitir que os estudantes desenvolvam fluência em IA.
3. Manter e aprimorar os resultados de aprendizagem de nível superior.
4. Valorizar a criatividade e a originalidade.
5. Estimular a metacognição.
6. Propor tarefas que exijam o uso autêntico de IA e outras ferramentas.
7. Incorporar equidade, honestidade, ética e responsabilidade entre estudantes, professores, turmas e cursos.

NORMALIZANDO O USO DA IA GENERATIVA

Este é o único caminho racional. Muitos leitores já educaram adolescentes — e todos já foram um! Vale lembrar o quanto os frutos proibidos pareciam atraentes e saborosos, enquanto nossos pais tentavam manter sua autoridade para proibir. Quanto mais nos colocamos contra algo, maior é a curiosidade dos jovens. Uma parentalidade mais esclarecida, hoje, enfatiza a importância do diálogo, da aceitação e do ensino de limites.

O surgimento da IA generativa representa o mais novo capítulo da história do construtivismo, uma teoria-chave na educação. A *Zona de Desenvolvimento Proximal* de Vygotsky, descrita há quase meio século, continua relevante: os seres humanos entram em uma zona ampliada de realização quando contam com um parceiro de aprendizagem. Chatbots são novos — e poderosos — parceiros de aprendizagem. É do interesse de todos nós aproveitar esse poder.

Mais do que simplesmente listar usos aceitáveis da IA generativa, oferecer orientações específicas sobre como utilizá-la em uma atividade avaliativa é uma estratégia eficaz de normalização.

Gostaríamos de apresentar um excelente exemplo de como aproveitar ferramentas de IA para desenvolver competências em uma tarefa escrita. A professora Pamela Campagna atua como *Professor of Practice* na Hult International Business School, em Boston, e integra o Comitê de Integridade Acadêmica da instituição. Nos últimos três anos, ela tem pesquisado ativamente o uso da IA para fortalecer a autoeficácia empreendedora. Seu livro, a ser publicado em breve, *Leveraging AI for Authority and Credibility*, combina o desenvolvimento de habilidades práticas de liderança com perspectivas e ferramentas baseadas em IA.

Entre os diversos cursos que ministra, a professora Campagna oferece uma disciplina de MBA em nível de pós-graduação intitulada *Ética na Liderança*, na qual equipes de estudantes realizam três entrevistas originais e, a partir delas, elaboram uma tarefa escrita com análises e aprendizados. A atividade inclui as seguintes "Instruções para o Uso de Ferramentas de IA Generativa:"

> Como parte deste processo reflexivo, recomenda-se o uso de ferramentas de IA generativa para ampliar seu pensamento e questionar suas suposições. Essas ferramentas podem oferecer perspectivas alternativas, gerar perguntas e trazer insights que talvez não surgissem espontaneamente. Veja como utilizá-las de forma eficaz:

> 1. **Geração de Perspectivas:**
>
> - Utilize ferramentas de IA (como ChatGPT, Claude.ai ou outras) para fazer um brainstorm de diferentes perspectivas sobre um desafio de liderança ou dilema ético específico. Descreva sua situação e explore os pontos de vista diversos gerados pela ferramenta. Use comandos como "Assuma o papel do meu adversário..."

- Reflita sobre como essas perspectivas se alinham ou diferem das suas e considere por que podem ser válidas ou merecer investigação adicional.

2. **Questionamento de Suposições:**

- Peça à ferramenta de IA que questione as suposições que você tem sobre liderança e ética e, se desejar, que atue como "advogado do diabo". Reflita sobre as perguntas geradas e como elas desafiam sua compreensão atual. Utilize detalhes da sua situação de trabalho atual. A IA é discreta, mas evite mencionar nomes de empresas.
- Use essas perguntas como base para uma reflexão mais profunda em seu caderno de atividades.

3. **Exploração de Conceitos Teóricos:**

- Insira conceitos-chave do curso, como perspectivas morais, dilemas éticos ou os pilares do GVV (*Giving Voice to Values,* [Dando Voz aos Valores]), e explore como a ferramenta de IA expande essas ideias.
- Reflita sobre como esse entendimento ampliado influencia sua forma de pensar e aplicar esses conceitos ao seu estilo de liderança. Lembre-se de que a IA pode apoiar seu raciocínio — ela não pensará por você.

4. **Síntese de Insights:**

- Após refletir sobre suas experiências e os insights gerados pela IA, sintetize suas ideias em uma narrativa coesa. Considere como a IA pode ajudá-lo a identificar padrões ou conexões que talvez

> tenham passado despercebidos. Você pode até solicitar que a IA seja objetiva e forneça feedback sobre suas respostas.
>
> 5. **Desenvolvimento de Planos de Ação:**
>
> - Use a IA para fazer um brainstorm de etapas práticas ou estratégias para implementar seus valores de liderança e superar desafios.
> - Reflita sobre a viabilidade dessas estratégias e sobre como elas se alinham com seus objetivos pessoais e profissionais.

Observe até que ponto a professora Campagna vai além de simplesmente permitir o uso de IA. Suas instruções conduzem o estudante por um processo progressivo e reflexivo de engajamento com ferramentas de IA generativa.

Se avaliarmos essa atividade à luz da taxonomia revisada de Bloom, todos os níveis a partir do segundo (compreensão) até o sexto (criação) são diretamente contemplados. Os estudantes devem interpretar as sugestões geradas pela IA (nível 2), explorar desafios reais de liderança (3), comparar perspectivas (4), criticar as ideias da IA com base em seus próprios valores e objetivos (5) e projetar um plano de liderança acionável (6) que conte com o apoio da IA, mas sem substituí-los. Não há qualquer evasão dos objetivos de aprendizagem — ao contrário, a exploração e a incorporação das contribuições da IA são estruturadas e colaborativas.

No taxonomia SOLO, os estudantes são inicialmente engajados com tarefas multiestruturais, conduzidos à compreensão relacional e, por fim, alcançam um pensamento abstrato estendido ao desenvolverem planos de ação. A atividade proposta pela professora

Campagna é um exemplo de boas práticas na elaboração de instrumentos avaliativos que integram IA ao processo formativo.

Liderar pelo exemplo traz retornos significativos em termos de empoderamento, normalização e ética. Usar IA de forma seletiva no desenho do curso — e divulgar abertamente onde e por que ela foi utilizada — incentiva os estudantes a seguir nosso exemplo e tomar decisões conscientes sobre usos apropriados e eficazes.

A equidade é uma consideração fundamental. Não é possível normalizar plenamente o uso da IA generativa se os estudantes não tiverem acesso equitativo às ferramentas. Se fatores econômicos, geográficos ou outros impedirem o acesso de parte da turma às versões premium dessas ferramentas, isso poderá gerar frustração ou sentimento de injustiça. Quando essa desigualdade for previsível, é recomendável indicar claramente quais ferramentas — e quais versões — devem ser utilizadas. Há mais de um século determinamos exatamente quais edições de quais livros os estudantes devem usar em nossos cursos; identificar as ferramentas online necessárias ou obrigatórias é simplesmente o equivalente digital dessa prática tradicional.

CAPACITANDO ESTUDANTES PARA DESENVOLVER FLUÊNCIA EM IA

Temos uma responsabilidade fundamental de ajudar nossos estudantes a desenvolver fluência em IA. Mas o que isso realmente envolve?

A fluência em idiomas é uma analogia útil e manejável. Aprender uma língua vai muito além de vocabulário e gramática. Uma pessoa fluente sabe quais tons e variações linguísticas utilizar. Sabe quando o uso de gírias é apropriado e quando é necessário ler nas entrelinhas. Compreende a importância de adaptar a linguagem ao público.

A fluência em IA, de forma semelhante, exige muito mais do que saber elaborar comandos para o ChatGPT. Podemos ajudar nossos estudantes a aprender a alternar entre ferramentas conforme a tarefa a ser realizada, compreender seus pontos fortes e limitações, avaliar os resultados em vez de aceitá-los passivamente e aplicar princípios éticos às respostas geradas. Queremos que desenvolvam o hábito de documentar o uso da IA, conservar os prompts e aplicar pensamento crítico aos resultados obtidos.

Ao reconhecermos nosso papel na formação da fluência em IA — paralelamente ao conteúdo curricular —, torna-se evidente a necessidade de ensinar essas competências de forma explícita. A elaboração de prompts é apenas o começo; os estudantes precisam ser orientados quanto à iteração, verificação das respostas e identificação de conteúdos problemáticos. Para prepará-los para o uso real dessas ferramentas, nossos cursos ganham valor quando incorporam a IA como parte de um fluxo de trabalho que inclui checagem de fatos, prevenção de vieses e complementação das informações geradas.

Quando uma turma ainda não tem experiência com o uso integrado da IA generativa, as primeiras sessões se beneficiam de instruções passo a passo: acesse tal ferramenta, solicite tal tipo de resposta, refine dessa maneira, e assim por diante. À medida que a fluência se desenvolve, tarefas mais abertas — em que os estudantes decidem como e quando utilizar ferramentas de IA — tornam-se apropriadas.

Ao longo da jornada rumo à fluência, a crítica comparativa está entre os exercícios mais eficazes para ampliar a consciência dos estudantes sobre os diferentes tipos de respostas e contextos de uso. Podemos pedir que analisem e comparem as respostas de diferentes chatbots a um mesmo prompt. Da mesma forma, solicitar que abordem o mesmo tema a partir de diferentes perspectivas os treina a ir além das respostas genéricas e neutras, típicas das IAs, e a reexaminar ideias em novos contextos.

MANTENDO E DESENVOLVENDO RESULTADOS DE APRENDIZAGEM DE NÍVEL SUPERIOR

Como discutido anteriormente, introduzimos a noção de que a revolução EuPT representa um avanço mais significativo do que ferramentas anteriores, como a calculadora, porque a IA generativa torna fácil demais para os estudantes produzirem textos impressionantes sem, de fato, aprender ou compreender o conteúdo que estão referenciando. A novidade é que os estudantes agora podem terceirizar todos os seis níveis da taxonomia de Bloom para um chatbot capaz de gerar respostas plausíveis. A IA generativa executa os níveis inferiores com grande eficiência. Seu desempenho nos níveis superiores, no entanto, pode mascarar o fato de que o estudante não pensou por conta própria no caminho até o insight.

Um risco semelhante é evidenciado pela taxonomia SOLO. À medida que essa estrutura acompanha as respostas dos estudantes desde níveis superficiais (pré-estrutural) até níveis profundos (abstrato estendido), chatbots podem gerar entregas que parecem sofisticadas, mas ocultam a ausência de integração ou compreensão genuína por parte do estudante.

O trabalho de Nataliya Kosmyna, no MIT — já citado anteriormente — caracteriza a dívida cognitiva contraída pelos estudantes quando há uso excessivo de IA generativa.

Como avaliadores, corremos o sério risco de atribuir crédito por trabalhos avaliativos ou criativos (níveis 5 e 6 de Bloom), ou por respostas complexas (relacional e abstrato estendido na SOLO), sem saber quem — ou o quê — realmente executou o trabalho, ou se o estudante compreendeu o que entregou.

Na elaboração de atividades avaliativas, devemos considerar formas de exigir integração pessoal — o ato de refletir sobre os insumos de maneira que a IA generativa não consegue replicar. Uma técnica eficaz para isso é solicitar experiências biográficas ou pessoais como ponto de partida para a investigação acadêmica. Por exemplo, em um módulo sobre teorias da aprendizagem, podemos pedir que os estudantes relembrem uma situação em que tiveram dificuldade para compreender algo novo e descrevam como conseguiram superá-la. Em seguida, ao compararem essa vivência com as teorias da aprendizagem e refletirem sobre o que sua experiência revela sobre tais teorias, os estudantes estarão operando nos níveis mais altos da taxonomia SOLO. A IA generativa, se solicitada, tentará responder — mas não pode mimetizar de forma significativa a experiência emocional do estudante, tampouco relacioná-la de maneira autêntica às teorias em análise.

Alguns podem argumentar que esse tipo de abordagem é válida para as humanidades, mas não se aplica à contabilidade, à matemática ou à química. Discordamos. Na contabilidade, por exemplo, podemos solicitar que os estudantes reflitam sobre decisões pessoais que envolvam dilemas de custo-benefício e analisem essas decisões à luz de princípios contábeis. Em matemática, podemos propor uma forma de engenharia reversa, pedindo que comecem por um teorema e o apliquem a uma situação concreta que tenham vivenciado. Estudantes de química podem receber questões semelhantes, relacionando o conteúdo aprendido a experiências reais. Não é viável estruturar todas as tarefas dessa forma, mas certamente podemos incorporar atividades suficientes para avaliar a profundidade da aprendizagem e identificar respostas estéreis e inautênticas geradas por chatbots.

A taxonomia SOLO também é útil no planejamento de processos de ensino-aprendizagem para turmas ou disciplinas inteiras. Com tempo adequado, podemos começar com tarefas multiestruturais, explorar conexões e, ao final, propor atividades que exijam a aplicação de um entendimento integrado a novas situações. Ao longo desse percurso, podemos pedir que os estudantes expliquem como chegaram às suas conclusões e utilizar formatos como discussões orais, controle de versões (por exemplo, no Google Docs), entrega de versões parciais ou manutenção de diários de aprendizagem para avaliar o processo — e não apenas o produto final.

Em vez de temer que a IA generativa obscureça o processo de aprendizagem, podemos utilizar a taxonomia SOLO como ferramenta para estruturar atividades que conduzam os estudantes a enfrentarem de forma ativa esse novo ambiente. Explicar explicitamente o modelo SOLO aos estudantes e demonstrar o que estamos buscando alcançar é, muitas vezes, uma estratégia poderosa. Ao ajudá-los a compreender o processo de aprendizagem, também os preparamos melhor para o uso responsável da IA generativa no mundo além da sala de aula.

REPENSANDO AS TAXONOMIAS E O FUTURO DA APRENDIZAGEM

Já nos referimos diversas vezes à taxonomia revisada de Bloom, reconhecendo seu papel central no pensamento pedagógico ao longo das últimas décadas. No entanto, com a chegada da IA generativa, essa estrutura começa a parecer datada quando tentamos aplicá-la diretamente. As distinções claras entre funções cognitivas de ordem inferior e superior tornam-se turvas. Por exemplo, o estudante está realmente "aplicando" (ou o quê exatamente está aplicando) quando solicita à IA generativa que escreva um código? Quem está "criando" quando um estudante de jornalismo elabora um prompt brilhante, mas é o ChatGPT que redige o artigo impressionante?

Em 2024, a Dra. Chahna Gonsalves publicou um artigo influente no qual propôs uma reformulação dos fundamentos da taxonomia de Bloom na era da IA (Gonsalves, 2024). Nesse trabalho, ela apresenta quatro conjuntos de atualizações conceituais progressivas para cada nível — que podemos entender como dimensões em que cada função cognitiva é reimaginada à luz da inteligência artificial.

Uma exposição completa da tabela da Dra. Gonsalves nos levaria por 24 células repletas de verbos, envolvendo cerca de cem conceitos no total — bem mais do que podemos ou devemos explorar aqui. No entanto, é útil analisar a evolução de um dos conceitos. Reproduziremos a tabela e, em seguida, examinaremos o nível mais básico: o conhecimento.

Table 14: Tabela da Prof. Gonsalves sobre as revisões da taxonomia de Bloom

Tabela 1. Revisões e Extensões da Taxonomia de Bloom para a Era Digital

Taxonomia Original de Bloom (1956)	Taxonomia Revisada de Bloom (Anderson & Krathwohl, 2001)	Taxonomia da Aprendizagem Cognitiva Futura (Passig, 2003)	Taxonomia Digital de Bloom (Churches, 2010)	Adaptação para Letramento em IA (Ng et al., 2021)	Estrutura para Pensamento Crítico com IA (Yusuf et al., 2024)
Conhecimento: Recordar: Definir, duplicar, listar, memorizar, repetir, declarar	Conhecimento: Localizar, buscar, filtrar, ser atualizado, deixar de fora	Conhecimento: Recordar: Identificar, listar, apontar, destacar, procurar	Uso: Recordar e reproduzir todos os conceitos de IA	Estrutura para o desenvolvimento do pensamento crítico na síntese de textos gerados por IA (Yusof et al., 2024)	Familiarização: Compreender e identificar vieses
Compreensão: Entender: Classificar, descrever, discutir, explicar, identificar, localizar, reconhecer, relatar, selecionar, traduzir	Compreensão: Expandir, situar em um contexto mais amplo, interpretar símbolos	Compreensão: Entender: Interpretar, resumir, comentar, subscrever	Explicar: Interpretar e demonstrar conceitos de IA	Familiarização: Entender e identificar vieses	Conceitualização: Sintetizar conceitos e ideias-chave
Aplicação: Aplicar: Executar, implementar, resolver, usar, demonstrar, interpretar, operar, agendar, esboçar	Aplicação: Iniciar mudança, ser flexível, decidir, reorganizar	Aplicação: Aplicar: Implementar, transportar, enviar, carregar, editar	Aplicar: Utilizar a IA em diferentes contextos	Conceitualização: Sintetizar conceitos e ideias-chave	Investigação: Engajar-se em questionamento e exploração
Análise: Analisar: Diferenciar, organizar, relacionar, comparar, contrastar, distinguir, examinar, experimentar, questionar, testar	Análise: Relevância contextual, desmontar pessoalmente, estruturar	Análise: Analisar: Comparar, organizar, validar, engenharia reversa, decodificar	Analisar: Traçar conexões e abstrair problemas de IA	Investigar: Engajar-se em questionamento e exploração	Avaliação: Avaliar conteúdo gerado por IA
Síntese: Avaliar: Julgar, defender, justificar, selecionar, apoiar, valorizar, criticar, argumentar	Síntese: Identificar, conectar	Avaliação: Verificar, formular hipóteses, revisar, testar	Avaliar: Justificar decisões com base em insights de IA	Avaliação: Avaliar conteúdo gerado por IA	Síntese: Criar uma compreensão coesa
Avaliação: Criar: Projetar, montar, construir, conjecturar, desenvolver, formular, investigar	Avaliação: Desqualificar, processar, verificar, confrontar	Criar: Projetar, construir, blogar, podcastar, animar	Criar: Desenvolver aplicações baseadas em IA	Sintetizar: Criar uma compreensão coesa	
		Melhoria: Adaptação, conotação, simultaneidade	Colaborar: Colaborar, moderar, negociar, debater, comentar		

Nota: Os verbos das taxonomias "Futura Aprendizagem Cognitiva" e "Taxonomia Digital de Bloom" representam uma seleção parcial devido à extensão das listas originais. Consulte Passig (2003) e Churches (2010) para a lista completa.

Como você deve se lembrar, quando Anderson e Krathwohl revisaram a taxonomia em 2001, o Nível 1 passou a ser denominado "recordar". Em 2003, David Passig retomou o termo "conhecimento", mas o modificou para incluir localizar, buscar, filtrar, atualizar e omitir intencionalmente (Passig, 2003).

Em 2010, Andrew Churches publicou sua *Taxonomia Digital*, também retornando ao termo "recordar", agora abrangendo ações como reconhecer, listar, usar marcadores, destacar e "googlar" (Churches, 2010). Avançando para 2021, quando o letramento em IA passou a ser um conceito familiar, Davy Ng e colegas fizeram nova adaptação: o Nível 1 tornou-se "usar", com a exigência de "recordar" e "reproduzir" conceitos relacionados à IA (Ng et al., 2021). Três anos depois, Abdullahi Yusuf e colaboradores enfrentaram a questão central das habilidades de pensamento crítico e posicionaram a familiaridade com ferramentas de IA no nível mais básico, enfatizando a necessidade de compreender e identificar os vieses presentes nelas (Yusuf et al., 2024).

A rápida sucessão de atualizações nessa estrutura conceitual básica e consagrada evidencia um ponto crucial: não apenas as taxonomias, mas também os educadores, precisam repensar e se adaptar se quisermos continuar sendo relevantes.

REDESENHANDO A TAXONOMIA DE BLOOM

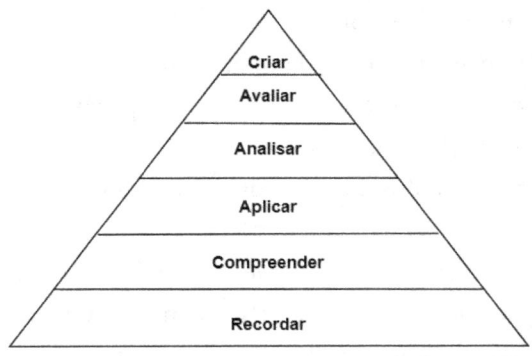

FIGURA 38: Taxonomia revisada de Bloom

Recapitulação rápida – destacamos que a taxonomia de Bloom é uma estrutura útil sobre a qual podemos projetar os efeitos da IA generativa, embora reconheçamos que interpretá-la como uma hierarquia linear seja uma simplificação excessiva, que pode levar a usos inadequados. Sugerimos também que a taxonomia SOLO, de Biggs, direciona essas preocupações de forma mais precisa para possíveis falhas nas demandas metacognitivas ou na profundidade da compreensão.

Existe uma verdadeira indústria acadêmica de pesquisas altamente qualificadas e extremamente especializadas sobre todos os aspectos da aprendizagem. No entanto, a partir desse vasto corpo de estudos, emergiram quatro competências verdadeiramente fundamentais.

Melhoria adaptativa (*melioration*) é um conceito oriundo da ciência cognitiva. Refere-se à habilidade de escolher as ferramentas certas, nos momentos certos, tanto para complementar nosso próprio raciocínio quanto para compensar limitações dessas mesmas ferramentas. Procuramos em vão por essa competência nas taxonomias tradicionais — ela está presente, mas transcende os limites estabelecidos e permeia, pelo menos, os níveis 2 a 5 da taxonomia de Bloom.

Raciocínio ético envolve decisões sobre quando é apropriado utilizar a IA, e de que forma ela pode ser usada de maneira ética. O uso ético da IA exige que saibamos não apenas decidir como e quando utilizá-la, mas também avaliar criticamente tanto o conteúdo quanto o processo pelo qual esse conteúdo foi obtido.

Colaboração traz o EuPT plenamente à tona. Embora a taxonomia tradicional não aborde explicitamente o trabalho em equipe, a parceria entre IA e estudante demanda um novo conjunto de habilidades — engenharia de prompts, diálogo iterativo, formulação e validação de perguntas, confiança nos resultados e a capacidade de extrair diferentes perspectivas.

Reflexão exige que monitoremos conscientemente nossos processos de pensamento ao interagir com ferramentas de IA. Eu aceitei a resposta automaticamente ou a critiquei antes de incorporar as partes que considerei válidas? Se confiei excessivamente na IA, como posso retornar e construir uma contribuição mais autêntica e pessoal?

A taxonomia de Bloom está obsoleta na era do EuPT? Talvez esteja – o Dr. Openo afirma categoricamente que *"an expanded triangle that continues to represent these competencies or skills as discrete blocks isn't the breakthrough model we need* [Um triângulo expandido que continue representando essas competências ou habilidades como blocos discretos não é o modelo inovador de que precisamos] (Openo, 2025)." No mínimo, é necessário expandi-lo para acomodar a compreensão dos objetivos de aprendizagem no mundo pós-humano. A nova hierarquia a seguir, que representa uma compilação de conceitos descritos na literatura recente, se expande para oito níveis. Acompanharemos o diagrama com uma breve descrição de cada nível.

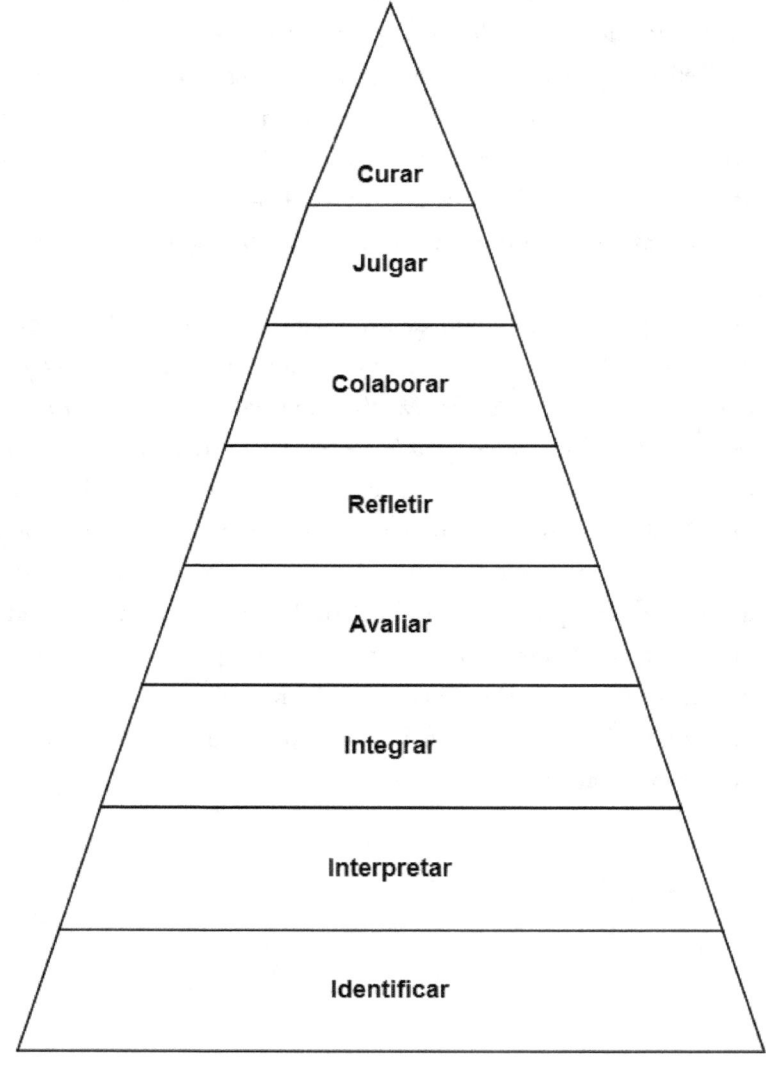

FIGURA 39: Taxonomia de Bloom, revisada para a IA generativa

Nível 1: Identificar

No início da jornada, os estudantes conseguem localizar e reconhecer informações, dados e resultados relevantes. Eles conhecem diferentes tipos de ferramentas e geralmente são capazes de reconhecer suas saídas. Compreendem os princípios básicos de entrada/saída e os fundamentos da formulação de comandos (prompts).

Nível 2: Interpretar

Os estudantes são capazes de analisar criticamente uma saída gerada por IA e extrair dela seu significado, limitações e qualidade. Possuem uma compreensão básica de como funciona a IA generativa, o que lhes permite identificar erros e deficiências.

Nível 3: Integrar

Os estudantes compreendem como combinar material gerado por IA com fontes tradicionais, como livros acadêmicos e suas próprias experiências vividas. Um estudante que apenas aceita, copia e cola a saída da IA ainda não alcançou este nível.

Nível 4: Avaliar

Usuários desse nível desenvolveram uma postura crítica e cética em relação à avaliação de qualidade, credibilidade, relevância e verificabilidade das saídas da IA. Sabem como e o que verificar, como avaliar a pertinência, identificar alucinações e eliminá-las, e compreendem a relação entre a qualidade do prompt e a veracidade do resultado.

Nível 5: Refletir

O estudante demonstra competência em autorreflexão e pensa de forma metacognitiva sobre sua própria aprendizagem, seus vieses e sua relação com a IA. É capaz de reconhecer quando se tornou excessivamente dependente da ferramenta e quando é necessário rever o processo.

Nível 6: Colaborar

O estudante possui habilidades sólidas de trabalho em equipe — não apenas com ferramentas de IA, mas também com outras pessoas. Contribui de forma ativa e construtiva para a criação conjunta de soluções, decisões e conteúdos. Desenvolveu capacidade de negociar, questionar, reformular e chegar a consensos, identificando pontos em comum e superando divergências.

Nível 7: Julgar

O estudante toma decisões éticas de forma instintiva e consciente sobre quais ferramentas utilizar, quando utilizá-las e como empregar os resultados adequadamente. Internalizou valores relacionados à integridade acadêmica, autoria, vieses, objetivos de aprendizagem e segurança psicológica. A distinção entre este nível e o nível 4 (avaliar) é sutil: aqui, o estudante vai além da verificação fatual e da avaliação cognitiva, tomando decisões fundamentadas sobre o uso responsável da IA.

Nível 8: Curar

Este é o ápice da colaboração humano-IA — o EuPT em sua melhor forma. O estudante consegue extrair o melhor de si e das saídas da IA, criando produtos acadêmicos que estão em conformidade com as normas e prontos para submissão, avaliação ou até publicação. Um curador produz trabalhos defensáveis, verídicos, originais, éticos e devidamente referenciados.

Nossa pirâmide revisada apresenta uma hierarquia evolutiva de competências apropriadas ao uso de IA. À medida que sobem essa nova escada, os estudantes desenvolvem não apenas letramento digital e fluência em IA, mas também discernimento humano crítico. Eles deixam de ser consumidores e se tornam empregadores conscientes de conteúdos mediados por IA, utilizando seu poder para ampliar sua própria aprendizagem e produção. A IA generativa talvez torne a taxonomia de Bloom obsoleta — ou, no mínimo, nos desafie a expandi-la e aprofundá-la.

VALORIZANDO A CRIATIVIDADE E A ORIGINALIDADE

Nos níveis mais elevados da aprendizagem — onde a educação superior aspira a habitar — queremos ver criatividade bem fundamentada. Isso é mais fácil de visualizar em contextos literários e visuais, quando pedimos aos estudantes que produzam poemas, artigos, propostas ou visualizações. No entanto, essa expectativa é igualmente válida em áreas técnicas, como já sugerimos acima.

Criatividade é mais do que simplesmente encontrar algo novo. A verdadeira criatividade nasce do esforço intelectual aplicado ao conhecimento reunido, ao qual se somam emoções, experiências, contextos ou outros fatores singulares. Esta é a ponte que a IA generativa ainda não consegue atravessar — suas produções atuais carecem desses elementos e não se envolvem com a tomada de riscos.

Também aqui, devemos redefinir nossas expectativas, solicitando materiais que demonstrem originalidade — adicionando contextos pessoais, justificando escolhas, narrando desvios do caminho convencional. Rascunhos, trechos de trabalhos, reflexões, submissões em áudio — todas essas são opções válidas. A IA generativa não consegue substituir de forma convincente quando os estudantes são encorajados a acessar e compartilhar seus próprios mundos únicos.

Para além dos requisitos mecânicos, que precisam ser definidos com clareza no momento de propor as atividades, os critérios de avaliação constituem uma ferramenta essencial para valorizar o trabalho nos níveis mais altos da taxonomia SOLO. Considere atribuir pontos pela originalidade das ideias ou expressões (especialmente se forem pouco convencionais), pela experiência pessoal autêntica, pela disposição de assumir riscos e, sobretudo, pela descrição do processo de desenvolvimento. A mensagem para nossos estudantes é a seguinte:

> A IA generativa é uma ferramenta poderosa. Ela pode alimentar sua imaginação — mas nunca deve substituí-la.

ESTIMULANDO A METACOGNIÇÃO

Metacognição, termo introduzido na década de 1970 pelo psicólogo John Flavell, refere-se ao *"one's stored knowledge or beliefs about oneself and others as cognitive agents* ... [conhecimento armazenado ou crenças que uma pessoa tem sobre si mesma e sobre os outros como agentes cognitivos ...]" (Flavell, 1979). Flavell dividiu o conceito em duas partes: conhecimento metacognitivo (nosso conhecimento sobre nosso próprio pensamento) e regulação metacognitiva (como monitoramos e controlamos esse pensamento).

A metacognição é um conceito importante no universo do EuPT, pois atua como um mecanismo de proteção. Quando bem exercida, ela nos leva a parar, refletir e perguntar: "Eu realmente entendi isso, ou estou apenas seguindo uma receita?" Fazer esse tipo de pergunta, em um mundo cercado por IA generativa, ajudará os estudantes a reconhecer o que ainda não sabem, identificar o uso excessivo da IA e fazer escolhas mais acertadas sobre quais ferramentas utilizar.

Reconhecer o papel da metacognição amplia as noções que já discutimos: em áreas nas quais é fácil para os estudantes recorrerem a respostas fornecidas por IA generativa, nossas propostas de atividades precisam exigir exercícios e conteúdos que estimulem habilidades metacognitivas. Podemos ajudá-los a desenvolver essa autoconsciência ensinando-os a reconhecer o nível de seus próprios trabalhos e seu progresso ao longo da trajetória de aprendizagem.

PROPONDO ATIVIDADES QUE NORMALIZAM O USO DA IA GENERATIVA

Queremos levar adiante a noção de reconhecer a onipresença da IA generativa e desenvolver a proficiência dos estudantes em seu uso. Não se trata apenas de permitir ou exigir o uso da IA generativa em atividades adequadas; vamos integrá-la a um processo mais amplo. Não podemos controlar se os estudantes utilizarão IA generativa — eles utilizarão —, mas podemos ensiná-los a fazê-lo com consciência crítica.

Normalizar o uso da IA generativa transmite uma mensagem poderosa aos estudantes que temem estar se prejudicando. Com frequência quase diária, ouvimos relatos de estudantes preocupados pelo fato de que ferramentas de IA generativa conseguem produzir, em poucos segundos, textos melhores do que eles próprios escreveriam ao longo de uma tarde. A incerteza quanto ao uso apropriado, somada a sentimentos de inadequação, pode desencadear problemas de saúde mental, como estresse decorrente de dissonância cognitiva, culpa, ansiedade, perda de autoestima e fadiga a ponto de esgotamento. Resolver a tensão entre perceber que o trabalho ficou mais fácil e, ao mesmo tempo, se preocupar com a impropriedade acadêmica é algo difícil e exaustivo. Como podemos ajudar?

Primeiramente, é necessário permitir ou exigir explicitamente o uso da IA generativa. Na primeira vez, é fundamental explicar o porquê. Devemos considerar se é justo nivelar o campo de planejamento exigindo que todos os estudantes utilizem a mesma ferramenta; as considerações de equidade exigem, ainda, que o uso se restrinja a versões gratuitas, de modo que desigualdades econômicas não se convertam em desigualdades acadêmicas. Em um futuro próximo, é provável que haja contratos institucionais entre provedores de IA generativa e instituições educacionais, o que permitirá exigir o uso de ferramentas integradas e eliminar grande parte das disparidades. Garantir que recompensemos o processo, e não apenas o produto final, eliminará também o risco de estudantes pagarem por modelos mais avançados que gerem resultados superiores.

Devemos também ensinar — ou estabelecer de forma clara — nossas expectativas quanto a citações e explicações, tanto no corpo do texto quanto nas referências. Na maioria dos casos, também é recomendável exigir que os estudantes mantenham registro de todos os prompts e conversas até o fim do curso, ou por um período determinado, como forma de garantir rastreabilidade e integridade acadêmica.

Em seguida, propomos aos estudantes uma ou mais das seguintes tarefas:

> Discutir a qualidade e a eficácia da produção da IA (avaliar criticamente o conteúdo gerado)
> • Determinar se a produção foi de boa qualidade (houve erros, viés, superficialidade ou opiniões sem fundamento?)
> • Aperfeiçoar a produção (corrigir erros, aprofundar a discussão, preencher lacunas)
> • Humanizar a produção (reformular o conteúdo com sua própria voz, acrescentando emoção, opinião e/ou experiências vividas)
> • Responder ao prompt por conta própria e comparar criticamente sua resposta com a produção da IA
> • Descrever o impacto da IA generativa na realização da tarefa: você teria chegado à mesma conclusão ou encontrado as mesmas fontes sem o uso da IA?

Quando avaliamos o conhecimento fatual, o texto gerado por IA pode ser difícil de distinguir do trabalho individual de um estudante. No entanto, ao avaliarmos o julgamento, examinamos se o estudante aplicou esforço mental para tomar decisões sobre o que utilizar, como utilizar, quanto confiar na ferramenta e o que precisava ser acrescentado. O que nossos estudantes trouxeram para a tarefa que a IA generativa não poderia trazer? Com que eficácia utilizaram as ferramentas para estabelecer sua posição inicial? Fundamentalmente, queremos deslocar o foco da avaliação do produto para o processo — não perguntar "qual é a resposta?", mas sim "como você chegou a essa resposta?"

Devemos, portanto, definir claramente os critérios de avaliação. Não vamos atribuir nota à produção da IA generativa — embora sua análise possa ser relevante na avaliação da qualidade dos prompts utilizados. O que será avaliado é a qualidade do engajamento e das reações do estudante. Podemos incluir critérios como profundidade da crítica, nível de insight pessoal ou transparência ética.

É isso que queremos que nossos estudantes compreendam:

Usar IA generativa de forma competente e ética é uma competência essencial no mundo do trabalho.

Em sala de aula, desenvolveremos essa habilidade por meio do uso aberto, criativo e crítico da ferramenta, sempre refletindo sobre seu impacto.

Em trabalhos mais extensos — como relatórios de laboratório, ensaios longos e projetos-modelo —, a andaimagem das avaliações formativas e somativas em etapas é uma prática valiosa. Estabelecer entregas parciais ao longo do processo — como planos, cronogramas, roteiros, rascunhos ou listas de leitura — torna mais difícil a terceirização do trabalho pelos estudantes e facilita nosso acompanhamento da aprendizagem, além de permitir orientar melhor seus esforços.[12]

INTEGRANDO A INTEGRIDADE ACADÊMICA

É fácil demais formar a impressão de que a IA generativa é uma fonte de verdade universal. Mas não é, obviamente: como qualquer ferramenta, pode ser usada para o bem ou para o mal. Por ter sido construída por humanos e para humanos — embora por vezes pareça sobre-humana —, ela reflete os insumos, os valores e os vieses de seus criadores e usuários. Devido ao seu imenso poder, a IA generativa não elimina considerações éticas; ao contrário, as amplifica. Em contextos acadêmicos, há quatro aspectos centrais em jogo: equidade, honestidade, ética e responsabilidade. A seguir, algumas palavras sobre cada um.

Equidade, especialmente no acesso, jamais deve ser negligenciada. Ao integrarmos a IA em disciplinas e atividades avaliativas, precisamos garantir que todos os estudantes tenham acesso, em condições tão igualitárias quanto possível, às mesmas ferramentas. Em muitos contextos, isso pode significar restringir o uso a plataformas de acesso gratuito.

Também é essencial alertar os estudantes sobre o risco de vieses nas produções da IA generativa e ensiná-los a identificar e denunciar casos de discriminação e parcialidade sempre que os encontrarem. A

---

[12] Adoramos o conceito de **andaimagem**, pois ele capta de forma precisa a ideia de construir gradualmente uma base sólida para alcançar níveis mais elevados. Antes mesmo da era do EuPT, já existiam excelentes recursos que descreviam esse conceito em detalhes, como Nilson (2016). A adaptação do termo remonta, ao que tudo indica, a pelo menos 1976 (Wood, Bruner & Ross, 1976).

maioria das ferramentas de IA generativa reflete normas ocidentais e é dominada por materiais em língua inglesa. Paradoxalmente, isso cria uma oportunidade valiosa para o exercício do pensamento crítico.

Educadores que atuam com turmas internacionais ou em disciplinas interinstitucionais, especialmente no formato online, enfrentam um desafio particular. Embora o ChatGPT seja uma escolha natural e bastante popular, ele é bloqueado na China devido a preocupações governamentais com desinformação e interferência política. O uso do ChatGPT também é proibido na Rússia, Irã, Coreia do Norte, Cuba e Síria — embora reconheçamos que, no atual cenário político, a maioria de nós provavelmente não terá estudantes localizados nesses países. Quando tivermos, no entanto, não poderemos exigir o uso de uma ferramenta cuja utilização é ilegal no local onde o estudante reside.

Honestidade exige uma definição clara do que é permitido e do que não é, com diretrizes igualmente claras sobre citação e atribuição. Não existem normas universais rígidas; cabe às instituições e aos educadores, conforme o contexto, decidir se o uso não declarado de IA generativa será permitido (e para quais finalidades), se a reprodução direta de conteúdos gerados é aceitável e se a reescrita automática por meio de ferramentas é admissível.

Estabelecer exemplos de como relatar o uso de IA generativa, como fazer citações no corpo do texto e como incluí-las nas listas de referências é, claramente, uma prática recomendada.

Nas universidades brasileiras, o manual de estilo mais amplamente adotado é o da Associação Brasileira de Normas Técnicas (ABNT), em especial a norma NBR 6023:2018 para referências e a NBR 10520:2002 para citações. Diferentemente do APA7, a ABNT ainda não estabelece regras específicas para o uso de IA generativa. No entanto, seus princípios gerais de transparência e rastreabilidade podem ser aplicados e adaptados facilmente para essa finalidade.

Divulgação

Segundo os princípios da ABNT, a divulgação consiste em descrever, no corpo do trabalho, como a IA generativa foi utilizada, sem que isso envolva citação ou paráfrase direta do conteúdo gerado. A recomendação é de que essa descrição seja feita de forma clara, preferencialmente na seção de Metodologia ou em uma seção equivalente do trabalho acadêmico.

Como diretriz geral, a ABNT incentiva a clareza e a integridade na apresentação de informações. Assim, ainda que não seja obrigatória a citação formal, é recomendável incluir, no texto, uma nota explicativa sobre o uso de ferramentas como o ChatGPT ou outros chatbots, de forma a garantir total transparência.

Exemplo adaptado da orientação internacional:

"Caso você tenha utilizado o ChatGPT ou outras ferramentas de IA em sua pesquisa, descreva como a ferramenta foi utilizada na seção de Metodologia ou em outra parte apropriada do trabalho."

Citação

Para as normas da **ABNT**, as citações devem seguir o formato autor-data no texto, e a referência completa deve ser apresentada ao final do trabalho, de acordo com a **NBR 6023:2018**.

No caso do ChatGPT, o **autor** é a empresa desenvolvedora, **OpenAI**. Assim:

- Citação narrativa: **Segundo a OpenAI (2025)** ...
- Citação entre parênteses: **(OPENAI, 2025)**

A referência completa, adaptada ao estilo ABNT, ficaria:

OPENAI. **ChatGPT** (versão de maio de 2024). [Modelo de linguagem]. Disponível em: https://chat.openai.com/. Acesso em: 26 jul. 2025.

Entretanto, é importante lembrar que o texto gerado pela IA não será acessível ao leitor. Portanto, os prompts e as respostas, na medida em que seja necessário apresentá-los, devem ser incluídos no corpo do texto, em baixo do texto ou em apêndice.

Quando solicitado: "Existe alguma evidência de que a Terra é plana?", o ChatGPT gerou a seguinte resposta: "Não — não há evidências científicas credíveis de que a Terra seja plana. O consenso esmagador, apoiado por séculos de observação, medição e experimentação, é de que a Terra é um esferoide oblato…"

Para um segundo prompt — "Se eu quisesse argumentar em um debate que a Terra é plana, quem eu poderia citar?" —, a resposta foi: "Você pode citar alguns proponentes modernos da teoria da Terra plana, mas é importante reconhecer que suas opiniões são amplamente desacreditadas pela comunidade científica." O ChatGPT então sugeriu os nomes Eric Dugay, Mark Sargent e Nathan Thompson como referências possíveis (OPENAI, 2024).

Referência: OPENAI. ChatGPT (versão de 2024). [Modelo de linguagem]. Disponível em: https://chat.openai.com/. Acesso em: 26 jul. 2025.

Caso o conteúdo seja **uma conversa específica** utilizada como fonte, pode-se acrescentar na referência:

OPENAI. ChatGPT: resposta a prompts sobre evidências da Terra plana. Conversa realizada em 26 jul. 2025. Disponível em: https://chat.openai.com/. Acesso em: 26 jul. 2025.

A ética exige que eduquemos nossos estudantes a fazer perguntas essenciais sobre o comportamento acadêmico. Em um nível mais amplo, queremos que eles reflitam sobre:
1. É ético submeter conteúdo gerado por IA (de forma geral, e especialmente para algo que eu não compreendo)?
2. É ético usar IA para criar áudios ou vídeos que não são autênticos?
3. É ético permitir que a IA generativa imite outra pessoa ou simule seus pensamentos?

Em seguida, mais especificamente sobre as limitações da IA generativa:
4. Existe algum risco de viés no que a IA generativa está me apresentando?
5. Verifiquei cuidadosamente para garantir que não reproduzi nenhuma informação inventada (hallucinations)?
6. Há algum risco de eu estar confiando em desinformações propagadas pela IA generativa?

A responsabilidade diz respeito ao objetivo de levar os estudantes a assumirem seu papel no próprio aprendizado, no processo e na produção acadêmica. Queremos que compreendam que "o ChatGPT disse" não constitui prova nem justificativa; que eles são responsáveis pelo que aprendem, copiam e/ou submetem com qualquer envolvimento de IA generativa; e que delegar processos cognitivos importantes pode fazê-los perder a oportunidade de aprender.

Modelagem de Conduta

É essencial que pratiquemos o que pregamos. Sem desculpas, condições ou ressalvas. Sempre que usarmos IA generativa de uma forma que impacte estudantes, colegas ou a instituição, podemos e devemos ser transparentes quanto a isso. Não apenas informar que a utilizamos, mas explicar como, por que e o que todos ganharam com essa utilização. Além disso, devemos demonstrar que estamos usando a IA generativa de forma crítica, sem terceirizar nossos próprios protip of cessos de pensamento. A linguagem nem sempre precisa ser formal ou sofisticada; em contextos informais, pode ser coloquial. Transparência e explicação modelam o uso responsável e ajudam a normalizar a assistência da IA generativa.

Em sala de aula, ao discutir o uso de IA pela primeira vez, considere contar aos estudantes como você utilizou IA generativa para ajudar na preparação de slides, planos de ensino ou na geração de ideias para o conteúdo das aulas. Sempre que compartilhar essas experiências, mostre reflexão crítica. Por exemplo, você pode dizer:

> Na próxima hora, vamos trabalhar em um estudo do caso sobre a entrega de hortaliças para supermercados em Curitiba. Não sou especialista em transporte rodoviário nem em horticultura, então utilizei o Claude para gerar alguns dados plausíveis, que vocês encontrarão no Apêndice. Quando recebi o material pela primeira vez, percebi que os preços dos combustíveis estavam fora da realidade que observei nos postos, então alterei algumas cifras para atualizá-las. Também notei que o Claude havia esquecido completamente os custos de seguro, por isso busquei cotações reais online e incluí esses valores.

Se o tempo e o contexto permitirem, você pode até considerar pedir aos estudantes que critiquem o caso antes de começarem a trabalhar nele:

> Antes de começarmos a analisar o estudo de caso, o que vocês acham dele? Parece uma situação real? Vocês acreditam que têm informações suficientes para chegar a uma conclusão? Há algo que deveria ser acrescentado ao caso antes de começarem a trabalhar?

A divulgação sobre quando você **não** utilizou IA generativa também é igualmente importante. Você pode querer oferecer algum esclarecimento e tranquilizar os estudantes com uma afirmação como:

> Não usei IA para corrigir as respostas de vocês no fórum de discussão. Eu li todas pessoalmente, porque queria aproveitar essa oportunidade para conhecer melhor cada um de vocês. Quis refletir sobre as contribuições individuais e compreender melhor as diferentes culturas presentes na nossa sala de aula. Além disso, o tema sobre o qual pedi que comentassem é uma área na qual a IA generativa tende a apresentar muitas alucinações, e eu quis evitar esse risco.

A posição oposta, quando não há justificativa para gastar tempo pessoal em tarefas que a IA generativa pode executar com qualidade, pode ser explicada assim:

> Sobre a questão dissertativa no final da prova, referente à segurança de dados de pagamento, ela foi corrigida por um chatbot de IA generativa. Vocês devem se lembrar de que a pergunta tinha instruções muito específicas — listar os seis elementos do caso que indicam riscos de segurança — e que havia seis pontos correspondentes a essas respostas. Nossa universidade me fornece acesso a uma IA corporativa de alto nível — atualmente, a melhor do mundo — e isso me economizou muito tempo. Acredito que ela é extremamente precisa e imparcial. Ao revisar a prova, caso sintam que a correção está incorreta, por favor, me avisem — ficarei muito feliz em receber qualquer feedback sobre a qualidade do trabalho realizado pela IA.

ENSINANDO ENGENHARIA DE PROMPT

A habilidade crítica na colaboração entre humanos e IA é saber fazer as perguntas certas.

Em substituição à conotação negativa do termo GIGO (*Garbage in, garbage out,* [Lixo entra, lixo sai]), o conceito de gestão da qualidade QIQO (*Quality in, quality out,* [Qualidade entra, qualidade sai), proposto por Natella Isazada (2016), é mais adequado. O que obtemos ao usar qualquer tipo de IA depende totalmente do que inserimos como entrada. Modelar o uso responsável da IA generativa é um comportamento essencial para o educador. Porém, além de ensinar pelo exemplo, devemos também oferecer aos estudantes orientações positivas sobre como utilizar a IA generativa de forma eficaz. Uma nova ciência está se desenvolvendo rapidamente em torno dessa ideia, que parece simples, mas não é. Aqui, abordamos apenas o básico.

No início de praticamente qualquer curso de ensino superior hoje, você se verá diante de um grupo de pessoas já familiarizadas, experientes e equipadas para usar IA generativa. A maioria não precisará de instrução formal sobre como operar chatbots — mas todos se beneficiarão das orientações sobre como utilizá-los de maneira eficaz e honesta. Em todas as etapas da discussão, convide os estudantes a contribuírem — alguns deles saberão mais do que você (alguns sabem mais do que nós, e estamos imersos nessas questões diariamente desde 2022).

Qualidade dos Prompts

Prompts mal formulados gerarão resultados ruins, enquanto instruções bem elaboradas produzem um resultado muito melhor. Isso complementa nossa exposição anterior do modelo dos 3Ms — prompts bem construídos, voltados para alcançar objetivos específicos, manterão o trabalho dos estudantes em conformidade com as expectativas, enquanto prompts mal formulados, que enfraquecem os objetivos de aprendizagem, posicionarão o trabalho dos estudantes em pontos críticos do continuum dos 3Ms.

O que é um bom prompt?

Em inglês, o acrônimo **CRAFT** (coincidentemente, também um verbo favorito no vocabulário do ChatGPT) vem ganhando popularidade como um mnemônico para a qualidade de prompts. Ele significa *Context, Role-based, Action-oriented, Formatted, Toned* (Agarwal, 2025).

Em português brasileiro, esses elementos se ajustam levemente para **Contexto, Regras, Ação, Formato e Tom**. Vamos explorar cada um deles:

- **Contexto** exige a inclusão de informações de fundo relevantes, a descrição do público-alvo ou o uso pretendido para a informação solicitada.
- **Regras** sugere instruir o chatbot a responder a partir de uma perspectiva ou posição específica.
- **Ação** requer clareza sobre o que o chatbot deve fazer — avaliar, comparar, continuar, criticar, elaborar, enumerar, expandir, explicar, identificar erros, listar, resumir, traduzir — as possibilidades são praticamente infinitas. Também é possível indicar o público pretendido, por exemplo: "explique para uma turma do ensino fundamental" ou "explique para um público leigo em ciência".

  As instruções de ação também podem dizer ao chatbot como agir, por exemplo, pedindo que reduza a velocidade da resposta, aguarde informações adicionais ou selecione o que apresentar com base em critérios definidos.
- **Formato** exige que instruamos o chatbot sobre como queremos que a resposta seja estruturada. As possibilidades são inúmeras, por exemplo: artigo de blog, plano, resumo executivo, gráfico, código, arquivo CSV, diálogo, notas médicas, e-mail, ensaio, plano de aula, lista, artigo de opinião, roteiro, PDF, comunicado de imprensa, descrição

de produto, script, planilha, tabela. O formato também deve indicar o comprimento desejado. Ao pedir uma lista, por exemplo, você quer todos os itens, os dez principais, uma amostra representativa ou algo diferente?

- **Tom** permite exigir um estilo ou tonalidade específicos. É possível usar qualquer adjetivo para direcionar o estilo da resposta. Alguns exemplos comuns são: acadêmico, analítico, casual, crítico, cínico, emocional, empático, entusiasmado, amigável, instrutivo, apaixonado, profissional, tranquilizador, erudito, simpático. Também se pode indicar um gênero ou estilo de escrita específico, ou mesmo uma pessoa cujo tom se deseja emular.

  Você também pode pedir que a IA generativa escreva como você. Se ela tiver acesso a vários exemplos do seu texto, melhor ainda. Caso não estejam disponíveis publicamente, você pode fornecê-los.

O **tom** é frequentemente negligenciado ou subestimado. Mesmo quando não é instruída a "soar acadêmica", a IA generativa tende a adotar uma linguagem artificial. Prompts que fornecem orientação clara sobre o estilo, como "escreva no estilo de um estudante de graduação" ou "use linguagem simples", produzem respostas mais críveis. É necessário direcionar a IA generativa para evitar textos excessivamente rebuscados.

Um usuário iniciante pode começar uma consulta com uma pergunta extremamente ampla e aberta: *"Fale sobre a Revolução Francesa."* Isso provavelmente resultará em uma descrição geral e precisa dos principais eventos — mas, a menos que o usuário não saiba nada sobre o assunto, dificilmente fornecerá informações que sirvam de base para uma análise criativa.

No outro extremo, segue um exemplo de prompt que atende aos requisitos do **CRAFT**:

Sou estudante de pós-graduação em literatura francesa, escrevendo uma peça em três atos que se passa durante a Revolução Francesa e será apresentada no teatro da universidade no próximo Natal (contexto). Assuma o papel do rei Luís XVI a caminho da guilhotina (regras), tentando racionalizar o fim da monarquia (ação). Redija um breve solilóquio, com cerca de 100 palavras, em um único parágrafo em inglês (formato), que ele poderia ter pronunciado, usando o tom altivo e arrogante de um monarca hereditário sem verdadeira compreensão da condição de seus súditos (tom).

Estávamos planejando colocar a resposta em texto a baixo — mas ela ficou tão boa que decidimos mantê-la na página principal.

LOUIS XVI (on the cart to the guillotine, to himself):

So this is to be my end—not in Versailles, amid tapestries and dignitaries, but jostled by the rabble in the streets. They cheer as though liberty were a loaf of bread, as if order and grace were not my birthright! Have they any notion what it takes to rule—what bloodline, what divine appointment? I granted them reforms, permitted their noisy assemblies, even wore their tricolor with a smile. And yet, here I ride—like a common thief—to the blade. Let them have their Republic. In time, they shall remember the dignity they cast away... when they tire of ruling themselves.

[LUÍS XVI (na carroça rumo à guilhotina, para si mesmo): Então este será o meu fim — não em Versalhes, entre tapeçarias e dignitários, mas sacudido pela plebe nas ruas. Eles gritam como se a liberdade fosse um pedaço de pão, como se a ordem e a graça não fossem meu direito de nascimento! Têm eles noção do que é governar — do sangue, da nomeação divina necessária? Concedi-lhes reformas, permiti suas assembleias barulhentas, até vesti seu tricolor com um sorriso. E, no entanto, aqui estou — como um ladrão comum — a caminho da lâmina. Que fiquem com sua República. Com o tempo, lembrar-se-ão da dignidade que lançaram fora... quando se cansarem de governar a si mesmos.]

Todo prompt precisa ser tão detalhado e conter todos os elementos? Acreditamos que não, mas é produtivo começar a elaborá-los tendo em mente todos os requisitos do CRAFT e descartar aqueles que não são necessários para a tarefa em questão.

Comparando a Eficácia dos Prompts

Depois de ensinar os conceitos básicos de construção de prompts, mostre aos estudantes como experimentar diferentes versões e comparar os resultados. Em pouco tempo, eles começarão a perceber como a formulação das entradas afeta o formato das saídas. Se houver tempo em aula, peça que os estudantes escrevam prompts, troquem entre si e critiquem o trabalho uns dos outros.

Eis uma experiência interessante para realizar em sala: escreva um prompt de baixa qualidade, entregue-o à turma inteira e peça que cada estudante o reescreva utilizando os princípios do CRAFT. Em seguida, que submetam suas versões ao ChatGPT. Forme pequenos grupos e solicite que comparem os resultados, resumindo brevemente quais mudanças nas respostas foram causadas pelas diferenças nos prompts.

Testando Diferentes Ferramentas

É natural que os usuários tenham ferramentas preferidas. No entanto, a melhor prática é testar prompts em diferentes IAs generativas, e não apenas em uma favorita. Um prompt que funciona de forma brilhante em uma IA pode falhar completamente em outra, e vice-versa. Quanto mais usamos um único modelo, mais nos alinhamos com seus pontos fortes e suas peculiaridades. Testar em vários modelos ajuda a entender se os prompts são realmente claros ou se apenas se ajustam bem a uma ferramenta específica. Além disso, mantém nossa flexibilidade e aprofunda nossa compreensão sobre como diferentes modelos interpretam nossas instruções.

Construindo Repositórios de Prompts

Incentive os estudantes a manter registros de seus prompts e das respostas relevantes, utilizando aplicativos conhecidos como Word ou WordPad, e nomeando os arquivos de forma a facilitar a recuperação posterior. Nunca é tarde para adotar uma boa prática como essa. Estudantes com inclinação artística podem apreciar o termo *Portfólio de Prompts* para descrever sua coleção de prompts eficazes.

Defendendo o Uso Ético

> O fato de a IA generativa ser capaz de fazer algo não significa que você deva pedir que ela o faça.

Crie sua própria versão desse valor central e repita-o com frequência, para si mesmo e para seus estudantes. Ele se aplica a um contexto muito mais amplo do que apenas o uso de IA generativa, mas oferece um valor duplo: quem mantém a moralidade do conteúdo tende também a manter a moralidade no uso. Tenha uma conversa franca com seus estudantes sobre a importância de evitar a promoção de criminalidade, vieses, discriminação, plágio e outras práticas nocivas. Não hesite em pedir que eles deem exemplos de coisas que não deveriam ser feitas. Ajude-os a se perguntarem constantemente: *"Devo fazer isso? A IA deve fazer isso?"* Essa pergunta, além de ser bastante marcante, é também a essência da alfabetização ética.

Iterando

Acreditamos ser importante distinguir iteração de interrogação. Ambas são práticas relevantes, mas com propósitos distintos. Iteração é o uso progressivo e a modificação de prompts para melhorar a qualidade das respostas. Interrogação, que abordaremos a seguir, consiste em lançar um olhar cético sobre as saídas e fazer perguntas ao próprio chatbot que investiguem suas possíveis fraquezas ou erros.

A maioria dos estudantes rapidamente perceberá o valor da iteração — modificando progressivamente os prompts ou explorando diferentes ângulos até obterem a informação ou o produto desejado. Alguns, porém, podem se beneficiar de orientações sobre como seguir uma linha de questionamento, afunilar para um ponto central ou puxar fios que revelem novas possibilidades de investigação.

Eis um exemplo de uso da iteração para melhorar um produto. Começamos com este prompt:

> Dou aulas em um curso de graduação em STEM, na disciplina de Segurança em Engenharia. Escreva para mim um caso de 50 palavras para uma prova, que enfoque a proteção ocular.

O ChatGPT 4o retornou a seguinte resposta:

> Durante uma sessão rotineira de laboratório, um estudante utiliza uma escova de arame para limpar peças metálicas sem usar óculos de segurança. Um fragmento de metal se solta e atinge seu olho, causando lesão. Analise quais protocolos de segurança foram violados, o que deveria ter sido feito diferente e como evitar incidentes semelhantes.

O prompt original não era ruim, mas não estava totalmente alinhado aos princípios do CRAFT. Note que o ChatGPT não pede esclarecimentos; ele faz o melhor possível com as informações fornecidas. As falhas na resposta são diretamente atribuíveis às falhas do prompt. Pedimos um "caso", mas fomos vagos quanto ao formato (seria um cenário curto, uma questão de múltipla escolha, uma pergunta dissertativa?) e, embora tenhamos pedido um caso, não definimos claramente o que seria solicitado aos estudantes.

Iteramos refinando o prompt:

> Dou aulas em um curso de graduação em STEM, na disciplina de Segurança em Engenharia. Escreva um cenário de 50 palavras no qual a falha no uso de proteção ocular resulte em lesão. Usarei este cenário em uma prova, portanto siga-o com uma pergunta dissertativa curta que peça aos estudantes para identificar a violação de segurança e recomendar uma medida preventiva.

A grande vantagem dos chatbots é que eles nunca se cansam, nunca se entediam com a mesma pergunta ou com refinamentos progressivos, por mais numerosos que sejam. Eis o novo resultado:

> **Cenário** (50 palavras):
>
> Durante um laboratório de engenharia mecânica, um estudante opera uma esmerilhadeira sem usar óculos de segurança. À medida que o disco gira em alta velocidade, um fragmento de metal se solta e atinge seu olho, causando laceração e perda de visão. A ferramenta tinha um protetor, mas ele não foi utilizado.
>
> **Pergunta:**
> Identifique a principal violação de segurança neste cenário. Quais medidas preventivas deveriam ter sido tomadas para evitar o acidente?

Está melhor. Entretanto, decidimos agora que queremos avaliar a lembrança dos estudantes quanto às normas aplicáveis. Iteramos mais uma vez:

> Dou aulas em um curso de graduação em STEM, na disciplina de Segurança em Engenharia. Escreva um cenário de 50 palavras no qual a falha no uso de proteção ocular resulte em lesão. Usarei este cenário em uma prova, portanto siga-o com uma pergunta dissertativa curta que peça aos estudantes para identificar a violação

de segurança, indicar quais normas ou regulamentos se aplicam e recomendar uma medida preventiva.

Não vamos prolongar ainda mais o exemplo, mas é importante notar que a iteração poderia ter muitas outras fases: poderíamos especificar o local onde estamos, incluir um requisito para discutir responsabilidade civil ou do instrutor, ou ainda as implicações de carreira para o estudante envolvido no acidente.

ENSINANDO TÉCNICAS DE INTERROGAÇÃO

A interrogação é a habilidade essencial que decorre do pensamento crítico sobre as respostas da IA. Enquanto a iteração se concentra na qualidade do prompt, a interrogação questiona a solidez da saída.

Incentive os estudantes a testar fatos, visitar as fontes citadas, comparar respostas de diferentes ferramentas de IA generativa e fazer perguntas adicionais sempre que houver indícios de falta de confiabilidade. Muito rapidamente, eles perceberão o valor de questionamentos como: *"Você pode me dizer onde encontrou a autoridade para a afirmação de que..."* ou *"Pode citar uma referência que apoie sua conclusão?"* Em tarefas progressivas, muitas vezes é instrutivo pedir ao chatbot que refaça o exercício em etapas menores ou com explicações mais detalhadas.

Voltemos à Revolução Francesa para uma ilustração simples. Ao ser solicitado a fornecer informações sobre os principais eventos, o ChatGPT mencionou que a rainha Maria Antonieta era vista como desconectada da realidade, citando a "infame (e provavelmente apócrifa) frase '*Let them eat cake* [Que comam bolo]'". Você provavelmente já ouviu essa frase e talvez até se lembre da sentença que a precede: *"Os camponeses não têm pão."*

Espere um pouco! Ela era rainha da França, tinha um nome francês, mas era austríaca de nascimento. Será que ela realmente disse isso em português? Lembre-se de que comentamos anteriormente que a maioria dos LLMs depende amplamente de fontes em inglês. Este é um exemplo perfeito — embora o ChatGPT tenha reconhecido o caráter provavelmente apócrifo da citação, apoiou-se em uma anedota amplamente difundida em publicações de língua inglesa. Não verificou a fonte. Ao questionarmos, o chatbot esclareceu que ela quase certamente nunca disse isso e, caso tivesse dito, não teria sido em inglês! Ao insistirmos mais, o ChatGPT finalmente recorreu a fontes e informou que a versão francesa (*"Qu'ils mangent de la brioche"*) é citada nas *Confissões* de Rousseau, publicadas quando Maria Antonieta ainda era criança e, portanto, não atribuída a ela.

Ao praticar a interrogação, os estudantes aprendem a usar a IA como parceira de estudo de forma eficaz e deixam de aceitá-la passivamente. Bons interrogadores cutucam a ferramenta de vários ângulos. Eles perguntam:

- Que pressupostos você fez?
- que alguém que discorda de você diria para sustentar sua posição?
- Você pode decompor seu raciocínio em partes mais fáceis de entender?
- Se eu mostrasse sua resposta a um profissional da área, ele ficaria impressionado?
- Você pode repetir isso em linguagem mais simples?
- Você obtuve essa informação de uma fonte confiável?
- Sua resposta é relevante em um contexto global?
- Há erros lógicos no que você escreveu?
- Sua resposta mudaria se você tivesse uma perspectiva coletivista?

E assim por diante, *ad infinitum*. Da mesma forma que um bom advogado, em um processo judicial, acompanha o fluxo e baseia suas perguntas nas respostas anteriores, as interrogações dirigidas à IA devem ser responsivas e não pré-definidas.

TORNANDO O DESIGN CURRICULAR RESILIENTE AO FUTURO

Sam Altman, CEO (Diretor Executivo) da OpenAI, repetiu diversas vezes que o ritmo de desenvolvimento da IA é mais rápido do que a maioria das pessoas imagina, sejam elas membros do público em geral ou formuladores de políticas de alto nível. Ele usa o termo exponencial para descrever a velocidade desse progresso (Altman, 2023). O pensador Ray Kurzweil já escrevia sobre a lei dos retornos acelerados em 2001, afirmando: "We won't experience 100 years of progress in the 21st century—it will be more like 20,000 years of progress [Não experimentaremos 100 anos de progresso no século XXI — será mais como 20.000 anos de progresso]" (Berman, 2016). Há motivo para preocupação de que possamos ser vítimas da Lei de Amara — a tendência de superestimar os efeitos de uma tecnologia no curto prazo e subestimá-los no longo prazo.

À medida que a IA generativa evolui mais rapidamente do que jamais imaginamos, corremos o risco de que os materiais desta disciplina fiquem desatualizados antes mesmo do fim do semestre. Isso não significa que precisemos reescrever o plano de ensino a cada mês ou trimestre, mas serve de alerta para projetarmos com adaptabilidade — buscando alinhar-nos continuamente aos avanços tecnológicos, e não resistir a eles.

PROJETANDO PARA A PRÓXIMA ITERAÇÃO, NÃO PARA A ANTERIOR

Muitos de nós sentimos que, nos últimos anos, temos estado sempre correndo atrás do prejuízo — corrigindo o que acabou de dar errado, adaptando avaliações e provas para tapar mais uma brecha. Não queremos ficar um passo atrás da tecnologia — queremos estar à frente e preparados com conteúdos voltados para o futuro, que permaneçam relevantes com ajustes mínimos. Será que isso é possível?

Não precisamos ser capazes de prever o futuro. Podemos, sim, trabalhar com a ideia geral de que as ferramentas se tornarão melhores, mais sofisticadas, capazes de simular mais funções humanas e mais difíceis de detectar. Nenhuma dessas previsões importa se nossas atividades acadêmicas enfatizarem o processo, e não apenas o produto. Pense no *Zen Dog*.[13] É claro que teremos que aprender novas ferramentas e entender como nossos estudantes as estão utilizando — mas nosso trabalho consistirá, basicamente, em adaptar nossas avaliações para garantir que as novas tecnologias sejam usadas com a mesma transparência que as antigas.

Ao analisarmos nosso inventário atual de instrumentos de avaliação, devemos perguntar se cada tarefa poderia ser realizada de forma convincente pela IA generativa disponível hoje. Se a resposta for sim, é necessário reestruturar agora e reimaginar em breve. Ao reimaginar, devemos deixar espaço para mudanças futuras e evitar projetos baseados em pressupostos que talvez só existam por mais algum tempo.

---

[13] *He knows not where he's going, For the ocean will decide, It's not the destination, It's the glory of the ride* [Ele não sabe para onde vai, pois o oceano é quem decide, não é o destino que importa, mas a glória da jornada] (Monkton, 2006).

Tudo isso soa muito teórico. Vamos demonstrar com um exemplo prático, trabalhando em três horizontes temporais.

FIGURA 40: ShovelSense® em ação

A MineSense Technologies Ltd é uma empresa canadense (Vancouver) que desenvolveu um produto revolucionário e único para a indústria de mineração. Em termos simples, um sensor de alta potência instalado em uma caçamba de grande porte informa ao operador, em tempo real, se a carga de rocha contém teor suficiente de minério metálico para justificar seu processamento ou se consiste apenas em rejeitos sem valor econômico. Mineração e metais constituem um setor de grande escala — uma única pá com sensor custa mais de um milhão de dólares e o sensor pode durar apenas alguns dias ou meses —, mas, nesse período, é capaz de gerar para a mina um retorno múltiplo de seu custo. Um curso sobre manejo de rejeitos de mineração está explorando o valor dessa tecnologia.

Um exemplo de tarefa simples, vulnerável ao uso de IA, poderia ser:

> Redija um relatório de aproximadamente 1.000 palavras explicando os benefícios econômicos do ShovelSense® (tecnologia de sensores da MineSense) para uma mina de cobre.

Nem o ChatGPT nem o Claude, por exemplo, teriam dificuldade em produzir um relatório bem fundamentado em poucos segundos (experimente!).

Agora, vejamos como tornar a tarefa resistente à IA generativa, para aplicação nesta semana:

> Redija um relatório de aproximadamente 1.000 palavras explicando os benefícios econômicos e os compromissos ambientais decorrentes do uso da tecnologia ShovelSense® na mina de cobre Salabo, em Carajás, Pará. Apoie sua análise com pelo menos duas fontes publicadas e inclua um fluxograma anotado, feito à mão, mostrando onde a tecnologia é utilizada no fluxo de tratamento de rejeitos da mina.

Para os propósitos atuais, trata-se de uma melhoria significativa que obriga o estudante a realizar avaliação crítica, contextualização local (Carajás), uso de papel e caneta para elaborar um fluxograma e busca/citação de fontes genuínas. O estudante ainda poderá recorrer a um chatbot, mas não conseguirá terceirizar a tarefa por completo.

Agora, vamos projetar essa tarefa para o futuro:

> Você é um analista financeiro júnior especializado em empresas de tecnologia para mineração. Uma mina de cobre no Pará está considerando a aquisição de equipamentos ShovelSense® da MineSense, e seu gerente solicitou que você prepare um informe informativo para os clientes sobre os prováveis resultados econômicos. Elabore um memorando, em formato de folheto de duas páginas, que atenda aos seguintes requisitos:
>
> 1. Identifique os benefícios práticos e os desafios prováveis da adoção da tecnologia.

2. Avalie os custos financeiros e as preocupações ESG associadas ao uso do ShovelSense® na mina.

3. Utilize a versão gratuita mais recente do ChatGPT para estimar o provável efeito no preço das ações da MineSense.

4. Forneça uma explicação personalizada do ShovelSense® que tranquilize os anciãos indígenas das comunidades Xikrin e Xipaya.

IMPORTANTE: Salve seus prompts e respostas e anexe-os ao trabalho, em um apêndice.

A tarefa agora incorpora elementos que nos manterão alinhados com a IA generativa por pelo menos alguns semestres. Ela atribui um papel a ser desempenhado, com múltiplos destinatários para o produto final. Invoca diferentes perspectivas de stakeholders (consultores de investimento, proprietários de minas, investidores, interesses indígenas, ambientalistas), exige o uso e documentação de IA e solicita duas perspectivas distintas em uma mesma resposta. A referência à "versão gratuita mais recente do ChatGPT" garante que não haja necessidade de atualização quando novas versões forem lançadas, além de equalizar as condições para estudantes com diferentes situações econômicas.

No momento, não existe ferramenta de IA generativa capaz de lidar, de forma satisfatória, com todas essas demandas diversificadas; os estudantes precisarão decompor as tarefas, pesquisá-las individualmente e sintetizar os resultados para preparar o relatório. Ainda assim, o uso de IA generativa é exigido e autorizado, proporcionando aos estudantes a oportunidade de compreender suas limitações e aplicar sua própria criatividade no projeto.

IA À PROVA DE TRAPAÇAS VS. ALINHAMENTO COM A IA

Infelizmente, ainda se fala muito em "blindar" cursos, provas e avaliações contra a IA. Essa é uma estratégia defensiva, por vezes até confrontadora, que está fadada ao fracasso. Qual é o sentido de tentar impedir que a IA auxilie os estudantes, se forças tecnológicas, com recursos muito maiores do que os nossos, trabalham dia e noite para frustrar esses esforços? E qual é a mensagem transmitida quando aumentamos a vigilância, criamos armadilhas, truques e cavalos de Troia, e tentamos convencer os estudantes de que não deveriam usar a nova tecnologia? Estamos dizendo a eles que tememos nos tornar dinossauros e, pior, que não confiamos neles e vivemos com medo das ferramentas que utilizam. (Mesmo que tudo isso seja verdade, não é uma mensagem que valha a pena transmitir!)

"Blindar" contra a IA é insistir em um cavalo morto. Por mais que o açoitemos, ele não vai se levantar nem seguir adiante. **Mas alinhar-se à IA é o caminho do futuro.** No mundo real, a IA já é uma força dominante e cresce exponencialmente. Os estudantes mais bem-sucedidos serão aqueles que ingressarem no mercado de trabalho preparados para aplicar essa tecnologia em suas carreiras.

Se permitirmos abertamente que os estudantes usem IA generativa, incentivando-os a compartilhar conosco o que aprendem sobre ela, e os avaliarmos com base na sabedoria de seu processo e não apenas na qualidade do resultado, todos sairemos ganhando.

Vale a pena analisar suas atividades com um olhar renovado e perguntar: se elas consideram a IA, estão blindadas contra ela ou alinhadas a ela? Duas perguntas simples ajudam a esclarecer:

- Esta tarefa foi concebida partindo do pressuposto de que a IA é uma ameaça? (se sim, então está blindada).

- Esta tarefa incentiva os estudantes a usar a IA de forma responsável? (se sim, então está alinhada).

DESENVOLVENDO CURSOS QUE CONTINUARÃO RELEVANTES NO PRÓXIMO ANO

Esperamos que, ao revisar o conteúdo, a estrutura e as avaliações de seus cursos, você encontre muitos dos elementos que descrevemos já implementados. Entretanto, se o seu curso não foi atualizado recentemente ou se você herdou um curso mal estruturado, será necessário realizar uma reestruturação completa. A seguir, apresentamos um roteiro/modelo para construir um curso alinhado à IA em praticamente qualquer disciplina:

1. **Baseie o conteúdo e a avaliação contínua em competências intelectuais que não dependam de uma única tecnologia.** Exemplos incluem pensamento crítico, tomada de decisão ética, interpretação de dados, julgamento e comunicação. Essas habilidades são difíceis de terceirizar, mas extremamente valiosas para avaliar os resultados gerados pela IA generativa. Além disso, constituem ativos profissionais indispensáveis.
2. **Utilizando as técnicas descritas anteriormente, desenvolva atividades que avaliem e recompensem bons processos, e não apenas os resultados.** Incentive a transparência e reconheça-a abertamente.
3. **Esqueça a ideia de proibir a IA.** Adote-a de forma aberta, ensine seus estudantes sobre ela e utilize-a como ferramenta de ensino. Divulgue, de forma transparente, como você emprega a IA generativa em seu trabalho, discuta suas limitações e convide os estudantes a oferecer feedback.

4. **Construa seus cursos como LEGO®.** Crie módulos interligados que possam ser trocados, combinados de diferentes formas, expandidos e atualizados. Se o design de base for sólido, as partes que se tornarem obsoletas poderão ser substituídas por novos componentes plug-and-play.
5. **Transforme cada turma em uma comunidade.** A IA generativa, pelo menos até que andróides se tornem tão acessíveis a ponto de todos possuírem um, dificilmente substituirá totalmente o contato e a conexão humana no futuro próximo. Preserve todos os elementos que constroem vínculo — trabalho em equipe, debates, discussões — e incorpore as realidades da IA generativa em sua implementação.

ENCONTRANDO APOIO E COMUNIDADES

Além do engajamento regular com colegas de sua própria instituição e região — algo que recomendamos fortemente — já se desenvolveu uma ampla especialização em torno da interface entre tecnologia e educação. Essa área naturalmente incorpora a IA generativa, mesmo quando ela não é o foco central, dominante ou exclusivo das iniciativas.

Em praticamente todas as instituições de ensino brasileiras existe alguma versão de um núcleo de apoio pedagógico ou centro de inovação educacional, com equipes preparadas para auxiliar professores na revisão e no redesenho de materiais e conteúdos de seus cursos. Esses setores, frequentemente vinculados a pró-reitorias de graduação ou extensão, oferecem suporte técnico, metodológico e tecnológico, ajudando professores a integrar novas ferramentas — inclusive de IA generativa — de forma ética, eficaz e alinhada aos objetivos de aprendizagem.

No contexto brasileiro, você encontrará equipes de Tecnologia Educacional, muitas vezes integradas a núcleos de inovação pedagógica ou centros de apoio ao ensino e aprendizagem. Entre suas principais competências estão a conformidade com as normas de privacidade, o uso de recursos de ambientes virtuais de aprendizagem (AVA) para promover a integridade acadêmica e a integração de ferramentas que auxiliam nos fluxos de trabalho com IA generativa. Exemplos relevantes incluem as iniciativas de transformação digital e inovação educacional coordenadas pela CAPES, pelos Institutos Federais de Educação (IFs) e por redes como o Centro de Inovação para a Educação Brasileira (CIEB), que oferecem suporte técnico e pedagógico às instituições.

Ilustrando a pertinência do tema, em 2025 diversas universidades brasileiras vêm promovendo eventos e capacitações voltados à IA generativa, como oficinas de elaboração de critérios de avaliação para garantir transparência no uso da IA, webinars sobre ética e tecnologia educacional e grupos de estudo interinstitucionais.

No cenário nacional, também existem grupos e iniciativas multi-institucionais com forte interesse em IA e educação. Organizações como a ABED (Associação Brasileira de Educação a Distância) e a SBIE (Simpósio Brasileiro de Informática na Educação) têm abordado com frequência o papel da IA no ensino superior, promovendo conferências e conteúdos especializados. Além disso, muitas universidades contam com comitês e grupos de trabalho internos dedicados a estudar e implementar práticas relacionadas à IA generativa. A Universidade de São Paulo (USP), por exemplo, possui iniciativas de governança e pesquisa em inteligência artificial aplicadas à educação.

Se você tem interesse em acompanhar os avanços sobre IA generativa na sua instituição — e quem não teria? — recomendamos buscar oportunidades para participar de comitês, fóruns e eventos no seu campus.

Você não precisa fazer essa jornada sozinho

MANTENDO-SE À FRENTE DA CURVA

IA Agentiva

Embora não tenhamos uma bola de cristal funcionando, alguns desenvolvimentos previstos estão tão próximos que já podemos falar sobre como nos preparar para eles. O próximo jogador em campo — alguns diriam, o próximo competidor na corrida armamentista acadêmica — provavelmente será a IA agencial. Precisamos nos familiarizar com esse termo, pois em breve ele estará amplamente disponível e poderá ameaçar redefinir, mais uma vez, o trabalho de nossos estudantes.

Embora o termo *agencial* tenha associações técnicas há décadas, seu uso no contexto da tecnologia de IA remonta apenas a cerca de 2022. Ele descreve sistemas de IA que podem receber instruções de alto nível e, a partir delas, tomar decisões, executar ações, reavaliar, fazer ajustes e progredir em direção a um objetivo sem intervenção humana adicional.

Aqui vai uma ilustração simples da diferença. Se você mora em São Paulo e quer passar uns dias fora da cidade, pode decidir viajar para Ilhabela, e então pedir ao ChatGPT para planejar o roteiro. Mas ainda assim será necessário reservar o hotel e a balsa, conferir a previsão do tempo e pegar a estrada até lá.

Com a IA agencial, você poderia simplesmente dizer: "Preciso de uma pausa, quero sair da cidade no próximo fim de semana. Encontre um lugar para eu ir, faça as reservas e organize tudo." A IA agencial pesquisaria destinos, escolheria o que considera melhor, concluiria a reserva do hotel, verificaria a previsão do tempo, enviaria para o seu celular uma lista do que levar, mandaria mensagens para amigos que moram na região para saber se estão disponíveis para um encontro e planejaria toda a viagem, incluindo a reserva da balsa.

No mundo agencial, é possível terceirizar não apenas o planejamento das tarefas, mas também a sua execução.

Antes de prosseguirmos, apresentamos uma pequena tabela comparando a IA generativa de hoje com a IA agencial de amanhã.

TABELA 15: IA generativa e IA agente

Aspecto	IA Generativa	IA Agencial
Instruções	Necessita de prompts específicos	Trabalha a partir de um objetivo de alto nível
Tomada de Iniciativa	Responde a entradas humanas	Toma decisões para alcançar o objetivo
Tarefas	Humano planeja todas as etapas	Planeja e executa tarefas sequenciais
Memória	Normalmente limitada a uma sessão	Mantém objetivos, monitora o progresso e faz ajustes
Ferramentas Externas	Muito limitadas, ex.: navegação web	Ampla variedade, incluindo outros softwares, bancos de dados e arquivos de e-mail

Traduzir a IA agencial para o contexto educacional dá uma nítida sensação de déjà vu — novamente se invoca o drama do fim do mundo! Um agente de IA atuando como estudante será capaz de realizar tarefas sequenciais ao longo de uma atividade, incluindo escolha do tema, pesquisa, elaboração de proposta, preparação de rascunhos, revisão, formatação e submissão. Um estudante equipado com IA agencial provavelmente, em breve, poderá simplesmente entregar uma atividade ao agente e deixá-lo concluir tudo, do início ao fim, sem fornecer mais entradas, decisões ou instruções.

Isso não é alarmismo teórico. Modelos agenciais iniciais já estão disponíveis ao público e evoluem em velocidade impressionante. Há perspectiva de vermos trabalhos entregues em nome de estudantes que, na verdade, não realizaram absolutamente nenhuma parte do que está sendo avaliado.

A boa notícia é que, por mais assustadora que a IA agencial pareça, as técnicas e ferramentas que descrevemos anteriormente oferecem grande parte da solução para seus efeitos. Ao deslocar a avaliação do resultado para o processo — exigindo anotações de planejamento, histórico de versões, rascunhos, memorandos de voz ou vídeo, reflexões orais, registros de processo e outras entregas intermediárias — podemos neutralizar as capacidades da IA agencial e identificar facilmente quando ela foi utilizada. As rotinas de transparência que propusemos incentivam os estudantes a serem claros sobre seu uso e se estendem naturalmente a qualquer aplicação da IA agencial. Além disso, a inclusão de demandas por experiências reais e autênticas dos estudantes, discussões e apresentações não será satisfeita por uma simples delegação a um agente.

Há um ajuste curricular que devemos considerar. Anteriormente, falamos sobre ensinar letramento em IA generativa. Precisaremos expandir o escopo dessa discussão para o **letramento em IA agencial** e engajar os estudantes nas mesmas conversas éticas que tivemos sobre a IA generativa. Comparado ao salto tecnológico do modelo generativo para o agencial, o salto necessário no letramento é relativamente pequeno.

Trabalhos com Deepfake e Aprendizes Sintéticos

A perspectiva da IA agencial levanta duas possibilidades que representam um salto quântico em relação a tudo o que discutimos até agora. Até o momento, todos os riscos de integridade abordados envolviam um estudante real possivelmente recebendo crédito indevido por um trabalho inautêntico. A IA agencial amplia as chances de:

- **Trabalhos "deepfake".** Estudantes que aparentam enviar seu próprio trabalho, quando, na verdade, tudo foi produzido pela IA, sem edição, talvez sem verificação de fontes e, possivelmente, com documentos intermediários, como planos de trabalho ou feedbacks de colegas, que também são criações artificiais.
- **Estudantes sintéticos.** O dia está próximo — talvez já tenha chegado — em que existirão estudantes totalmente gerados por IA, sem nenhum equivalente real. Bots já jogam pôquer online há anos; por que não poderiam também se inscrever em cursos e obter créditos? Riscos paralelos envolvem bots obtendo crédito por participação, corrupção de dados nos ambientes virtuais de aprendizagem (AVA) devido à presença de estudantes robóticos e a circulação de conteúdo totalmente inautêntico em fóruns de discussão, documentos compartilhados e trabalhos em grupo.

Algumas das ferramentas que já discutimos podem auxiliar na detecção e dissuasão da aprendizagem sintética, mas provavelmente voltaremos a depender de educadores atentos a sinais de envolvimento não humano. Também será necessário contar com ferramentas embutidas nos AVAs para verificar indicadores como tempos de resposta suspeitos, velocidades de digitação, padrões de linguagem e outros sinais de alerta.

Estamos confortáveis em voltar a falar sobre detecção, pois os estudantes sintéticos não parecem ser uma tecnologia aproveitável para ajudar no aprendizado — cruzamos novamente a linha para a desonestidade deliberada. Nossas instituições terão um papel importante além do fornecimento de detectores técnicos: será necessário atualizar as políticas e as definições institucionais para lidar com a ameaça da participação sintética.

Sobrevivência Profissional

Quando a IA pode fazer tanto, o mundo ainda precisará de educadores? É provável que essa pergunta tenha cruzado sua mente, à medida que discutimos o quanto do esforço dos estudantes pode ser terceirizado, e que isso também possa se aplicar a nós. Sim, essa questão é válida, mas está em nossas mãos reagir de forma sensata e surfar essa onda. Podemos transformar a revolução da IA em uma aliada. Aqui está nosso kit de sobrevivência:

1. **No ensino e na avaliação atuais, concentre-se nos aspectos que a IA não consegue fazer, ou não faz bem.**
2. **Reforce sua identidade como educador no novo mundo impulsionado pela IA.** Olhe ao seu redor — você verá muitos colegas dando seminários e webinars sobre os impactos da IA em suas áreas. Junte-se a eles — torne-se um entusiasta, não um espectador. Garanta que seus cursos sejam preparados para a IA e seja um exemplo de adoção e adaptação — seus colegas o respeitarão por isso.
3. **Use a IA no design de cursos e na produção de materiais.** Faça brainstormings com ela, submeta seu trabalho para avaliação (a IA generativa já é boa, por exemplo, em tarefas entediantes como, possivelmente, construir matrizes de avaliação). Pergunte à IA se seus estudos de caso estão

claros, o que falta em suas questões dissertativas e se ela consegue lidar com suas questões de múltipla escolha. Faça da IA generativa sua melhor aliada, não sua pior inimiga.
4. **Engaje-se.** Não siga sozinho — participe de equipes que apoiam profissionais como você e contribua com elas.
5. **Converse com os estudantes de forma honesta e aberta sobre a IA.**

O que acontecerá em sua carreira — como a IA o afetará — não será definido pela tecnologia, mas pela sua resposta a ela. Aderir a essa transformação não é apenas um plano de sobrevivência; é uma necessidade profissional. Hoje, abrace a IA generativa, aproveite seu poder para melhorar seus cursos, ensine seus estudantes a usá-la de forma responsável e utilize-a para aprimorar suas avaliações e feedbacks.

TRÊS PONTOS FUNDAMENTAIS

1. A IA generativa desafia conceitos fundamentais como autoria, propriedade e compreensão.
2. Os estudantes precisam de novas competências — fluência, elaboração de prompts, verificação de fontes, análise crítica e integração.
3. Não somos apenas guardiões do conhecimento. Somos guias experientes nos domínios da ética, do discernimento e da gestão responsável de ferramentas.

Capítulo 10. A IA GENERATIVA PODE TRABALHAR A SEU FAVOR

> *Nosso estudante perguntou: "Sou eu que tô pagando aqui! Se o manual não faz sentido, por que eu não posso fazer o meu próprio?"*

Gostaríamos de começar este capítulo com um gatilho de memória marcante. Duas gerações atrás, palestrantes costumavam buscar conexão com o público perguntando: "Você se lembra onde estava quando JFK foi assassinado?" Mais tarde, a pergunta passou a ser: "Você se lembra onde estava quando as torres gêmeas caíram?"

Você se lembra da primeira vez em que um estudante entregou um trabalho curiosamente diferente do que você esperava — e percebeu que algo estranho estava acontecendo? Para Paul, isso ocorreu em um curso de contabilidade gerencial, quando 47 estudantes entregaram planilhas do Excel com as soluções esperadas — mas o 48º apresentou um documento de texto, com parágrafos estranhamente redigidos, que conduziam a respostas confiantes, porém erradas. Não por acaso, isso aconteceu no final de 2022.

Mencionamos isso porque, a partir dali, a enxurrada de respostas geradas por IA cresceu exponencialmente — e passamos a dedicar muito tempo apenas para lidar com isso. No entanto, não muito adiante nesse caminho, começamos também a perceber que a IA generativa poderia trabalhar a nosso favor. Nos últimos dois anos, refinamos diversas técnicas que, acreditamos sinceramente, nos tornaram mais eficientes, criativos e produtivos — sem comprometer nossa integridade pessoal. Nas próximas páginas, vamos compartilhar algumas dessas rotinas.

Para que isso funcione, precisamos repensar nosso papel. A mudança monumental trazida pela IA generativa é que deixamos de ser a autoridade incontestável sobre o conteúdo de nossos cursos e disciplinas. Por mais que saibamos, as ferramentas de IA generativa podem reunir, com credibilidade, muito mais informação do que nós — e, muitas vezes, organizá-la em segundos, tarefa que nos tomaria horas. Isso não nos torna irrelevantes — continuamos essenciais —, mas com um foco diferente. Não pense na IA generativa como sua concorrente; pense nela como uma colega de trabalho. Já falamos sobre ensinar os estudantes a usar IA; agora, vamos tratar de aprender a usá-la nós mesmos.

Nos últimos dois anos, exploramos e comparamos diversas ferramentas de IA generativa em nosso trabalho. A tabela a seguir resume aquilo que reconhecemos como os principais pontos fortes e fracos de cada uma. Dependendo de suas necessidades específicas, você provavelmente escolherá aquela que melhor se adapta ao seu perfil — mas não hesite em experimentar outras ferramentas e comparar os resultados.

Na primeira tabela, há uma única linha para o ChatGPT, com uma visão generalizada. Isso simplifica demais o cenário, pois, no momento em que escrevemos, existem pelo menos seis modelos principais disponíveis (alguns gratuitos, outros pagos), com níveis adicionais para usuários Pro, Teams e Enterprise. Esses níveis desbloqueiam variantes e modelos experimentais. Cada modelo tem capacidades diferentes em termos de raciocínio, memória, entrada multimodal e acesso à internet. Por isso, incluímos uma segunda tabela para revelar as diferenças mais relevantes. Para cada modelo, indicamos também um tipo de usuário mais provável — apenas como exemplo ilustrativo.

TABELA 16: Forças e fraquezas das principais ferramentas

Ferramenta	Bom em	Não tão bom em
ChatGPT	Escrita de prompts Roleplay Geração de ferramentas de avaliação Simulação de respostas de estudantes Criação de matrizes de avaliação Diálogo Ecossistema de plugins Planos de aula Voz, visão, código	Precisão fatual Manipulação de imagens e gráficos, especialmente embutidos em documentos Evitar alucinações (As versões gratuitas são mais fracas que as pagas)
Claude	Escrita profissional Manipulação de conteúdo extenso Execução de tarefas estruturais detalhadas Sumarização	Assumir riscos Integrações com LMS Geração de imagens (Recursos completos requerem licenças institucionais)
Microsoft Copilot	Integração com Word, Excel, PowerPoint Formatação rápida e conteúdo Escrita de fórmulas do Excel	Criatividade Versatilidade de tom Rigor acadêmico Simulação de tutoria
Google Gemini	Integração com aplicativos Google, incluindo Google Classroom Sumarização e informações em tempo real Trabalho em vários idiomas	Evitar alucinações Manter citações consistentes Diálogo Controle de tom
notebooklm	Sintetizar conteúdo do usuário Criar resumos Citar fontes de seu trabalho Produzir podcasts em áudio	Geração de conteúdo original Trabalho sem conteúdo do usuário Controle de tom Tutoria, simulação
Perplexity	Citação de fontes Verificação de fatos Pesquisa de antecedentes	Geração de conteúdo longo Versatilidade de tom Diálogo/cenários

TABELA 17: Modelos do ChatGPT disponíveis em agosto de 2025

Modelo	Acesso	Recursos	Casos de Uso
GPT-3.5 Turbo (ESL, K-12)	Gratuito	Rápido Usa menos poder computacional e memória	Tarefas básicas Brainstorming Resumos Perguntas e respostas simples
GPT-4 Turbo (Humanas, Ciências Sociais)	Plus (US$20/mês)	Mais preciso Documentos mais longos	Criatividade Conteúdo para sala de aula Planejamento de aulas Elaboração de avaliações
GPT-4o (Artes Visuais, Idiomas, Mídia)	Gratuito e Plus	Multimodal (texto, imagem, áudio) Rápido	Materiais didáticos Conteúdo para sala de aula Correção de trabalhos visuais Avaliação de língua falada Explicação de gráficos
GPT-4.5 (Literatura, Ética)	Pro / Experimental	Confiabilidade fatual melhorada (ainda não perfeita) Tom mais emocional	Feedback rápido Narrativas Variação cultural Escrita acadêmica Desenvolvimento de políticas
Chat GPT-5	Pro / Plus (planos variáveis)	Raciocínio avançado de contexto longo Integração mais fluida com ferramentas externas	Escrita acadêmica e profissional Pesquisa interdisciplinar Análise de grandes volumes de dados Assistência criativa de alta complexidade
o1 / o1-pro (STEM, Ciência de dados, Análise)	Pro (US$200/mês)	Raciocínio avançado Lógica passo a passo Excelente para matemática, código e resolução estruturada de problemas	Matemática Programação Resolução estruturada de problemas
o3-pro (Escolas profissionais, Pesquisa em IA)	Pro / Equipes	Lógica profunda Entrega em tempo real Geração de imagens	Integração de ferramentas como monitoramento de navegador Verificação de fatos Análise de arquivos

As próximas seções são, reconhecidamente, uma lista extensa. Sinta-se à vontade para ir diretamente àquelas que mais lhe interessarem. Antes de começarmos, porém, um ponto crucial: lembra-se do mnemônico **CRAFT** para qualidade de prompts? Ele se aplica aqui tanto quanto quando o apresentamos pela primeira vez. Daremos alguns exemplos ao longo do caminho.

Lembrete do CRAFT
Contexto, Regras, Ação, Formato, Tom

PLANEJAMENTO DE CURSO

Em nossa experiência, o ChatGPT desempenha um papel excelente na criação de esboços de planos de curso, aprofundando-se posteriormente nos detalhes. Ele pode não conhecer os requisitos precisos do programa da sua instituição, a menos que sejam públicos, e não terá acesso ao seu conteúdo proprietário (como materiais complementares de curso), a menos que sejam publicados. No entanto, seus dados de treinamento incluem literalmente milhões de documentos produzidos para, ou utilizados por, cursos em instituições de ensino de todo o mundo. Quanto mais específico você for sobre o que precisa, melhor será o resultado obtido.

Segue um exemplo que você pode utilizar, adaptar ou modificar conforme necessário:

> Você é um designer de cursos para um grupo de pós-graduação em MBA. Crie um curso modular claro, com o título Logística Global. O curso terá duração de 5 semanas, com duas sessões de 3 horas por semana — totalizando 10 módulos. Ele deve ser adequado tanto para modalidade presencial quanto online. Para cada módulo, inclua um título, uma descrição de 2 a 3 frases, 2 resultados de aprendizagem em formato de lista e uma atividade ou avaliação que

possa ser concluída nos últimos 30 minutos da aula. Utilize português brasileiro e evite jargões do setor. Faça com que o curso progrida de conceitos básicos para aplicações práticas simuladas, garantindo que os estudantes avancem gradualmente pela taxonomia de Bloom, com forte ênfase prática.

Acreditamos que você ficará impressionado com a qualidade dos planos de curso gerados em resposta a prompts bem elaborados. Contudo, a supervisão humana continua sendo necessária. A IA generativa normalmente não recupera os dados mais recentes da Internet, baseando-se em conjuntos de treinamento atualizados até uma data relativamente recente. O risco de alucinações persiste — quando os dados de treinamento não contêm informações suficientes para atender a uma necessidade, a IA generativa pode simplesmente inventá-las.

Mais uma advertência. A IA generativa não foi ensinada a ensinar, e não sabe o que torna uma aula realmente eficaz. Pode parecer que ela compreende pedagogia, mas, na realidade, o que faz é emular o melhor de milhões de documentos de cursos presentes em seus dados de treinamento.

Você pode querer acrescentar outros elementos ao desenho do curso, como uma visita técnica, uma simulação guiada ou uma lista de leituras. As ferramentas de IA generativa podem sugerir essas adições em resposta a prompts claros — mas, novamente, tenha cautela! Se planejar uma visita de campo usando IA generativa, certifique-se de que o local existe e está acessível na data prevista. A IA generativa é perfeitamente capaz de "alucinar" locais inexistentes ou inventar livros e artigos que não são reais. Utilize-a para informar sua pesquisa, e não como produto final.

CONTEÚDO DO CURSO

Ao atualizar um curso existente ou ter o privilégio de construir um novo, é provável que você se depare com uma lista extensa de materiais a preparar. A IA generativa é um excelente recurso para a elaboração de primeiros rascunhos de materiais como: notas de aula, apresentações de slides, estudos de caso, atividades, resumos de leituras e explicações, entre outros.

Enfatizamos primeiros rascunhos, pois a revisão e o aporte humano são essenciais para manter a autoria e a identidade do curso. A seguir, alguns pontos-chave e limitações:

- Ferramentas populares como o ChatGPT geram apresentações em PowerPoint que podem ser baixadas. No entanto, atualmente (meados de 2025), essas apresentações não são bem formatadas; será necessário editar substancialmente e, possivelmente, aprimorá-las usando ferramentas como Slidesgo, gamma.app ou outro aplicativo para torná-las adequadas ao uso em sala de aula. Uma abordagem alternativa é solicitar à IA generativa apenas uma lista de slides e, a partir dela, construir sua apresentação utilizando seus próprios modelos e habilidades de design.
- Assim como para outros materiais, o sucesso depende do prompt. Utilize o CRAFT para informar à ferramenta o que você precisa.
- Sempre verifique a presença de alucinações.
- Sempre divulgue como a IA foi utilizada na preparação.
- A IA generativa tende a depender fortemente de perspectivas ocidentais. Considere incluir instruções específicas para adicionar diversidade ou pontos de vista diferentes.

- A construção de conjuntos de slides ou outros conteúdos do curso pode não ser o primeiro passo. Se você já possui um material de apoio, pretende adotar um livro ou pode fornecer outros elementos, carregue-os junto com a solicitação.

A seguir, alguns exemplos de prompts que você pode testar e adaptar.

(Para esboço de apresentação de slides) Estou ministrando um curso de graduação na escola de jornalismo. Por favor, proponha uma lista de slides para uma aula de 2 horas sobre "Jornalismo junto a forças de paz". Gostaria de 15 slides, incluindo a página de capa e a folha de referências, com um conjunto de três perguntas instigantes para discussão ao final. Utilize marcadores para brevidade e garanta que o conteúdo possa ser criado usando no máximo 30 palavras por slide. Use exemplos específicos de onde jornalistas como Adriana Carranca e Rodrigo Lopes atuaram em regiões de conflito e incorpore perspectivas de moradores, bem como de jornalistas e das forças armadas. Trabalhei dentro de forças de paz na África Central — deixe espaço para que eu incorpore experiências pessoais. Em todos os momentos, enfatize segurança e proteção.

(Para estudo de caso) Atue como redator de casos para um curso de graduação em planejamento urbano. Crie um estudo de caso de 750–800 palavras abordando questões de qualidade do ar em Daca, Bangladesh. Desenvolva um cenário realista no qual planejadores urbanos precisam enfrentar poluição severa, consequências para a saúde e aplicação desigual das regulamentações. Inclua um briefing de contexto sobre o clima, a população e a economia da cidade, estatísticas atuais de qualidade do ar e as perspectivas dos principais atores envolvidos. Apresente um ponto de decisão claro, destacando o dilema entre efeitos de curto prazo e resiliência de longo prazo. Exija três entregáveis de 300–400 palavras cada, abordando política, ética e viabilidade. Evite linguagem coloquial e parta do pressuposto de que os estudantes não estão familiarizados com a cidade. Respeite as implicações culturais e estimule o pensamento crítico. Cite 3–4 referências para embasar o briefing contextual (não incluídas na contagem de palavras).

(Para nota explicativa) Estou ministrando a disciplina de Introdução às Finanças para estudantes do primeiro ano de um curso de graduação em Ciências Contábeis. Escreva uma breve explicação (aproximadamente 400 palavras) mostrando como a taxa APR é utilizada no cálculo de pagamentos de empréstimos com capitalização mensal. Defina o APR, diferencie-o do EAR, explique como o custo total do empréstimo é afetado e inclua um exemplo de financiamento de veículo. Utilize uma linguagem simples, sem termos técnicos não explicados. Considere que os estudantes possuem conhecimentos de matemática do ensino médio, mas não têm formação especializada. Conclua com uma explicação sobre por que é essencial que os tomadores de crédito compreendam o APR para comparar opções de financiamento.

DADOS SINTÉTICOS

Se você não ministra disciplinas baseadas em dados ou não trabalha com análise de dados, pode pular esta seção.

Dados sintéticos são dados gerados artificialmente — dados "inventados", por assim dizer — que se assemelham a dados reais, mas não contêm informações privadas, identificáveis ou protegidas. Utilizamos amplamente esse tipo de dado em cursos de estatística e análise de dados, evitando assim problemas de privacidade. Antes do surgimento da IA generativa, gastávamos horas e até dias procurando e preparando dados para uso em sala de aula. Sempre houve o Kaggle, mas pode ser trabalhoso filtrar o enorme volume de conjuntos disponíveis. Alguns sites oferecem a criação de bases de dados, às vezes bastante grandes, em troca de nosso e-mail ou pagamento. E existe ainda a invenção manual: quem nessa área nunca passou horas no Excel, utilizando funções de geração aleatória para compilar, de forma trabalhosa, bases de dados para os estudantes praticarem?

Com algumas limitações, a IA generativa elimina essas barreiras demoradas e, em poucos instantes, pode produzir conjuntos de dados que podemos usar ou adaptar para práticas, atividades e exames. Podemos especificar o formato, o conteúdo, as variáveis, o nível de complexidade, o número de registros e até pedir a inclusão de anomalias. Mais uma vez, tudo depende do prompt.

Embora falemos de forma geral sobre dados sintéticos, existem cinco métodos principais para criá-los, e cada um gera dados com características diferentes:

- **Geração determinística:** utiliza um conjunto de regras, modelos ou lógicas definidas pelo usuário.
- **Amostragem probabilística:** ajusta distribuições matemáticas a dados reais e, a partir delas, gera novos dados.
- **Aprendizado de máquina:** aprende padrões a partir de dados reais e gera dados sintéticos que seguem esses padrões.
- **Aumento de dados** (*data augmentation*): modifica dados reais para criar novos.
- **Dados com preservação de privacidade:** parte de dados reais e os altera de forma que não identifiquem fontes originais.

As principais limitações das ferramentas de IA generativa são o tamanho e a precisão matemática. Não é realista esperar que o ChatGPT gere uma base com 5.000 linhas, muito menos com 50.000, pois isso ultrapassa os limites de memória. O modelo pode recusar ou tentar gerar, mas travar no meio do processo. A melhor solução, se você precisar de algo maior, é solicitar que a IA escreva um script em Python, que depois pode ser executado em outro programa, como o Excel, para construir a base de dados. Outra alternativa é utilizar serviços de geração de dados por IA, gratuitos ou pagos, como o *Fabricate* (https://www.tonic.ai/products/fabricate). Resultados complexos exigem um tratamento humano cuidadoso: por exemplo, o ChatGPT terá dificuldade para atender a solicitações que envolvem um coeficiente de correlação exato ou uma covariância definida. No entanto, com um bom prompt, é possível pedir a geração de dados que apresentem desvios da lei de Benford, ou estipular relações específicas entre as variáveis e, ao mesmo tempo, solicitar a inclusão de valores atípicos.

A seguir, alguns exemplos de prompts compatíveis com o modelo CRAFT que poderiam ser utilizados em um curso de Contabilidade e em um programa de Marketing.

> Gere[14] um conjunto de dados sintéticos com 60 registros, disponível para download em Excel, referente a faturas de vendas fictícias, para uso em um curso de graduação em Contabilidade que estuda a análise de Benford. Cada registro deve incluir 9 colunas: data (aleatória em 2025), número da nota fiscal, ID do cliente com 6 dígitos, um de dez nomes de produtos, quantidade vendida, preço unitário, ICMS (imposto estadual), IPI (imposto federal) e total da fatura. Inclua uma linha de cabeçalho. Manipule os totais das faturas de forma que a análise de Benford apresente um número incomumente alto de valores iniciados pelo dígito 4.

---

[14] Você pode estar entre os milhões de pessoas que acham difícil não usar boas maneiras ao conversar com bots. Mas pense no planeta — cada caractere transmitido tem um custo em energia elétrica, e Sam Altman comentou recentemente que usuários dizendo "por favor" e "obrigado" estão adicionando dezenas de milhões de dólares aos seus custos operacionais! (Shibu, 2025)

> Gere um conjunto de dados sintéticos em formato .csv para uma disciplina optativa de marketing em um curso de MBA. Inclua 100 opiniões de pesquisa sobre carros movidos a hidrogênio. Os estudantes utilizarão o conjunto para análise de sentimentos e segmentação. Inclua 8 colunas no conjunto de dados, com cabeçalhos apropriados:
>
> 1. ID do cliente (número aleatório de 5 dígitos),
> 2. Idade (18 anos ou mais),
> 3. Gênero (com opção para não declarar),
> 4. Província (utilize todas as províncias canadenses),
> 5. Tipo atual de carro (combustão interna, híbrido, elétrico, nenhum),
> 6. Nível de interesse em carro a hidrogênio (0 para nenhum interesse a 5 para muito interessado),
> 7. Montadora favorita,
> 8. Comentário escrito em uma frase simples, em inglês, expressando uma opinião._[15]
>
> Cerca de metade das opiniões deve ser neutra, 30% positivas e 20% negativas. Os comentários devem ser realistas para uma população diversa e incluir alguns comentários fora do padrão ou irrelevantes, que sejam difíceis de classificar. Evite detalhes técnicos ou linguagem coloquial.

Apesar da utilidade aparente dos dados sintéticos, é importante estar atento a alguns riscos. Como são gerados a partir de padrões do mundo real, problemas presentes nos dados de origem, como vieses ou desequilíbrios, podem ser importados ou até amplificados nas saídas sintéticas. Os dados sintéticos podem conter padrões ou correlações ocultas que são difíceis de detectar. Isso é especialmente

---

[15] Embora não seja estritamente necessário, como mostra o primeiro prompt, numerar listas de requisitos é uma boa prática, pois torna as instruções mais fáceis de interpretar e, assim, reduz possíveis erros.

crítico em áreas como finanças, saúde ou justiça criminal, nas quais decisões mal informadas podem gerar consequências graves. É preciso reconhecer que sua validade e capacidade de generalização são questionáveis. Devemos evitar efeitos indesejados. Sempre que utilizarmos dados sintéticos, é fundamental agir com transparência e vigilância.

AVALIAÇÕES

Em nossa experiência, a IA generativa é uma excelente ferramenta para fornecer primeiros rascunhos de quase todos os tipos de avaliação, respostas-modelo, explicações sobre seu raciocínio e esquemas de correção. De modo geral, é possível aproveitar sua capacidade de ajustar o nível de dificuldade, adequar o conteúdo a diferentes tipos de turma, incluir elementos específicos (como um distrator humorístico em questões de múltipla escolha) e referir-se tanto aos seus dados de treinamento quanto a uma fonte específica, como o livro-texto do curso.

A IA generativa nem sempre acerta! Não confie cegamente em suas respostas para suas próprias perguntas — resolva as questões você mesmo e compare as respostas, investigando quaisquer diferenças. Como sempre, esteja atento às alucinações.

A seguir, apresentamos uma breve revisão dos principais tipos de avaliação, acompanhada de alguns exemplos de prompts.

É fácil gerar conjuntos de questões de múltipla escolha (MCQs). Ao escrever seu prompt, mantenha a conformidade com o modelo CRAFT. É possível restringir as questões a uma faixa específica da taxonomia de Bloom (por exemplo, se o objetivo for apenas testar a memória) ou solicitar uma progressão gradual pelos diferentes níveis. As ferramentas de IA generativa lidam bem com solicitações de questões baseadas em casos, voltadas para os níveis mais altos da taxonomia de aprendizagem.

Uma tarefa que consome muito tempo ao construir conjuntos de questões é escrever as explicações que acompanham as respostas. A IA generativa pode fazer isso para você — seja com suas próprias questões ou com as que você fornecer.

> Crie um conjunto de 10 questões de múltipla escolha, cada uma com uma resposta correta e três distratores, sobre o tema pensamento crítico, com base no Capítulo 1 de Amlani & Davis, *Presenting and Modeling Business Data*, 4ª edição. Entregue-o como um arquivo Word para download. As questões devem aumentar gradualmente em dificuldade e ser rotuladas com seu respectivo nível da taxonomia de Bloom. O tom e o nível de dificuldade devem ser adequados para uma avaliação intermediária de estudantes de pós-graduação em um curso de design visual. Indique a resposta correta de cada questão e explique por que ela está correta e as outras não. Não utilize nenhum conhecimento de fontes fora do capítulo especificado.

Questões de verdadeiro ou falso, de completar lacunas e de associação são fáceis de elaborar. Com parâmetros semelhantes aos utilizados para questões de múltipla escolha, as ferramentas de IA generativa podem economizar uma quantidade significativa de tempo.

> Gere 10 questões de verdadeiro ou falso para avaliar o conhecimento prévio dos estudantes ingressantes no início de um curso prático de eletrônica. Abranja tópicos de conhecimento geral, como a Lei de Ohm, resistores, capacitores, aterramento, tensão, corrente, multímetros e segurança em circuitos. Para cada questão, indique se a resposta correta é Verdadeiro ou Falso e forneça uma breve explicação (1–2 frases). Certifique-se de que 6 das afirmações sejam verdadeiras e 4 sejam falsas.

A IA generativa produz excelentes questões de resposta curta e respostas-modelo. O segredo, como sempre, está em elaborar prompts cuidadosos e detalhados, além de revisar o material antes de utilizá-lo.

> Elabore uma questão de resposta curta para o exame final da disciplina de segundo ano "Avaliação do paciente geriátrico", destinada a estudantes de enfermagem do meu hospital-escola. Eles já concluíram o treinamento em situações de angústia cardiovascular e respiratória. Utilize um cenário realista e exija uma resposta de 5 frases que aborde os detalhes relevantes. Em seguida, forneça uma resposta-modelo em formato de tópicos, especificando os pontos mais importantes e indicando claramente o que é necessário para obter a pontuação máxima. Use linguagem profissional, incluindo termos técnicos que os estudantes já devem conhecer após terem concluído os cursos básicos de anatomia e fisiologia. Os estudantes estarão se preparando para estágios hospitalares, portanto, o tom deve ser fortemente prático.

Tópicos de redação, estudos de caso e cenários são facilmente gerados por ferramentas de IA generativa. É possível elaborar prompts cuidadosamente para obter sugestões aos estudantes sobre estrutura, extensão, interpretação de papéis e tipos de análise. Ao revisar o contexto, esteja atento a vieses ou perspectivas indesejáveis nas instruções sugeridas.

> Atue como assistente de curso e elabore um rascunho de tarefa de redação, incluindo instruções e um tema bem delimitado, claro e envolvente, para estudantes de segundo ano de graduação em um departamento de artes liberais. A disciplina é estudos de música: os estudantes já concluíram cursos de teoria musical, musicologia cultural e história da performance. Exija uma abordagem histórica e explicativa, com escrita direcionada a um público acadêmico de nível semelhante, em aproximadamente 1.500 palavras. O tema deve tratar de uma questão contemporânea relacionada ao impacto social de um gênero musical. Espera-se que os estudantes demonstrem habilidades analíticas e de pensamento crítico,

evidenciando sua capacidade de conectar a música a movimentos sociais.

Cálculos e conjuntos de problemas produzidos pela IA generativa são, em nossa experiência, criativos e completos. Ao elaborar o prompt, solicite que sejam fornecidas as respostas e que o raciocínio seja demonstrado ao mesmo tempo, para que você possa conferir os cálculos.

> Atue como assistente de design de curso e ajude-me a criar um conjunto de dez problemas de cálculo de hipotecas para estudantes adultos em um curso de licenciamento imobiliário. O objetivo é consolidar a compreensão deles sobre o valor do dinheiro no tempo. Aumente gradualmente o nível de dificuldade. Mantenha os dados realistas, criando situações que os estudantes possam encontrar na vida real. Inclua questões que abordem taxas fixas e variáveis, pagamentos mensais e quinzenais, e cronogramas de amortização variados. Elabore questões que testem a capacidade dos estudantes de calcular pagamentos mensais, o total de juros pagos e o saldo devedor em diferentes momentos. Calcule a resposta correta para cada problema e mostre o desenvolvimento dos cálculos em etapas detalhadas. Utilize capitalização semestral.

Projetos maiores e trabalhos de apresentação geralmente exigem mais trabalho preliminar, mas, uma vez totalmente equipada com as informações necessárias, a IA generativa produzirá excelentes estruturas. Isso nos dá a oportunidade de demonstrar que a IA generativa pode responder a um prompt longo dividido em seções — não há necessidade de que seja apresentado em um único parágrafo.

> Assuma meu papel como professor sênior e crie um trabalho de apresentação de grande porte. Meus estudantes estão no último ano de um curso de quatro anos em Agricultura Sustentável, e este é o

projeto final deles. O objetivo é demonstrar a síntese de trade-offs entre perspectivas ambientais, econômicas e de políticas públicas.

Exija que cada estudante escolha uma região definida em um País Menos Desenvolvido (conforme a lista oficial da ONU) e proponha uma estratégia viável para melhorar a sustentabilidade, incorporando pelo menos três das seguintes técnicas:
– controle de erosão do solo
– diversificação de culturas
– sistemas de reciclagem de água
– integração de tecnologia de IA
– mitigação de riscos climáticos
– métodos de agricultura regenerativa

Os entregáveis são:
– um relatório escrito (4.500 a 5.000 palavras) com dados publicados, estudos de caso documentados e referências no estilo ABNT
– um painel em Excel ou Power BI resumindo os resultados quantitativos
– uma apresentação de 10 minutos para os colegas, utilizando slides em PowerPoint.

Estruture o projeto em cinco entregas ao longo de um semestre de 8 semanas: proposta de tema, revisão de literatura, primeira versão, sessão de feedback com colegas/monitores e entrega final.

Inclua uma lista de três artigos revisados por pares em periódicos conceituados ou dois livros-texto que os estudantes possam ler como preparação para o trabalho.

MATRIZES DE AVALIAÇÃO

Concluímos que o ChatGPT é realmente excelente na estruturação de matrizes de avaliação em formato de tabela para a maioria dos tipos de avaliação. Trata-se de uma grande economia de tempo e de uma proteção útil contra erros de pontuação, que são fáceis de ocorrer em tabelas complexas.

Para criar um prompt compatível com o modelo CRAFT, recomendamos a seguinte estrutura. Para garantir uma estreita correspondência com a avaliação em si, é uma boa prática enviar as instruções junto com o prompt.

> Eu anexei a [tarefa] dada a estudantes de [nível] na disciplina [curso]. Crie uma matriz de avaliação para o professor corrigir o trabalho, com [número] níveis de desempenho denominados [Supera as expectativas, Excelente, Bom, Fraco, Sem Pontos] e inclua estes quatro critérios: [profundidade da pesquisa, clareza, formatação, criatividade]. Apresente a matriz em um documento Word para download, utilizando o formato de tabela.

Para demonstrar isso, imaginamos uma tarefa para o primeiro ano da disciplina História da Arte. Como resultados de aprendizagem, os estudantes deveriam ser capazes de identificar características-chave de um estilo histórico, expressar análise visual incluindo reflexão pessoal, avaliar criticamente como uma ferramenta de IA generativa interpreta e imita estilos históricos e refletir sobre o uso ético da IA generativa na geração de imagens.

> A tarefa consistiu em escolher um período artístico e usar um gerador de imagens por IA para criar um autorretrato no estilo desse período. Havia requisitos específicos para a submissão:
> - a imagem;
> - uma breve análise explicando suas características principais, como elas se refletem na imagem, como o estudante se sente ao se ver nesse estilo e se a IA realmente captou a cultura da época.

O uso permitido da IA generativa incluía, naturalmente, a geração de imagens e melhorias iterativas, além de auxílio na redação ou edição de rascunhos, com devida citação. Os usos proibidos eram a submissão de texto gerado por IA sem edição e qualquer tipo de fabricação.

TABELA 18: Matriz de avaliação gerada por IA

Critério	Excelente (20 pts)	Bom (15 pts)	Regular (10 pts)	Fraco (5 pts)	Sem trabalho (0 pts)
Compreensão do Estilo	Conhecimento profundo do estilo, uso claro de linguagem de artes visuais	Descrição precisa, com pequenas lacunas; compreensão razoável	Consciência básica do estilo; detalhes limitados	Estilo mal identificado ou descrito de forma pouco clara	
Imagem de IA e Visão Criativa	Imagem reflete o estilo escolhido; composição e simbolismo bem pensados	Imagem relacionada ao estilo; alguma criatividade demonstrada	Tentativa básica de aplicar o estilo; engajamento criativo mínimo	Estilo pouco claro; imagem parece aleatória ou genérica	
Análise Escrita	Texto envolvente, reflexivo, conecta voz pessoal com percepção histórica	Estrutura clara, com alguma integração entre contexto pessoal e histórico	Fatual, com reflexão ou síntese limitadas	Falta coerência, profundidade ou compreensão	
Uso da IA Generativa e Transparência	Divulgação completa; prompts bem elaborados e explicação do processo	Descrição clara do uso da ferramenta; alguma explicação do processo	Detalhes mínimos; pouco claro como a IA foi utilizada	Nenhuma explicação ou dependência excessiva de conteúdo não editado da IA	
Reflexão Crítica	Percepções profundas sobre acertos/erros da IA; inclui reflexão emocional e ética	Alguma discussão sobre limitações e surpresas da IA	Reação básica ao resultado final; crítica limitada	Nenhuma reflexão real; IA apresentada sem questionamento	

Acima está uma matriz de avaliação gerada pelo ChatGPT versão 4o. Acreditamos que você concordará que ela serve como uma excelente base para a correção da tarefa; observe que 60% da nota avalia a colaboração reflexiva do estudante com a IA.

DIÁLOGOS COM ESTUDANTES

Esta seção é talvez um pouco menos intuitiva. No entanto, vale lembrar que as ferramentas de IA generativa podem ser orientadas a assumir um papel específico. Ao planejar diferentes elementos do seu curso e avaliação, você pode solicitar que a IA generativa atue como um estudante, um estudante confuso, um estudante com dificuldades, um estudante de inglês como segunda língua (ESL), um estudante de determinado país com inglês fraco — a lista de possibilidades é infinita. Ou você pode simplesmente interagir com a ferramenta sem atribuir um papel e pedir a avaliação de qualquer aspecto do seu trabalho.

Em um nível geral, é possível fornecer qualquer instrumento de avaliação que você tenha elaborado para uma ferramenta de IA generativa e solicitar feedback, listando os tipos de verificação desejados. Exemplos incluem ortografia, gramática, verificação de fatos, estrutura, clareza, relevância e avaliação do nível de dificuldade. No entanto, é possível ser muito mais específico para abordar situações individuais.

Recentemente, consideramos um caso em que um estudante brilhante, oriundo da China continental, levantou preocupações sobre o uso de certos termos em um exame online. Fornecemos as questões do exame a um chatbot e pedimos a avaliação da linguagem utilizada, no contexto de um falante de segunda língua vindo da China. Não nos surpreendeu receber feedback bem fundamentado e sugestões construtivas para alterações.

Também é possível solicitar que as ferramentas de IA generativa modelem comportamentos de trapaça usando elas próprias. Por exemplo, você pode fornecer uma questão de resposta curta, em contexto, e perguntar: "Se um estudante usasse você para trapacear nesta tarefa, como poderia ser a resposta?" A mesma ferramenta, com usuários diferentes, gerará respostas diferentes, portanto, não há garantia de que você obterá algo idêntico ao que um estudante poderia receber, mas você obterá orientações claras sobre o provável conteúdo e a estrutura de uma resposta terceirizada.

Você pode até mesmo pedir que uma ferramenta de IA relate qual seria a provável saída de outra! Por exemplo:

> Estou elaborando uma questão de prova de resposta curta: "Explique a diferença entre criptografia simétrica e criptografia assimétrica em três parágrafos." Se um estudante usasse o DeepSeek para trapacear nessa questão, como poderia ser a resposta?

Para a preparação de aulas planejadas para serem fortemente dialógicas ou baseadas em debates socráticos, pode ser útil antecipar perguntas ou pontos que os estudantes possam levantar. A capacidade de "chat" iterativo de algumas ferramentas de IA generativa oferece um excelente simulador.

Por exemplo, poderíamos começar assim:

> Estou prestes a ministrar uma aula altamente interativa sobre "Conflitos de poder na política brasileira contemporânea". Quero estar bem preparado para os pontos que os estudantes possam levantar. Assuma o papel de um estudante do segundo ano de Ciências Sociais em uma universidade pública brasileira e me forneça cinco contribuições que ele poderia trazer para o debate.

Poderíamos continuar o diálogo perguntando: Após várias contribuições dos estudantes, gostaria de fazer uma breve intervenção — com no máximo três frases, em português natural e coloquial — resumindo o assunto e convidando a turma a continuar a discussão. Se eu fizer isso, o que você poderia dizer como estudante que discorda das minhas ideias?

E assim por diante. É possível ensaiar a aula, e até mesmo pedir que a IA generativa apresente novas ideias para testar a sua própria compreensão do tema e praticar o diálogo.

AVALIAÇÃO, *FEEDBACK* E INTEGRIDADE ACADÊMICA

Temos certeza de que você está ciente dos picos sazonais de carga de trabalho relacionados à correção, especialmente em períodos de provas. Talvez também tenha percebido que verificar abusos no uso de IA generativa está consumindo cada vez mais do seu tempo. Acreditamos firmemente que a IA generativa pode ser usada a seu favor no momento da avaliação, mas como apoio, e não como substituto do seu julgamento final. A supervisão humana continua sendo essencial.

Do ponto de vista ético, alertamos que é fundamental fornecer uma divulgação clara sempre que se pretender que uma ferramenta de IA participe da correção de provas ou trabalhos. A partir daí, tudo depende da qualidade do prompt. Existe potencial para um envolvimento sequencial da IA de forma eficaz: ao lidar, por exemplo, com uma questão de resposta curta em uma prova, você pode pedir ao chatbot que melhore a questão, identifique os pontos-chave esperados em uma resposta, elabore uma matriz de avaliação e, em seguida, aplique essa matriz às respostas dos estudantes. Se isso ainda não for possível no ambiente virtual de aprendizagem (AVA) que você utiliza, certamente será em breve. Ainda não implementamos tal rotina em um exame real, mas realizamos vários experimentos comparando avaliações humanas criteriosas com correções feitas por IA generativa — e verificamos que houve grande concordância. Em algumas ocasiões, a IA generativa apontou falhas que não havíamos percebido; o contrário foi raro.

A geração de feedback funciona de forma semelhante. Aqui, enfatizamos ainda mais que o estudante deve ter total clareza de que o feedback foi elaborado ou fornecido pela IA. A ferramenta pode ser orientada a criar feedback formativo e construtivo, além de ajudar na construção de uma biblioteca de respostas para problemas recorrentes (como falta de citações ou descumprimento de requisitos estipulados).

Mencionamos a integridade acadêmica por completude, pois já abordamos os pontos principais em outras seções. É possível utilizar uma ferramenta de IA generativa para tornar seus instrumentos de avaliação mais resilientes, prever resultados de trapaça, verificar trabalhos quanto ao uso ilícito de IA e extrair resumos perspicazes a partir de múltiplas respostas dos estudantes.

Discussões recentes na Internet[16] destacaram que estudantes se sentem insatisfeitos ao pagar valores significativos por um curso e,

---

[16] Veja, por exemplo, esta postagem de maio de 2025 feita pelo usuário SoundersFan27 no Reddit: *"Every essay/test I get back have these responses which always look the same, using emojis and neat bullet points etc. My teacher has openly talked about how useful AI is and last week when I asked him to grade one of my tests he said "I'll run it through the program* [Cada redação/prova que recebo de volta tem essas respostas que sempre parecem iguais, usando emojis e marcadores bonitinhos etc. Meu professor falou abertamente sobre como a IA é útil e, na semana passada, quando pedi para ele corrigir uma das minhas provas, ele disse: 'Vou passar pelo programa.'] O cara ganha seis dígitos e nunca nos ensina nada, estudei tudo sozinho o ano inteiro." Este é, francamente, um dos comentários mais moderados, já que alguns são constrangedores demais para serem citados.
https://www.reddit.com/r/highschool/comments/1kkkgrn/i_think_my_teacher_is_using_ai_to_grade_my_essays

em seguida, terem seus trabalhos corrigidos por uma ferramenta de IA que eles próprios poderiam ter usado. Acreditamos que existe uma resposta simples para isso, e você pode considerar incluí-la em sua declaração: o uso de ferramentas de IA generativa para tarefas repetitivas, como correções diretas, garante consistência, fornece insights que melhoram seus cursos e, acima de tudo, economiza tempo que você pode dedicar a interações de maior valor no ensino.

ACESSIBILIDADE, EQUIDADE E DESENHO UNIVERSAL PARA A APRENDIZAGEM (DUA

)Todos estamos cientes de nossa grande responsabilidade em oferecer instrução significativa para estudantes com necessidades diversas, limitações linguísticas e aqueles que utilizam tecnologia assistiva. As ferramentas de IA generativa possuem conjuntos impressionantes de recursos que podem auxiliar educadores que não têm tanta familiaridade com essas práticas.

É possível utilizar a IA generativa para criar formatos alternativos de conteúdo do curso: por exemplo, transcrições, resumos, versões em áudio e textos alternativos (*alt-text*) com descrições visuais de imagens. Quando a linguagem técnica se torna um problema para o professor, ou quando os estudantes apresentam limitações linguísticas, pode-se pedir que o conteúdo técnico seja reescrito em português mais simples. Um dos prompts mais úteis é: *"Reescreva isto em uma linguagem que seria compreendida por uma criança de 8 anos."* Da mesma forma, embora existam outros métodos, muitas ferramentas de IA generativa têm capacidades de tradução impressionantes.

Já abordamos a questão da equidade em outros pontos. A principal preocupação é que estudantes com mais recursos financeiros ou melhor acesso à Internet podem ter vantagem sobre seus colegas se puderem acessar versões mais avançadas de ferramentas de IA generativa, de forma mais rápida e conveniente. Podemos ajudar a reduzir essa desigualdade especificando quais ferramentas podem ou não ser utilizadas, concentrando-nos em versões gratuitas e amplamente acessíveis onde quer que os estudantes estejam.

Além disso, a IA generativa oferece aos estudantes menos favorecidos uma poderosa ferramenta de nivelamento. Se antes apenas alguns podiam pagar por tutoria ou mentoria privadas, agora qualquer estudante com acesso a essas ferramentas pode usá-las para simular sessões de tutoria, solicitar feedback antecipado, revisar seus trabalhos e aprimorar continuamente seu aprendizado. Também podemos pedir que a IA generativa atue como um estudante com limitações ou dificuldades específicas e, a partir disso, criar estratégias de apoio adequadas.

O papel reflexivo da IA generativa oferece a oportunidade de remodelar nossos materiais de ensino para garantir inclusão. É possível obter percepções valiosas e práticas a partir de um simples prompt como este: Você é professor temporário na Universidade Federal do Amazonas, ministrando uma disciplina híbrida (parcialmente online). Você tem dois estudantes de comunidades indígenas remotas com acesso limitado à Internet em casa. Ambos demonstraram fortes habilidades de aprendizagem nas aulas presenciais. Outros dois estudantes são deficientes visuais. Você deseja ensinar todos os estudantes a utilizar o ChatGPT para brainstorming. Quais desafios podem surgir e como você pode adaptar os materiais para apoiar a equidade, a acessibilidade e a responsividade cultural?

No Brasil, o Desenho Universal para a Aprendizagem (DUA) não é formalmente obrigatório por lei, mas seus princípios são cada vez mais promovidos como boas práticas. Eles estão presentes em diretrizes de acessibilidade e inclusão do Ministério da Educação e vêm sendo incorporados à filosofia e aos recursos pedagógicos de muitas instituições de ensino superior, incluindo várias universidades federais. Retomando nossos comentários anteriores sobre acessibilidade, a IA generativa pode não apenas ajudar os educadores a apresentar o conteúdo do curso de formas alternativas e apoiar os estudantes na demonstração de suas aprendizagens, mas também oferecer práticas de engajamento para estudantes que desejam simulações de prova sem pressão, orientação personalizada ao longo do conteúdo e incentivo para aqueles que têm dificuldade em participar ativamente das aulas. Vamos explorar essa questão com mais profundidade.

Aproveitamento da IA na cocriação com o DUA

As ferramentas de IA generativa apresentam uma ampla gama de oportunidades para abordar os princípios centrais do Desenho Universal para a Aprendizagem (DUA) conforme definidos pelo CAST (2018), além de dialogarem com as diretrizes brasileiras de acessibilidade previstas na Lei Brasileira de Inclusão (Lei nº 13.146/2015). Podemos ampliar o engajamento por meio do fornecimento de ferramentas de aprendizagem personalizadas, como questões de quiz, e adaptar o conteúdo às necessidades culturais ou educacionais individuais. Tornamos a representação mais eficaz quando conseguimos modificar textos para adequá-los às habilidades dos estudantes, traduzir materiais para diferentes idiomas e gerar imagens ou vídeos que transmitam mensagens complexas. Em contrapartida, podemos capacitar os estudantes a manifestarem ação e expressão de maneiras alternativas, por exemplo, por meio de vídeos criados com legendas ou narração geradas por IA.

A seguir, apresentamos uma tabela com algumas ferramentas recomendadas para aplicação desses recursos.

TABELA 19: Aplicando os princípios do Desenho Universal para a Aprendizagem (DUA) com IA

Princípio	Tarefa	Melhores Ferramentas
Engajamento	Personalizar objetivos de aprendizagem Individualizar tarefas e temas de redação	ChatGPT, Claude
Representação	Modificar resumos para o nível de leitura	ChatGPT, Perplexity
	Tradução de conteúdo	ChatGPT, DeepL
	Criar imagens ou vídeos para mensagens complexas	DALL·E, Synthesia
Ação e Expressão	Criar texto alternativo falado (alt-text)	ElevenLabs
	Permitir formatos alternativos de entrega	Canva

Para acessibilidade geral, várias ferramentas possuem geradores de alt-text com IA incorporados. Constatamos que o Word Copilot não executa bem essa tarefa e exige intensa intervenção humana para melhorar os textos. Copiar e colar de uma fonte paralela, como o ChatGPT, melhora o resultado, mas é trabalhoso. Ao criar documentos acessíveis, essa tarefa não pode ser deixada apenas para processos automatizados, devendo ser cuidadosamente revisada.

Segue um exemplo de tarefa que permite coexecução com IA e oferece várias alternativas para acomodações.

> Escolha um país que as Nações Unidas categorizam como "menos desenvolvido" e descreva as dificuldades da vida cotidiana para as pessoas na capital desse país. Você pode entregar um ensaio curto (<1000 palavras), uma apresentação em PowerPoint narrada (<10 slides) usando sua própria voz ou fala gerada por IA, ou um infográfico (<10 imagens) criado no Canva ou utilizando o DALL·E. Se você não tiver acesso à internet, pode desenhar o infográfico à mão. Você tem liberdade para propor um formato

diferente, desde que apresente uma justificativa e obtenha aprovação antes da entrega.

Se enviar uma apresentação ou um infográfico, inclua uma transcrição escrita e texto alternativo (*alt-text*) para as imagens (ambos podem ser gerados por IA, mas devem ser revisados por você). Em todas as submissões, adicione um parágrafo escrito ou falado explicando como a IA foi utilizada e reflita sobre se ela ajudou ou atrapalhou seu raciocínio.

A correção desta atividade avaliará cuidadosamente a supervisão humana no uso das ferramentas de IA

Neurodiversidade

As ferramentas de IA generativa, começando pelas aplicações mais simples integradas a softwares populares, abrem um mundo de oportunidades para apoiar estudantes neurodiversos. Um estudante com TDAH pode utilizar o ChatGPT ou o Perplexity para criar resumos de materiais de leitura ou de anotações de aula, além de gerar planos de estudo e gerenciar prazos. Essas técnicas reduzem a carga cognitiva e, consequentemente, a ansiedade.

Estudantes com dislexia podem utilizar assistentes gramaticais para verificar a ortografia, revisar textos ou ouvir (por meio de recursos de leitura em voz alta) seus escritos antes da entrega. Esses usos de ferramentas de IA aumentam a autonomia dos estudantes, reduzem a frustração e criam caminhos para o conhecimento e o sucesso em um nível totalmente novo, sem comprometer a integridade acadêmica nem contornar os resultados de aprendizagem desejados.

Auditoria de Conformidade com o DUA

Após criar uma tarefa ou outro instrumento de avaliação, é útil verificar uma lista de controle de acessibilidade. As respostas para todas as perguntas a seguir devem ser "Sim". Caso alguma resposta seja "Não", será necessário fazer ajustes.

Ferramentas Gratuitas
1. É possível concluir a atividade utilizando apenas ferramentas gratuitas?

Alternativas de Acesso
2. Existe uma alternativa para estudantes que não possam acessar ferramentas de IA generativa?

Compatibilidade com Celulares
3. A atividade pode ser concluída em um celular?

Compatibilidade com Tablets
4. A atividade pode ser concluída em um tablet?

Acesso em Computadores Públicos ou Compartilhados
5. A atividade pode ser concluída em um computador público?

Largura de Banda
6. A atividade evita a necessidade de downloads pesados?

Privacidade
7. A atividade evita exigir compartilhamento de tela?

Demanda de Mídia
8. A atividade evita exigir uso de vídeo?

Evitar *Paywalls*
9. A atividade evita recursos bloqueados por paywalls?

Trilhas de Auditoria
10. Os estudantes são obrigados a manter registro de seus prompts?

Autorreflexão
11. Os estudantes são obrigados a refletir sobre o desenvolvimento de seus prompts?

Transparência
12. Os estudantes têm condições de explicar o uso ou não uso de ferramentas de IA generativa?

PLANOS DE APRENDIZAGEM INDIVIDUALIZADOS

Uma das muitas forças da IA generativa é sua capacidade de sintetizar grandes e diversas fontes de dados e produzir percepções, análises e recomendações. Tanto estudantes quanto professores podem aproveitar esse recurso para aprimorar o aprendizado contínuo.

Imagine, por um momento, um curso para estudantes de pilotagem. Antes de entrarem em um cockpit, eles podem ser obrigados a estudar uma dúzia ou mais de disciplinas técnicas relacionadas ao voo — aerodinâmica, peso e balanceamento, procedimentos de emergência, comunicação por rádio, entre outras. Em alguns contextos, há um exame separado para cada disciplina, mas em outros eles podem ser obrigados a realizar uma prova geral abrangendo todos os temas.

A prova geral apresenta um problema. Um estudante pode ter bom domínio da maioria dos assuntos, mas apresentar fragilidade em uma área crítica, como procedimentos de emergência. Ele pode obter 90% no exame, ser aprovado com distinção, e ainda assim ter uma lacuna séria. Ou pode obter 55% e ser reprovado. Ambos os estudantes precisam de instrução direcionada para identificar e melhorar suas áreas fracas.

No nível individual, o instrutor pode solicitar que a IA generativa analise os resultados do exame, identifique as áreas de fragilidade e gere um plano de estudos e materiais de revisão personalizados para cada estudante.

APRIMORAMENTO DE CURSO

A ideia de utilizar IA para sintetizar o progresso dos estudantes e a avaliação do curso ganha ainda mais potencial quando aplicada a turmas ou disciplinas inteiras. Todos queremos melhorar nossa forma de ensinar! Podemos pedir que a IA generativa analise todos os desempenhos em exames, adicione o feedback de pesquisas pós-curso, incorpore fontes de referência (como o livro-texto), identifique áreas em que mais estudantes tiveram dificuldades, avalie se os materiais de apoio foram adequados, verifique o sentimento dos estudantes para corroborar os dados e gere sugestões para melhorias no curso.

É claro que você pode fazer tudo isso sozinho, mas isso pode levar horas de leitura e pesquisa. A IA generativa fará em segundos. Você não precisa seguir tudo o que ela sugere, nem mesmo acreditar plenamente, mas ela fornecerá orientações poderosas.

ADMINISTRAÇÃO

A IA generativa já é uma poderosa assistente administrativa — e continuará a melhorar rapidamente. Embora a sua supervisão permaneça essencial, é possível delegar muitas tarefas administrativas para liberar mais tempo para ensino, orientação, escrita, pesquisa ou descanso. Observamos a IA generativa em ação entregando ótimos resultados em:

- Primeiros rascunhos de e-mails (originais e respostas)
- Tradução de mensagens
- Criação de pautas e transcrições de reuniões

- Agendamento
- Resumo de respostas de pesquisas
- Síntese de avaliações e feedbacks
- Preparação de resumos de pesquisa e propostas de financiamento

Certamente, existem muitas outras possibilidades. Sempre com a cautela de que a revisão humana é essencial, convidamos você a refletir com atenção sobre seu dia e identificar atividades que podem ser delegadas a uma assistente gratuita. Você pode se surpreender com o quanto de ajuda está disponível — sem falar nas ideias criativas que podem surgir de um bom prompt.

PESQUISA ACADÊMICA

Simplificando, a IA generativa é como o Google com cafeína. Infelizmente, às vezes também é como o Google depois de muitos expressos — pode ficar nervosa e excessivamente assertiva. No entanto, constatamos que os principais chatbots são excelentes recursos para encontrar informações sobre praticamente qualquer assunto e, quando solicitados, fornecer referências para respaldá-las.

Apesar disso, a IA generativa não substitui seus esforços de pesquisa. Ela deve ser usada como assistente de pesquisa e, depois, como interlocutora para discussão de ideias. Os prompts que você pode utilizar podem ser perguntas simples, como:

"Quando foram concedidos os primeiros Prêmios Nobel e a quem?"

Em seguida, você pode pedir mais detalhes sobre algo que tenha despertado seu interesse:

"Conte-me mais sobre Emil Adolf von Behring."

Se precisar consultar fontes originais para fundamentar seu trabalho, pode pedir:

"Encontre referências publicadas sobre o trabalho de Frisch e Tinbergen."

E, finalmente, após consultar essas referências e verificar cuidadosamente que elas apoiam o argumento que você está desenvolvendo, você pode solicitar:

"Forneça a referência deste artigo online no formato exigido pelas normas da ABNT: https://www.nobelprize.org/prizes/economic-sciences/1969/summary"

Depois de escrever seu conteúdo original (e, muito importante, sem plagiarizar a IA generativa), você pode fornecê-lo ao seu chatbot preferido e solicitar correções, críticas, identificação de lacunas — da forma como desejar que seja revisado. Só não se esqueça de registrar suas atividades e listar o uso das ferramentas de forma transparente no produto final.

Não passe vergonha!

Um alerta final. E sem pedir desculpas pela repetição. Por favor, não deixe de autenticar cada livro, artigo, citação ou referência fornecida por ferramentas de IA generativa. Isso não leva muito tempo, mas pode evitar constrangimentos profissionais ou até mesmo a perda do emprego.

Se a IA generativa citar um artigo, digite a referência no Google, encontre o artigo e leia para ter certeza de que ele diz o que você deseja comprovar. Se citar um livro, verifique na Amazon se ele existe. Depois, encontre uma cópia online ou vá até a sua biblioteca e consulte o original!

E quando a IA generativa disser que alguém afirmou algo, procure uma referência sólida e publicada para confirmar que essa pessoa realmente disse aquilo. Se você não encontrar, não repita!

DESENVOLVIMENTO PROFISSIONAL

A IA generativa é uma fonte rica de apoio não apenas no seu ensino, mas também no seu crescimento profissional. Ela possui capacidades excepcionais para potencializar o seu desenvolvimento profissional contínuo. Muito além de simplesmente economizar tempo, a IA generativa pode explorar seus vastos dados de treinamento para identificar publicações e ideias que antes poderiam permanecer ocultas nas últimas páginas do Google, verificar atualizações e novos desenvolvimentos e impulsionar suas atividades profissionais.

Segue uma lista de atividades que realizamos com alguns prompts típicos — você rapidamente criará os seus próprios:

- **Verificação de novos desenvolvimentos.**

    Pesquise na Internet novas pesquisas sobre o desaparecimento do voo MH370 da Malaysia Airlines.

- **Resumo das ideias mais atuais em uma área de interesse.**

    Resuma as principais ideias da literatura atual sobre genética de camundongos.

- **Identificação de leituras essenciais para um novo tema.**

    Quais são os livros e artigos essenciais que devo ler antes de apresentar em uma conferência sobre ensino online?

- **Prática de diálogos.**

    Em anexo estão os slides e as notas do meu próximo seminário sobre financiamento de start-ups de tecnologia. Meu público será composto por investidores privados de alto patrimônio e capitalistas de risco. Gere cinco perguntas, uma de cada vez, que possam ser feitas por esse público ao final, aguarde minha resposta e depois dê feedback sobre minha resposta.

Lembre-se de que você não é obrigado a usar o que o chatbot fornecer, nem a aceitar suas respostas como corretas, verdadeiras ou completas. Engaje-se em diálogo com a IA generativa para aprofundar a informação exata de que precisa e não tenha receio de pedir que ela verifique ou justifique suas ideias. Você se surpreenderá com a frequência com que ela recua.

ABRAÇANDO O FUTURO

No Ato II, Cena I, de *A Tempestade*, de Shakespeare, Antonio nos diz que "o que passou é prólogo". Somos atraídos pela ideia de que a pandemia de COVID-19 foi o prólogo para a chegada da IA generativa. A rápida mudança para o ensino e a aprendizagem online nos levou a reexaminar, para melhor, a pedagogia, os instrumentos de avaliação, a autonomia dos estudantes e nossa relação com a tecnologia. Alguém contestaria, hoje, que as lições daquele período nos tornaram melhores professores?

Assim será, em breve, com a IA generativa. Sua chegada voltou a concentrar nossa atenção em nossos papéis no ensino do pensamento crítico e analítico, no estímulo à criatividade e, sobretudo, na preparação de nossos estudantes para mais uma mudança sísmica no mercado global de talentos e competências intelectuais. Com as transformações ocorrendo quase diariamente em ritmo exponencial, não podemos escrever cada Ato ou Cena, muito menos cada linha, do futuro de nossos estudantes. Mas podemos capacitá-los a fazer melhores perguntas, da maneira certa, no melhor contexto. Esse continua sendo nosso papel como educadores, nossa contribuição formativa para o destino deles.

Na última seção deste livro, trataremos dos aspectos legais da IA generativa e refletiremos sobre os papéis e responsabilidades de nossos governos e instituições.

TRÊS PONTOS FUNDAMENTAIS

1. Nós também podemos nos beneficiar da IA generativa.
2. Assim como nossos(as) estudantes, não podemos utilizá-la de forma cega. Devemos colaborar com a ferramenta, revisar os resultados e aplicar nosso julgamento profissional.
3. O melhor que podemos fazer é utilizar e modelar o uso responsável da IA generativa. A experimentação nos ajudará a compreender o progresso dos(as) nossos(as) estudantes.

Parte IV. QUESTÕES INSTITUCIONAIS

Capítulo 11. PRIVACIDADE E O VÁCUO DE POLÍTICAS PÚBLICAS

LEGISLAÇÃO BRASILEIRA DE PRIVACIDADE

À medida que consideramos todos os aspectos da IA generativa na educação brasileira, é fundamental estar atento à interface com a legislação nacional de privacidade. Nós, e consequentemente a IA generativa, podemos coletar, armazenar ou utilizar informações ou registros pessoais.

A principal norma federal que rege essa matéria é a LGPD — Lei Geral de Proteção de Dados Pessoais (Lei nº 13.709/2018). Inspirada no regulamento europeu GDPR, a LGPD aplica-se tanto a entidades públicas quanto privadas que tratam dados pessoais de indivíduos localizados no Brasil. Assim, instituições de ensino públicas e privadas, bem como provedores de tecnologia educacional, estão sujeitas às disposições da LGPD. Nesse aspecto, pelo menos, há um regime nacional unificado — não há distinção entre estados ou regiões. A fiscalização e a aplicação da lei são de responsabilidade de um órgão regulador federal autônomo, a Autoridade Nacional de Proteção de Dados (ANPD).

Conceitos Fundamentais

A LGPD estabelece seis princípios fundamentais e inter-relacionados:

1. **Finalidade:** Os motivos para a coleta de dados devem ser legítimos, explícitos e específicos.
2. **Adequação:** O tratamento dos dados deve ser compatível com a finalidade informada.
3. **Necessidade:** A coleta deve se limitar aos dados estritamente necessários para o cumprimento da finalidade.
4. **Livre Acesso:** Os titulares devem ter acesso facilitado aos dados que lhes dizem respeito, bem como às informações sobre seu uso.
5. **Segurança:** As organizações responsáveis pelo tratamento de dados devem protegê-los contra acessos não autorizados e incidentes de segurança.
6. **Responsabilização e Prestação de Contas:** Os agentes de tratamento devem demonstrar a adoção de medidas eficazes para o cumprimento das normas de proteção de dados.

Informações Pessoais

O foco principal recai sobre as informações pessoais. Informações pessoais são quaisquer dados que possam identificar um indivíduo — nos anos anteriores à IA generativa, isso geralmente incluía nomes, endereços de e-mail, números de matrícula, dados de localização e trabalhos escritos que contivessem tais elementos. Com a introdução da IA generativa, mesmo redações ou documentos enviados podem ser considerados dados pessoais, especialmente se forem transmitidos a ferramentas de inteligência artificial ou softwares de detecção.

Consentimento Informado

O consentimento, quando devidamente obtido, constitui uma base legítima para o tratamento de dados pessoais nos termos da LGPD. Ele deve ser livre, informado e inequívoco, apresentado em linguagem clara e acessível, e passível de revogação a qualquer momento pelo titular dos dados.

Como tendemos a ter apenas uma noção vaga sobre como os dados enviados estão sendo utilizados pelas ferramentas que empregamos, a questão do consentimento informado ganha especial relevância. Você sabe — e, mais importante, seus estudantes sabem — se suas redações, projetos e trabalhos acadêmicos estão sendo usados para treinar modelos de linguagem de grande escala? A empresa Turnitin afirma orgulhosamente ser capaz de comparar um novo trabalho estudantil com dois milhões de submissões anteriores — o que implica que está armazenando todos esses documentos, os quais podem conter informações pessoais. Em julho de 2025, a empresa declarou que não utiliza esses documentos armazenados para treinar seu novo detector de IA generativa. Mas essa política pode mudar? Os estudantes forneceram consentimento para esses usos?

Dessa forma, as instituições de ensino devem informar os estudantes sempre que seus dados forem compartilhados com ferramentas de software de terceiros — incluindo ferramentas de IA generativa. Sempre que um trabalho acadêmico for submetido a esse tipo de sistema, e houver possibilidade de que ele seja armazenado, usado para treinamento ou redistribuído, será necessário obter um consentimento explícito e devidamente documentado.

A exigência de reter dados apenas pelo tempo estritamente necessário (parte do princípio da minimização de dados) é severamente comprometida no ambiente da IA generativa. Qualquer que seja a ferramenta utilizada por nós ou por nossos estudantes, ela armazena os prompts? Ela retém textos ou outros dados que possam identificar uma pessoa? Em caso afirmativo, é altamente improvável que tenhamos qualquer controle sobre esse armazenamento, tampouco a capacidade de apagar esses dados de forma segura, como exige a legislação. A ausência de mecanismos de exclusão em grande parte das ferramentas de IA generativa representa um dos riscos mais sérios para a conformidade com a LGPD.

É surpreendentemente fácil violar os dispositivos da LGPD apenas seguindo práticas há muito enraizadas no cotidiano educacional. Por exemplo, muitos professores ainda solicitam que estudantes incluam seus CPFs e números de matrícula nos trabalhos acadêmicos. Essa exigência pode ser considerada incompatível com a legislação, caso esses dados não sejam estritamente necessários para a avaliação do conteúdo.

Anonimização

A exclusão de dados do escopo da legislação de privacidade exige a anonimização, que só é considerada eficaz quando a reidentificação do titular não é razoavelmente possível. Dados totalmente anonimizados não são considerados dados pessoais e, portanto, não estão sujeitos à LGPD. É fundamental distinguir esse processo da pseudonimização, em que uma chave ou dados adicionais podem possibilitar a reidentificação dos indivíduos. Dados submetidos à pseudonimização continuam sendo classificados como dados pessoais e permanecem sob a proteção da LGPD.

Embora seja possível adotar medidas aparentes, como a remoção de metadados de documentos, é extremamente difícil garantir que o conteúdo de trabalhos acadêmicos não permita a identificação contextual do estudante. Por esse motivo, desaconselhamos fortemente o uso da anonimização como único mecanismo de conformidade legal.

Transferência Internacional de Dados

A maioria das ferramentas de IA generativa realiza o processamento de dados fora do país, geralmente na Europa ou nos Estados Unidos. Esse tipo de transferência internacional de dados é permitido apenas quando uma das seguintes condições é atendida:

1. O país estrangeiro possui um nível de proteção de dados considerado adequado (conforme determinação da ANPD);
2. O controlador adota salvaguardas adequadas (como cláusulas contratuais específicas);
3. O titular dos dados fornece consentimento explícito e informado para a transferência.

Dessa forma, caso a sua instituição utilize ferramentas que realizam o processamento de dados no exterior, é imprescindível assegurar que ao menos uma dessas condições esteja devidamente atendida.

Enfrentando Questões de Privacidade

A proteção de dados na era do EuPT é um tema recente. Neste momento, há mais perguntas do que respostas. Enquanto esse novo ambiente continua em desenvolvimento, propomos um processo em cinco etapas para garantir que você saiba o que precisa saber e faça o que é necessário.

1. **Defina suas obrigações.** Identifique qual legislação rege sua instituição e os cursos que você ministra, e assegure-se de compreender o que constitui informação pessoal, o que é consentimento, e quais normas se aplicam ao seu contexto. O ChatGPT pode ser utilizado para gerar um resumo personalizado: segue um prompt comprovadamente eficaz,

no qual você pode inserir os parâmetros adequados ao seu caso:

Leciono Contabilidade e Economia para turmas de pós-graduação em uma universidade pública em Campinas. Qual legislação de privacidade rege minha instituição? O que é considerado dado pessoal segundo essa legislação, o que caracteriza o consentimento, e quais são as regras sobre acesso, armazenamento, uso, transferência e descarte de dados?

2. **Verifique o que sua instituição já implementou.** No momento da matrícula, os estudantes geralmente assinam formulários de consentimento ou termos de ciência. Analise os formulários de admissão, o ambiente virtual de aprendizagem (AVA) utilizado, e os manuais acadêmicos ou fontes de informação online. Revise esses materiais com um olhar crítico, sempre se perguntando: *"Meus estudantes receberam informações completas sobre como seus dados pessoais serão utilizados? A introdução da IA generativa exige atualizações?"* Os formulários de consentimento nos quais você pretende se basear devem abordar o uso de plataformas terceirizadas, a transferência internacional de dados e, caso aplicável, o uso de IA para feedback ou correção de trabalhos. Em caso de dúvidas ou dificuldades com a linguagem jurídica, consulte o setor jurídico ou o encarregado de proteção de dados da sua instituição.

3. **Faça um levantamento das ferramentas digitais que você utiliza.** Para cada uma delas, verifique onde os dados são armazenados e processados. Inclua uma coluna para indicar sua conformidade com a legislação vigente e avalie quais medidas precisam ser adotadas para sanar eventuais lacunas.

Esse exercício pode trazer revelações importantes. A tabela a seguir apresenta algumas ferramentas educacionais comumente utilizadas no Brasil.

TABELA 20: Localização dos dados nas ferramentas eletrônicas

Ferramenta	Localização dos Dados	Conformidade	Consentimento Necessário?
ChatGPT	EUA (Servidores da OpenAI)[17]	✗ Não por padrão	✓ Sim
Turnitin	Global, principalmente nos EUA	✗ Requer salvaguardas adicionais	✓ Sim
Google Classroom	Global (Google Cloud)	⚠ Condicional	✓ Sim
Moodle (local)	Brasil	✓ Se configurado corretamente	✗ Não
Microsoft Teams	Global (Microsoft Azure)	⚠ Configurável	✓ Sim
GPTZero	EUA	✗ Todo o processamento ocorre nos EUA. Armazena dados de interações no painel, mas não via API.	✓ Sim
Claude	EUA (Servidores da Anthropic)	✗	✓ Sim

É importante observar que o único indicador de conformidade marcado automaticamente com sinal verde é o Moodle — sendo que, no caso dessa plataforma, presume-se que a instituição tenha realizado a devida configuração para garantir essa conformidade. Todas as demais ferramentas exigem a consideração da obtenção de consentimento informado. Caso esse consentimento não esteja

---

[17] Alguns usuários corporativos dos serviços Claude e ChatGPT podem configurar definições regionais de armazenamento de dados. No entanto, essa é a exceção, não a regra — você definitivamente não deve presumir que sua instituição tenha feito essa configuração!

claramente previsto nos materiais identificados na Etapa 2, é necessário refletir sobre como obtê-lo formalmente, por escrito, caso se pretenda utilizar essas ferramentas no contexto acadêmico.

Atualmente, quase todas as instituições de ensino contam com um setor ou equipe dedicada à proteção de dados. Se houver dúvidas ou preocupações quanto à privacidade, é recomendável buscar orientação junto a esse setor. Se estiver avaliando a adoção de uma nova ferramenta, ou de uma que não seja amplamente conhecida na sua instituição, entre em contato com o encarregado de proteção de dados antes de implementá-la.

No Brasil, o consentimento informado, especialmente no que se refere a estudantes, exige que sejam atendidos os seguintes requisitos:

- Informar ao estudante quais dados pessoais estão sendo coletados, por que motivo e de que forma serão utilizados.
- Informar onde os dados serão armazenados, quem terá acesso a eles e se estarão sujeitos à legislação de outros países.
- Garantir que o consentimento seja fornecido de forma voluntária, sem coerção ou imposição de penalidades.
- Informar ao estudante que o consentimento pode ser revogado a qualquer momento.
- Oferecer uma alternativa razoável caso o estudante opte por não consentir.
- Assegurar que as informações estejam redigidas de forma clara, específica e inequívoca.

4. **Aplique o princípio da minimização de dados desde a concepção.** Mesmo que exista consentimento institucional e suplementar, reflita cuidadosamente sobre quais dados são

realmente necessários e elimine exigências excessivas. Um exemplo simples são os números de matrícula dos estudantes. Se você utiliza o Moodle para a submissão de trabalhos, o sistema já identifica o autor e armazena seu número. Ainda assim, muitos professores exigem que o número de matrícula seja incluído na capa dos trabalhos ou no nome do arquivo enviado. Quando esse arquivo é posteriormente recuperado do Moodle e submetido ao GPTZero, o número de matrícula acaba sendo transferido para servidores localizados nos Estados Unidos. Essa prática é desnecessária e representa um risco de conformidade injustificável.

Além de minimizar a coleta de dados nas ferramentas de avaliação, considere com cuidado quais tecnologias são mais adequadas às suas restrições institucionais. Evite rigorosamente o uso de ferramentas que representem risco elevado de violação de dados.

Ao tratar de questões de dados em ambientes educacionais, reflita também sobre como ensinar seus estudantes a respeito da privacidade ou, no mínimo, elevar sua consciência sobre o tema. As responsabilidades relativas à proteção de dados são parte essencial da alfabetização digital — um tema ao qual retornaremos em capítulos posteriores.

5. **Mantenha-se atualizado.** A legislação de privacidade está evoluindo rapidamente e, se você acredita que ela afeta sua prática como professor, acompanhe seminários e webinars que atualizam profissionais da área. Quando aprender algo novo, redija uma nota breve e compartilhe com seus colegas.

Se você se sente esgotado só de pensar em IA generativa na sala de aula, saiba que não está sozinho. Esta é apenas mais uma fase de uma década marcada por mudanças intensas — enfrentamos a pandemia, o aumento do número de estudantes por turma, o agravamento das questões de saúde mental e muito mais. E agora isso. Como se não bastasse, a IA generativa nos obriga a redesenhar avaliações, compreender novas políticas e aplicar regras emergentes de integridade acadêmica. Até onde sabemos, ninguém recebeu remuneração extra por esse esforço.

Seria extremamente útil se houvesse maior uniformidade entre as instituições e em âmbito nacional. Para quem tem o privilégio (ou o desafio) de lecionar em mais de uma instituição, é fundamental conhecer a política de cada uma e aplicá-la corretamente. Analisamos as diretrizes publicadas sobre IA generativa de três instituições diferentes, comparando suas abordagens e conteúdos. As diferenças, apresentadas na tabela a seguir, são notáveis.

TABELA 21: Variação nas políticas institucionais

Categoria	Instituição A	Instituição B	Instituição C
Filosofia Central	Delega quase toda a autoridade aos professores em suas respectivas disciplinas.	Enfatiza a integridade acadêmica e a aplicação de procedimentos.	Faz referência à ética da IA da UNESCO; considera a IA generativa como transformadora e integrada.
Natureza da Política	Políticas apresentadas como "diretrizes orientadoras".	Regras a serem seguidas por todos os estudantes em todos os cursos.	Regras a serem seguidas por todos os estudantes em todos os cursos.

Usos Permitidos	Permite o uso com transparência e propósito definido.	Permite o uso mediante aprovação do professor ou com devida citação.	Classifica os usos em três categorias (incentivado, permitido, proibido); inclui regras de citação.
Consequências do Uso Indevido	Aplicam-se as regras regulares de má conduta acadêmica.	O uso indevido é tratado como plágio ou cola.	Encaminhamento a uma comissão específica.
Ferramentas de Detecção	Turnitin e GPTZero fortemente desencorajados.	Nenhuma política definida.	Nenhuma menção a ferramentas de detecção.
Apoio aos Professores	Faz referência à literatura pedagógica voltada aos professores.	Fornece modelos de plano de ensino.	Módulos obrigatórios de formação para professores, financiados pela instituição.
Enquadramento da Questão	Questão pedagógica com implicações de privacidade e equidade.	Questão de integridade e conformidade normativa.	Oportunidade para inovação e transformação.

Ainda não estamos prontos para afirmar que uma política seja, em termos gerais, melhor ou pior do que as outras. No entanto, coloque-se na posição de um professor contratado por tempo determinado que lecione nessas três instituições durante um mesmo semestre. Três filosofias distintas, três conjuntos de regras diferentes. Cada uma exige aplicação criteriosa, adaptação dos materiais didáticos e atenção especial aos critérios de avaliação. Agora considere que o Brasil possui mais de 200 universidades e mais de 2.300 outras instituições de ensino superior. Se cada instituição tiver seu próprio conjunto de regras, como os estudantes poderão transitar ou se transferir entre elas com alguma clareza ou segurança?

O BRASIL PRECISA DE DIRETRIZES NACIONAIS?

Em 10 de maio de 2025, o recém-eleito Papa Leão XIV proferiu seu discurso inaugural ao Colégio de Cardeais, no Vaticano. Em sua fala, identificou a inteligência artificial como "um dos principais desafios enfrentados pela humanidade, afirmando que ela representa ameaças à dignidade humana, à justiça e ao trabalho" (Winfield, 2025). Quando até mesmo o Papa se manifesta sobre o tema, fica claro que estamos diante de algo que vai muito além de uma questão tecnológica — trata-se de um debate sobre valores humanos e responsabilidade global. O que está em jogo ultrapassa a mera necessidade de regulamentação.

Governos e órgãos reguladores, em geral, se movimentam em um ritmo mais lento do que o setor privado. Embora a formulação da política educacional no Brasil ocorra em nível federal, sua execução é fortemente descentralizada. Atualmente, a ausência de uma estratégia nacional voltada à IA generativa é evidente; enquanto algumas instituições, como a Unicamp (Universidade Estadual de Campinas), já publicaram diretrizes éticas, muitas universidades — públicas e privadas — ainda estão experimentando políticas limitadas, ad hoc, ou delegando responsabilidades diretamente aos professores.

Alguns países — como China, Índia, Singapura, Finlândia, França e Austrália — já contam com estratégias e orientações nacionais para o uso da IA no ensino superior. A União Europeia promove o desenvolvimento conjunto entre seus 27 estados-membros. O Brasil, no entanto, não figura nessa lista. Esse cenário gera uma fragmentação inevitável e indesejável das políticas institucionais — cada instituição segue seu próprio caminho, em ritmos diferentes, na definição de padrões e diretrizes.

Ainda assim, há indícios de que Brasília possa se mobilizar, ainda que tardiamente. Em 2024, o Conselho Nacional de Educação iniciou consultas públicas sobre o uso da IA na educação. Paralelamente, a ANPD está desenvolvendo orientações específicas da LGPD para o setor educacional, o que deve incluir diretrizes voltadas às instituições de ensino.

Na ausência de diretrizes nacionais, é inevitável que falte apoio centralizado aos professores que enfrentam desafios relacionados à integridade acadêmica diante do uso de IA. Também é escassa a clareza quanto à fiscalização e à responsabilização. O que se observa é uma variedade de respostas fragmentadas e desiguais, que resultam em soluções improvisadas — muitas vezes definidas no nível do curso individual. Hoje, um estudante que curse três disciplinas em uma mesma universidade pode estar sujeito a três conjuntos distintos de regras. Investigações e sanções relacionadas ao uso de IA estão em crescimento, mas não há uniformidade nos procedimentos ou nos resultados.

A DIVISÃO DIGITAL, A QUESTÃO LINGUÍSTICA E OS ASPECTOS INDÍGENAS

A Constituição brasileira e outras legislações protegem os direitos dos povos indígenas e das comunidades quilombolas. Essas proteções impactam diretamente a proteção de dados; informações relativas a estudantes indígenas ou a suas comunidades devem estar sujeitas ao consentimento livre, prévio e informado, além de respeitarem a soberania cultural. O Brasil é signatário da Convenção 169 da OIT, e as instituições educacionais devem cumprir o *Estatuto do Índio* (Lei nº 6.001/1973).

É fácil negligenciar o fato de que o acesso desigual às ferramentas de IA pode ampliar a exclusão digital. Isso pode oferecer vantagens indevidas a falantes nativos do inglês, levantar questões importantes para povos indígenas e até mesmo contribuir para a polarização econômica.

No amplo espectro de ferramentas eletrônicas, há desigualdades no acesso à conectividade com a internet, a dispositivos, a aplicativos pagos e a outros recursos digitais. Estudantes em áreas remotas, oriundos de famílias de baixa renda ou que dependem de instalações públicas podem ser injustamente prejudicados tanto na avaliação de seus trabalhos quanto no julgamento de possíveis infrações acadêmicas. Ao elaborar políticas ou tomar decisões sobre o uso indevido dessas ferramentas, não podemos presumir igualdade de acesso. O contexto deve sempre ser considerado.

Se você já experimentou minimamente as capacidades linguísticas do ChatGPT, provavelmente ficou impressionado com sua habilidade. Recentemente, demonstramos o ChatGPT para um público nigeriano com o seguinte desafio: "Conte-me uma história, com 300 palavras, sobre um menino e sua primeira bicicleta. Dê um final feliz e escreva-a em iorubá." O iorubá é uma língua tonal amplamente falada na África Ocidental, especialmente no sudoeste da Nigéria. Os iorubás são um dos maiores grupos étnicos da África.

Doze segundos depois, a história estava pronta:

Ìtàn Kẹ̀kẹ́ Tó Gbé Ayọ̀ Wá

Adé jẹ́ ọmọkùnrin ọdún méjọ tí ó ń gbé pẹ̀lú bàbá àti ìyá rẹ̀ ní ìlú Ìbàdàn. Gbogbo òsù méta, Adé máa ń dúró légbẹ̀ẹ́ afárá, ń wo àwọn ọmọ mîî tí ń gùn kẹ̀kẹ́ wọn, ojú rẹ̀ máa ń rún ayọ̀. Ṣùgbọ́n òun kò ní tirẹ̀.

Claro que depois tivemos que pedir ao ChatGPT para traduzir a história de volta ao inglês, pois nenhum de nós fala ou lê iorubá. Poderíamos repetir esse exercício em guzerate, tailandês, árabe ou em qualquer uma das dezenas de outras línguas que nem sequer utilizam o alfabeto latino.

Com isso, você provavelmente concluiria que o ChatGPT é fluentemente multilíngue, funciona em praticamente qualquer idioma e pode ajudar qualquer pessoa, em qualquer lugar. Mas essa impressão está profundamente equivocada. As ferramentas atuais de IA oferecem pouco ou nenhum suporte para línguas indígenas brasileiras, como o Nheengatu ou o Guarani.

Na realidade, os desenvolvedores da maioria das ferramentas de IA generativa — incluindo aquelas abordadas neste livro — otimizam seus modelos para o inglês padrão. Os modelos são treinados com grandes volumes de texto extraído da internet, predominantemente escritos em inglês norte-americano ou britânico. Como resultado, essas aplicações funcionam melhor quando os comandos são escritos em inglês gramaticalmente correto (He et al., 2024), retornam respostas redigidas em inglês acadêmico e tendem a "corrigir" (às vezes incorretamente) comandos escritos em formas vernaculares do idioma. Também podem ter dificuldades significativas com comandos em outros idiomas.

Isso traz implicações profundas para a elaboração de trabalhos e avaliações. Quando um estudante falante de segunda língua recorre à IA para obter ajuda com composição, gramática ou expressão, pode facilmente incorporar vocabulário, expressões ou até explicações que não compreende totalmente. No esforço de mascarar o uso de IA, falantes nativos da língua do currículo têm vantagem — possuem vocabulário mais amplo e maior familiaridade para reescrever ou parafrasear as respostas da IA. Já estudantes não nativos tendem a ser detectados com mais facilidade, pois suas produções não correspondem ao estilo linguístico previamente conhecido ou aos aspectos culturais esperados. Em termos diretos, temos aqui uma questão de equidade: estudantes que escrevem em segunda língua têm mais chance de serem punidos — enquanto os nativos têm mais chance de escapar. Penalizar o uso de IA sem uma análise cuidadosa pode levar à condenação involuntária de uma ferramenta que, de fato, vinha reduzindo desigualdades na avaliação decorrentes de diferenças linguísticas.

Muitos estudantes indígenas enfrentam dificuldades ainda mais acentuadas. Estudantes de áreas rurais, de famílias de baixa renda ou pertencentes a comunidades marginalizadas podem ter acesso limitado à internet, utilizar dispositivos compartilhados ou obsoletos e depender de redes Wi-Fi públicas ou de lan houses. Cada uma dessas dificuldades compromete o processo de aprendizagem e os resultados acadêmicos.

Além de lidarem com o isolamento geográfico e estrutural, os estudantes indígenas se deparam com modelos de IA que dificilmente refletem suas crenças, modos de vida ou perspectivas. Quando essas ferramentas estão disponíveis, podem pressionar os estudantes a se conformarem com expectativas baseadas em culturas não indígenas. Temos o dever de garantir que, ao definir políticas e avaliar a integridade acadêmica, respeitemos plenamente a soberania cultural de nossos estudantes indígenas.

ALÉM DAS FRONTEIRAS BRASILEIRAS

Na União Europeia, o Regulamento Geral sobre a Proteção de Dados (GDPR) trata diretamente das preocupações relacionadas à inteligência artificial e confere aos indivíduos direitos explícitos de acesso, correção e exclusão de dados pessoais. O Artigo 22(1), por exemplo, proíbe o processamento exclusivamente automatizado de qualquer decisão que produza efeitos "jurídicos significativos". Há ainda diversos outros artigos e considerandos que exploram de forma aprofundada a relação entre a IA e o direito à privacidade.

A Austrália já possui diretrizes centralizadas para o uso de IA em sala de aula; a China exige o uso de IA na educação. A Índia lançou recentemente uma iniciativa nacional de IA na educação, priorizando inclusão e desenvolvimento de competências.

Regimes jurídicos estrangeiros têm implicações importantes para cursos online e estudantes em mobilidade internacional. Estudantes matriculados em cursos na Europa, por exemplo, podem acessar as mesmas plataformas utilizadas no Brasil, mas estarão sujeitos a normas de privacidade distintas. Estudantes na China encontrarão um ambiente em que o uso da IA é ativamente incentivado, embora sob rígida supervisão estatal. Em certos países, estudantes podem simplesmente não conseguir acessar as ferramentas que nos são familiares aqui.

Ao observamos as referências globais, a ausência de uma abordagem coordenada no Brasil adquire proporções preocupantes. Embora a *Estratégia Brasileira de Inteligência Artificial*, publicada em 2021, tenha delineado objetivos gerais, ela não apresenta metas concretas de implementação nem aborda a IA generativa, tampouco oferece diretrizes específicas para o contexto educacional. O Ministério da Ciência, Tecnologia e Inovação aprofundou o debate em seu plano nacional de 2024, instituindo um grupo de trabalho para garantir a execução operacional, mas essas iniciativas ainda não contemplam de forma específica o setor educacional.

É uma coisa ser desafiado a lidar com diferenças ao redor do mundo; é outra, ainda mais frustrante, perceber que os próprios educadores devem se orientar em meio ao labirinto regulatório brasileiro.

TRÊS PONTOS FUNDAMENTAIS

1. Embora a LGPD não tenha sido elaborada especificamente para a inteligência artificial, ela rege todo o uso educacional de dados pessoais. As instituições devem cumprir seus requisitos de transparência.
2. O Brasil tem uma necessidade urgente de uma estratégia nacional de educação e inteligência artificial. As diretrizes devem ser unificadas quanto à privacidade, equidade e integridade.
3. Políticas eficazes devem garantir os direitos de dados dos povos indígenas, promover a equidade linguística e enfrentar a desigualdade no acesso digital.

Capítulo 12. ABORDAGENS INSTITUCIONAIS

GERENCIANDO A IA SEM PREJUDICAR A MORAL

A chegada e o impacto da IA generativa em nossas salas de aula representam um desafio extraordinário para as instituições de ensino. Essas instituições estão sob constante pressão para "fazer algo" — e "fazer agora". Considerando que administradores e lideranças superiores estão na mesma curva de aprendizado acentuada que os professores, essa não é uma tarefa simples.

Sugerimos que, à medida que a situação continua a evoluir, sete práticas fundamentais podem contribuir para um resultado mutuamente benéfico:

1. **Esqueça proibições generalizadas ou políticas amplamente restritivas.** Como enfatizado ao longo deste livro, a IA generativa veio para ficar, está em todos os lugares, e os estudantes precisam ser educados sobre seu uso ético e eficaz. Lembre-se de que o objetivo final da liderança acadêmica é o sucesso estudantil — todo esforço deve ser direcionado à preparação para carreiras em que a colaboração entre humanos e IA, como o EuPT, será algo normal.

2. **Seja transparente quanto à curva de aprendizado.** Líderes que demonstram flexibilidade e curiosidade conquistam o respeito e o apoio de educadores interessados em uma exploração conjunta. Aprender sobre a evolução da IA deve ser uma experiência compartilhada.

3. **Inclua educadores no planejamento e na redação de políticas.** Alguns professores terão conhecimento mais aprofundado sobre o tema; outros levantarão questões legítimas e relevantes com base

em suas próprias experiências. Não se espera que a liderança tenha todas as respostas — ninguém tem. O que importa é o trabalho em equipe. Confie nos educadores para manter as políticas alinhadas à realidade da sala de aula.
4. **Utilize linguagem positiva na elaboração de políticas.** Isso posiciona as novas diretrizes como medidas de apoio, e não como punições. Novas políticas e procedimentos não devem ser implementados às pressas nem motivados pelo medo.
5. **Eduque os educadores.** Muitos professores estão se sentindo sobrecarregados, preocupados com o futuro ou angustiados com questões existenciais sobre seus papéis. O melhor antídoto é o aprendizado — crie oficinas, webinars, documentos e materiais que alimentem suas mentes ávidas por conhecimento. Embora ferramentas de IA generativa baseadas em texto dominem atualmente o debate, ferramentas multimodais (que geram vozes, imagens, vídeos e músicas, por exemplo) estão cada vez mais presentes em sala de aula. É essencial manter os educadores atualizados sobre essas inovações e familiarizá-los com novas tecnologias, não apenas com as mais populares.
6. **Encomende estudos e resumos sobre o que instituições similares e da região estão fazendo.** Na ausência de diretrizes em nível estadual ou federal, criar mais uma política de IA generativa do zero só contribui para o problema nacional. Identifique as melhores práticas e filosofias na sua região e incorpore-as às suas próprias diretrizes.
7. **Garanta que equidade, acessibilidade e sistemas diversos de conhecimento sejam contemplados em todas as etapas.** As políticas não devem pressupor acesso homogêneo à tecnologia e precisam atender estudantes com deficiência, bem como aqueles pertencentes a comunidades marginalizadas e indígenas.

LIDERANÇA ACADÊMICA HOJE

Diante desses princípios gerais, qual é o melhor caminho a ser seguido pela liderança acadêmica? Começaremos pelo básico e, em seguida, aprofundaremos nos detalhes.

Apesar do ritmo acelerado das transformações e da ausência da proverbial "bola de cristal", dar um passo atrás, respirar fundo e refletir sobre uma visão de longo prazo é um ótimo ponto de partida. Sim, existem desafios urgentes — mas onde queremos estar em cinco ou dez anos? Quando tivermos o benefício da retrospectiva daqui a uma década, certamente desejaremos ser reconhecidos como instituições visionárias que abraçaram a IA generativa como parte do futuro da aprendizagem. Essa visão nos orienta a tomar a decisão correta logo na primeira encruzilhada: esquecer a proibição e abraçar a oportunidade. Nossas instituições competem para atrair os melhores estudantes — eles estarão altamente atentos à necessidade de uma formação sólida em IA e nos agradecerão por isso.

Enquanto refletimos sobre filosofia institucional, é igualmente importante ancorar as políticas em princípios e, só então, acrescentar regras. Os princípios permitem que estruturas se desenvolvam e permaneçam flexíveis. Quais princípios? Integridade acadêmica, certamente, mas também equidade, inclusão, inovação, acessibilidade, justiça e reconciliação.

O engajamento dos professores é o próximo passo essencial. O tom adotado pela instituição — de colaboração, não de imposição — será fundamental para conquistar a adesão dos educadores às políticas que vierem a ser formuladas. Alguns professores já terão se aprofundado significativamente na IA generativa e possuirão conhecimentos indispensáveis; outros terão pouco conhecimento e muitas inquietações. As preocupações deste segundo grupo são tão valiosas quanto as contribuições interpretativas do primeiro.

O engajamento com outros departamentos, instituições e esferas de governo também é indispensável. Como comunidade e como país, precisamos avançar em direção a entendimentos compartilhados sobre o que é necessário — e devemos isso a nossos educadores e estudantes, em nome da consistência e da clareza normativa.

Estudantes também devem ser envolvidos na formulação de políticas. Suas vivências, receios e saberes são extremamente valiosos — sua exclusão seria um grave equívoco.

Com uma base filosófica bem definida e o engajamento dos diversos atores, passamos à elaboração das políticas. O conteúdo deve enfatizar claramente os fundamentos pedagógicos da abordagem adotada, ser centrado no estudante e buscar coerência institucional entre departamentos, universidades e regiões.

O QUE OS EDUCADORES PODEM EXIGIR

Acreditamos que os conceitos apresentados nos parágrafos a seguir representam exigências razoáveis para todos os educadores no ensino superior. Ao apresentar esta lista, não estamos sugerindo qualquer falha por parte de instituições específicas, mas sim delineando um referencial para avaliação da atuação institucional. Ao revisar uma política publicada, pode ser útil considerar se essas necessidades estão sendo devidamente contempladas:

1. **Orientações claras, consistentes e públicas.** As políticas institucionais não devem omitir informações essenciais (como a posição em relação a ferramentas de detecção), ser ambíguas quanto ao uso justo de ferramentas de IA (em referência ao conceito de *fair use* [uso justo] do direito norte-americano, que admite determinados usos sem autorização prévia) ou adotar posturas evasivas. Delegar decisões ao discernimento dos professores é uma coisa; expressar princípios centrais de maneira vaga ou inconclusiva é outra. As políticas institucionais devem ser publicadas, acessíveis e de domínio público.

2. **Tempo, apoio e formação para educadores.** Nossas instituições devem oferecer tempo, recursos e, quando necessário,

financiamento para o desenvolvimento profissional relacionado à compreensão e uso da IA generativa.
3. **Orientação sobre liberdade acadêmica.** Dentro de certos limites, os educadores devem ter liberdade para definir o uso apropriado da IA generativa em suas disciplinas. No entanto, continua sendo necessário estabelecer com clareza o que constitui má conduta acadêmica.
4. **Participação.** Os educadores estão na linha de frente deste novo cenário e merecem representação nos espaços onde as decisões são tomadas.
5. **Clareza e apoio para aplicação das políticas.** As diretrizes institucionais devem ser assertivas ao indicar quando o(a) educador(a) deve agir de forma autônoma e quando deve encaminhar o caso para instâncias superiores. Justiça processual e coerência são condições indispensáveis para os mecanismos de escalonamento, e os educadores têm o direito de exigir que, ao encaminhar um caso, esta será conduzida de maneira adequada e com o devido suporte.

CONSTRUINDO POLÍTICAS INSTITUCIONAIS

Apresentamos aqui nossas perspectivas sobre a aceitação inevitável da IA generativa como parte integrante da vida estudantil — e talvez tenhamos sugerido que nem todas as políticas atualmente em vigor refletem adequadamente essa necessidade urgente. Embora já tenhamos discutido diversas práticas e princípios, reconhecemos que ainda não propusemos um modelo abrangente capaz de articular esses elementos de forma coesa. Nesta seção, buscamos corrigir essa lacuna ao sugerir um modelo universal para uma política moderna e duradoura sobre IA generativa. Em muitos aspectos, as políticas institucionais se assemelham a atos legislativos e, de fato, se beneficiam de uma estrutura formal. A seguir, descrevemos os elementos que consideramos essenciais:

TÍTULO, VERSÃO E DATA. A política deve apresentar um título identificador, um número de versão (caso não seja a primeira) e a data de vigência. Pode ainda declarar expressamente a revogação de versões anteriores ou de documentos substituídos.

PREÂMBULO. A introdução deve explicitar o motivo da política, definir seu escopo de aplicação (a quem e ao quê se refere) e reconhecer a rápida evolução da IA generativa. Por exemplo:

> Esta política estabelece princípios e diretrizes para a realização de atividades acadêmicas por estudantes e professores, relacionadas ao uso de Inteligência Artificial Generativa (IA generativa). Reconhece o rápido desenvolvimento de ferramentas e tecnologias e foi concebida para ser adaptável, de modo a responder a novos desafios à medida que surgirem. Aplica-se a todos os cursos e programas com atribuição de créditos e conducentes à obtenção de qualquer titulação na Universidade XX.

RESPONSABILIDADE E REVISÃO. A política deve identificar claramente quem é o responsável final por sua implementação — Senado Universitário, Reitoria ou unidade especializada — e indicar quem possui autoridade e responsabilidade por mantê-la atualizada. Em áreas de rápida transformação, recomenda-se adotar subpolíticas por remissão (à semelhança de normas subsidiárias na legislação), de forma a evitar a reescrita integral da política a cada nova ferramenta ou circunstância. Um exemplo seria tratar o uso de uma nova ferramenta de detecção por meio de documento complementar, com base nos princípios gerais estabelecidos.

PRINCÍPIOS. É fundamental explicitar os princípios que fundamentam as regras da política. Embora haja variações institucionais, recomenda-se buscar convergência com padrões estaduais ou nacionais, promovendo consistência interinstitucional. Princípios geralmente consensuais incluem: integridade acadêmica, equidade, inclusão, não discriminação e liberdade acadêmica. Pode-se remeter a diretrizes estaduais, observando, porém, que isso pode limitar a flexibilidade para alinhar-se futuramente a diretrizes nacionais, caso venham a ser adotadas.

DEFINIÇÕES. Esta seção deve esclarecer os termos-chave utilizados no documento. São candidatos a inclusão: Inteligência Artificial Generativa, IA Agente, Uso Permitido, Uso Condicional, Uso Proibido, Divulgação, Detecção de IA, entre outros. A lista exata dependerá do conteúdo específico da política.

PARTES ENVOLVIDAS. A política deve identificar os públicos-alvo e descrever seus papéis. Em geral, incluem-se professores, estudantes, gestores acadêmicos e o setor de integridade acadêmica.

PLANOS DE ENSINO. A política deve conter instruções claras e padronizadas para a elaboração de planos de ensino (syllabi), incluindo a obrigatoriedade de se explicitar as normas de uso de IA e a conformidade com diretrizes departamentais, institucionais ou superiores. Reconhece-se que diferentes áreas do conhecimento terão necessidades distintas — por exemplo, cursos de Ciência da Computação exigirão diretrizes específicas sobre programação, o que seria irrelevante para cursos de Letras.

USOS. Recomendamos fortemente um modelo que classifique os usos da IA em três categorias: (1) *abertamente permitidos* (como o uso do Grammarly para correção ortográfica), sem necessidade de declaração; (2) *condicionalmente permitidos*, com exigência de divulgação e citação conforme orientação específica; e (3) *proibidos*, em casos de uso que configurem má conduta, plágio, infração às regras de integridade acadêmica ou fraude. Esta seção pode ser extensa e detalhada, com benefício de exemplos em texto em baixo ou apêndices. Regras especiais por disciplina também podem ser incluídas nesses anexos ou em políticas separadas.

INTEGRIDADE ACADÊMICA. Uma seção igualmente extensa deve abordar como a má conduta envolvendo IA generativa será tratada no âmbito disciplinar da instituição. O tratamento deve estar alinhado ao previsto para outras violações das normas institucionais.

DETECÇÃO DE IA. A política institucional deve posicionar-se com clareza sobre o uso de ferramentas de detecção (como GPTZero, Turnitin etc.) e, caso autorizadas, garantir que seu uso esteja em conformidade com a legislação de proteção de dados e privacidade.

RECURSOS. A seção final deve orientar os usuários da política sobre onde encontrar materiais de apoio, inclusive para interpretação e aplicação prática. Alguns desses recursos podem ser incluídos em apêndices, como modelos de linguagem para planos de ensino, perguntas frequentes (FAQs) ou materiais de apoio prático. Recomenda-se cautela para não sobrecarregar o corpo da política com excessos de conteúdo — idealmente, o documento principal deve ser formal, claro e conciso, abordando os pontos-chave listados acima.

TRÊS PONTOS FUNDAMENTAIS

1. Não há coerência nas políticas entre instituições ou governos. Isso confunde a gente e os nossos estudantes.
2. Uma boa política equilibra ética, educação e equidade.
3. Como professores, temos que assumir a frente enquanto as instituições correm atrás. Precisamos ser líderes, não seguidores.

POSTFÁCIO

Começamos a escrever este livro com o objetivo de ajudar colegas educadores a responder à onda avassaladora de mudanças que os envolveu com a chegada do ChatGPT ao domínio público. Com o passar do tempo, percebemos que não se tratava de um evento isolado, mas do prenúncio de uma transformação profunda e abrangente de nossa profissão e de nossa prática.

Nosso foco rapidamente migrou da pergunta "O que devemos fazer diante de tudo isso?" para "Do que nossos estudantes realmente precisam de nós?". Procuramos responder a essa convocação de forma prática, refletida e considerando os diversos pontos de vista de todas as partes envolvidas.

Não há retorno possível. Nossos estudantes já são EuPTs (ciborgues) e estão estudando e trabalhando em um ambiente impulsionado por inteligência artificial — algo impensável até poucos anos atrás. Não será a reação deles que redefinirá a educação, mas a nossa. Precisamos antecipar os movimentos, aprender rapidamente e liderar o caminho rumo ao futuro.

Sabemos que este não será o ponto final. Reconhecemos que parte do que escrevemos poderá soar ultrapassado dentro de um ano. Por isso, convidamos você a continuar compartilhando suas ideias, percepções, críticas e reações. Assim, poderemos nos manter atualizados e produzir uma segunda edição tão logo seja necessária. Estamos apenas no início de uma nova jornada. Vamos acolhê-la com entusiasmo, responder com coragem e, acima de tudo, perseverar.

Agradecemos seu interesse por tudo o que aprendemos até aqui. Mantenha-se engajado, atento e firme no propósito.

Alym e Paul

TRÊS PONTOS FUNDAMENTAIS PARA LEMBRAR DESTE LIVRO

1. A IA generativa veio pra ficar. A gente não pode simplesmente proibir. Tem que aprender a usar.
2. A avaliação precisa ser repensada de verdade — não só ajustada.
3. Ética, equidade, educação e empatia são mais importantes agora do que nunca

GLOSSÁRIO DE TERMOS FUNDAMENTAIS

Equivalentes em inglês em *itálico* quando comumente usados na produção acadêmica internacional

Alucinar (*Hallucinate*) — Quando a IA gera informações ou dados plausíveis, porém falsos ou fabricados.

API — Interface de Programação de Aplicações — Conjunto de regras que permite que diferentes programas de software se comuniquem ou funcionem em conjunto.

Atalho de Lição de Casa (*Homework Hack*) — Atalho ou método para economizar tempo e esforço, utilizado por estudantes na realização de tarefas escolares.

Automação Robótica de Processos (*Robotic Process Automation*) — Software que automatiza tarefas repetitivas e baseadas em regras anteriormente executadas por humanos.

Chatbot — Software que simula uma conversa humana.

Ciborgue (*Cyborg*) — Órgão cibernético; ser (geralmente humano) que combina partes biológicas e tecnológicas, como uma pessoa com prótese mecânica, aparelho auditivo implantado ou marca-passo. Na ficção científica, personagens como Robocop são exemplos exagerados. Em ciência cognitiva, o termo também se aplica a humanos que usam tecnologia como parte do pensamento ou do funcionamento — por exemplo, quem utiliza celular, calculadora ou GPS.

Código Aberto (*Open Source*) — Software cujo código-fonte foi disponibilizado publicamente pelos desenvolvedores, permitindo uso, modificação e distribuição por qualquer pessoa.

Dados de Treinamento (*Training Data*) — Conjunto de dados usado para ensinar um modelo de IA a reconhecer padrões e prever linguagem ou comportamentos.

Dados Sintéticos (*Synthetic Data*) — Dados inventados, usados para testes ou treinamentos, que imitam as características de dados reais.

DeepSeek — Modelo de linguagem de grande escala, de código aberto, desenvolvido na China. Treinado com uma combinação de dados em inglês e chinês.

Detector de IA (*AI Detector*) — Software, aplicativo ou ferramenta utilizada para determinar se um conteúdo foi gerado por inteligência artificial.

Estocasticidade (*Stochasticity*) — Grau de aleatoriedade (ou variabilidade) nas respostas geradas por uma ferramenta de IA generativa. Maior estocasticidade = maior chance de escolhas improváveis, com menor confiança e maior variação.

Falso Positivo — Resultado que indica ser verdadeiro algo que, na realidade, é falso. Exemplo: quando se determina que um texto foi gerado por IA, mas foi escrito por um ser humano.

GPTês (*GPTese*) — Linguagem, geralmente em inglês, com tom e estilo planos e impessoais típicos de chatbots de IA. O GPTês é gramaticalmente impecável, porém excessivamente genérico e sem personalidade. É lógico, equilibrado — e desprovido de caráter humano.

IA Agente (*Agentic AI*) — Sistema de inteligência artificial capaz de aceitar objetivos de alto nível, definir e executar tarefas de forma autônoma para alcançá-los, agir com iniciativa sem intervenção humana, realizar autoavaliações e se ajustar conforme necessário.

Inferência (*Inference*) — Processo realizado pela IA generativa para produzir uma resposta a partir de um comando ou pergunta (*prompt*).

IA — Inteligência Artificial (*AI*) — Operações realizadas por máquinas que simulam processos da inteligência humana.

Inteligência Aumentada — Forma de inteligência artificial desenvolvida especificamente para complementar a tomada de decisão humana, e não para substituí-la.

Justiça Restaurativa (*Restorative Justice*) — Abordagem que visa reparar os danos causados por infrações ou conflitos, priorizando a restauração e o diálogo em vez da punição.

Metacognição (*Metacognition*) — Capacidade de compreender e refletir sobre o próprio processo de pensamento. Frequentemente descrita como "pensar sobre o pensar".

Modelo (*Model*) — Sistema de IA que aprende a partir de dados de treinamento e gera saídas com base em comandos do usuário.

Modelo de Linguagem de Grande Escala (*Large Language Model*) — Sistema de IA treinado com grandes volumes de dados, capaz de simular respostas em linguagem humana, resumir conteúdos ou executar outras tarefas baseadas em linguagem.

Modelo Offline (*Offline Model*) — Sistema de IA que pode ser executado em um computador sem conexão com a internet ou servidores externos.

Parafraseador (*Paraphraser*) — Software que reescreve textos com outras palavras, muitas vezes com o objetivo de disfarçar autoria por IA.

Proctorio — Software proprietário que supervisiona remotamente estudantes durante provas online, monitorando webcam, atividades de tela e outros dados.

Prompt — Comando ou pergunta fornecida por um usuário à IA, gerando uma resposta.

QuillBot — Ferramenta de IA amplamente utilizada para parafrasear textos.

Registro do Canvas (*Canvas Log*) — Registro automático das atividades de um usuário na plataforma de gestão de aprendizagem Canvas (*LMS*).

Respondus Lockdown Browser — Software proprietário que, ao ser ativado, permite a realização de exames online bloqueando o acesso a outros recursos como navegadores da web.

Saída (*Output*) — Resposta gerada por uma ferramenta de IA generativa a partir de um comando do usuário.

Temperatura (*Temperature*) — Configuração que controla o nível de estocasticidade. Temperaturas altas geram mais variação e criatividade; temperaturas baixas, respostas mais previsíveis e conservadoras.

Tabela de abreviações e siglas

Abreviação	Forma por Extenso	Inglês
3Ds	Dialogar, Declarar, Desenhar	
3Ms	Má compreensão, Mau uso, e Má conduta	
ABED	Associação Brasileira de Educação a Distância	
ABNT	Associação Brasileira de Normas Técnicas	
ANPD	Autoridade Nacional de Proteção de Dados	
API	Interface de Programação de Aplicações	
AVA	Ambiente Virtual de Aprendizagem	
CAAA	Associação Canadense de Contabilidade Acadêmica	
CCCC	Conferência sobre Composição e Comunicação no Ensino Superior	
CEO	*Chief Executive Officer* Diretor Executivo	
CPF	Cadastro de Pessoas Físicas	
DALL·E	Nome híbrido inspirado em Salvador Dalí e no robô WALL·E	
DRY	*Don't Repeat Yourself* (Não se Repita)	
DUA	Desenho Universal para a Aprendizagem	UDL
DVV	Dando Voz aos Valores	GVV
EEIA	Escala de Avaliação da Inteligência Artificial	
EuPT	EU + PT = Ferramenta Pós-Humana de Extensão da Mente	MePT
GDPR	Regulamento Geral sobre a Proteção de Dados (União Europeia, 2016)	
GIGO	*Garbage In, Garbage Out* Lixo Entra, Lixo Sai	
GPT	Transformador Generativo Pré-Treinado	
HEPI	Instituto de Políticas para o Ensino Superior (Reino Unido)	
HTML	Linguagem de Marcação de Hipertexto	
IA	**Inteligência Artificial** *(Em casos raros: Inteligência Aumentada)*	AI
IA-Gen	IA generativa	Gen AI
JSON	Notação de Objetos JavaScript	
LGPD	Lei Geral de Proteção de Dados	
LLaMA	Modelo de Linguagem de Grande Escala da Meta	

LSAT	*Law School Admission Test* Teste de Admissão para Faculdades de Direito	
MBA	*Master of Business Administration* Mestrado em Administração de Empresas	
MLA	Associação de Língua Moderna	
MIT	Massachusetts Institute of Technology	
MLG	Modelo de Linguagem de Grande Escala	LLM
MTA	Marque Todas as Alternativas que se Aplicam	SATA
ONU	Organização das Nações Unidas	UN
PHP	Preprocessador de Hipertexto	
PLN	Processamento de Linguagem Natural	NLP
QEQS	Qualidade Entra, Qualidade Sai	
QME	Questão de Múltipla Escolha	MCQ
RITE	Responsável, Informado, Transparente, Ético	
RPA	Automação de Processos Robóticos	
SBIE	Simpósio Brasileiro de Informática na Educação	
SOLO	Estrutura dos Resultados de Aprendizagem Observados	
TDAH	Transtorno de Déficit de Atenção e Hiperatividade	ADHD
UBC	Universidade da Colúmbia Britânica (Canadá)	
USB	Barramento Serial Universal	
USP	Universidade de São Paulo	
XAI	IA Explicável	

CITAÇÕES E REFERÊNCIAS

ADAMS, C.; THOMPSON, T. L. Researching a posthuman world: Interviews with digital objects. London: Palgrave Macmillan, 2016. Disponível em: https://doi.org/10.1057/9781137484185. Acesso em: 20 jul. 2025.

AGARWAL, V. The CRAFT of great prompts: Laying the foundation for your AI travel agent. Medium, 13 maio 2025. Disponível em: https://medium.com/@vineetagarwal98/the-craft-of-great-prompts-laying-the-foundation-for-your-ai-travel-agent-6ecaa93439fd. Acesso em: 20 jul. 2025.

ALTMAN, S. Planning for AGI and beyond. OpenAI, 24 fev. 2023. Disponível em: https://openai.com/blog/planning-for-agi-and-beyond. Acesso em: 20 jul. 2025.

ALLYN, B. Deepfake video of Zelenskyy could be 'tip of the iceberg' in info war, experts warn. NPR, 16 mar. 2022. Disponível em: https://www.npr.org/2022/03/16/1087062648/deepfake-video-zelenskyy-experts-war-manipulation-ukraine-russia. Acesso em: 20 jul. 2025.

AMLANI, A. Caught in the middle: Academic integrity in the age of AI: Preventing misconduct without losing your mind [Apresentação de conferência]. Kwantlen Polytechnic University, Richmond, British Columbia; Annual Convention of the Canadian Association of Academic Accountants, Toronto, 2025, 24 maio 2025.

AMLANI, A. A. Using a data-driven approach to write better exams. In: Best of the Teaching Professor Conference 2020. Stylus Publishing, 2020.

ANDERSON, L. W.; KRATHWOHL, D. R. (Ed.). A taxonomy for learning, teaching, and assessing: A revision of Bloom's taxonomy of educational objectives. New York: Longman, 2001.

BEAM, C. The AI detection arms race is on. WIRED, 14 set. 2023. Disponível em: https://www.wired.com/story/ai-detection-chatgpt-college-students. Acesso em: 20 jul. 2025.

BERMAN, A. E. Technology feels like it's accelerating—because it actually is. Singularity Hub, 22 mar. 2016. Disponível em: https://singularityhub.com/2016/03/22/technology-feels-like-its-accelerating-because-it-actually-is/. Acesso em: 20 jul. 2025.

BIGGS, J. B.; COLLIS, K. F. Evaluating the Quality of Learning: The SOLO Taxonomy. New York: Academic Press, 1982.

BOWEN, D.; FLEMING, R. Assessment and Swiss cheese (No. 9) [Episódio de podcast]. In: AI in Education Podcast. Microsoft Australia & InnovateGPT, 12 set. 2024. Disponível em: https://aipodcast.education/assessment-and-swiss-cheese-phill-dawson-episode-9-of-series-9. Acesso em: 20 jul. 2025.

BULL, R.; MILNE, R. Attempts to improve the police interviewing of suspects. In: LASSITER, G. D. (Ed.). Interrogations, confessions, and entrapment. Springer, 2004.

BYRD, A. AI and academic integrity | Antonio Byrd (AI Academy guest speaker) [Vídeo]. YouTube, abr. 2023. Disponível em: https://www.youtube.com/watch?v=e4uBg-t3G3U. Acesso em: 20 jul. 2025.

CAST. Universal Design for Learning Guidelines version 2.2. 2018. Disponível em: https://udlguidelines.cast.org. Acesso em: 20 jul. 2025.

CHAN, B. Goldman is assembling a growing arsenal of AI tools. Here's everything we know about 5. Business Insider, 13 maio 2025. Disponível em: https://www.businessinsider.com/goldman-sachs-ai-uses-5-tools-employees-2025-5. Acesso em: 20 jul. 2025.

CHAUHAN, A.; GHANDI, P.; KULKARNI, M. Designing effective scenario-based multiple-choice questions for health professionals. National Medical Journal of India, 16 abr. 2025. Disponível em: https://nmji.in/designing-effective-scenario-based-multiple-choice-questions-for-health-professionals. Acesso em: 20 jul. 2025.

CHUNG, J. W. Y. et al. Do teachers spot AI? Evaluating the detectability of AI-generated student work. Computers and

Education: Artificial Intelligence, v. 5, art. 100154, 2024. Disponível em: https://www.sciencedirect.com/science/article/pii/S2666920X24000109. Acesso em: 20 jul. 2025.

CHURCHES, A. Bloom's digital taxonomy: A thorough orientation to the revised taxonomy; practical recommendations for a wide variety of ways mapping the taxonomy to the uses of current online technologies; and associated rubrics. [White paper]. Australian School Library Association NSW Incorporated, 2010.

CLANCE, P. R.; IMES, S. A. The impostor phenomenon in high achieving women: Dynamics and therapeutic intervention. Psychotherapy: Theory, Research & Practice, v. 15, n. 3, p. 241–247, 1978. DOI: https://doi.org/10.1037/h0086006.

CLARK, A. Natural-born cyborgs: Minds, technologies, and the future of human intelligence. Oxford: Oxford University Press, 2003.

CLARK, A.; CHALMERS, D. J. The extended mind. Analysis, v. 58, n. 1, p. 7–19, 1998. DOI: https://doi.org/10.1093/analys/58.1.7.

COHEN, M. Disloyal: A memoir. New York: Skyhorse Publishing, 2020.

COPELAND, D. B. DECLARE: A framework for documenting AI systems. [S.d.]. Disponível em: https://declare-ai.org/1.0.0/declare.html. Acesso em: 20 jul. 2025.

DAVIS, R. Generative AI in education – A primer on the new vocabulary. 11 jun. 2025. Disponível em: https://www.linkedin.com/pulse/generative-ai-education-primer-new-vocabulary-robert-davis-tghkc/. Acesso em: 20 jul. 2025.

DESIGNHOUSE. Three Latin American universities will use AI to prevent student dropout in higher education. [Press Release]. Hemispheric University Consortium, 10 jun. 2025. Disponível em: https://thehuc.org/three-latin-american-universities-will-use-ai-to-prevent-student-dropout-in-higher-education/. Acesso em: 20 jul. 2025.

DIGITAL EDUCATION COUNCIL. What students want: Key results from DEC Global AI student survey 2024. [Report]. 7 ago. 2024. Disponível em: https://www.digitaleducationcouncil.com/post/what-students-wantkey-results-from-dec-global-ai-student-survey-2024. Acesso em: 20 jul. 2025.

DUFFY, C. Why this leading AI CEO is warning the tech could cause mass unemployment. CNN, 29 maio 2025. Disponível em: https://www.cnn.com/2025/05/29/tech/ai-anthropic-ceo-dario-amodei-unemployment. Acesso em: 20 jul. 2025.

EATON, S. E. Postplagiarism: Transdisciplinary ethics and integrity in the age of artificial intelligence and neurotechnology. International Journal for Educational Integrity, v. 19, n. 1, art. 23, 2023. DOI: https://doi.org/10.1007/s40979-023-00144-1.

EBERWEIN, D. The sky is falling ... AGAIN. The Power of Why, 18 jan. 2023. Disponível em: https://thepowerofwhy.ca/2023/01/18/the-sky-is-falling-again/. Acesso em: 20 jul. 2025.

EL CHMOURI, O. McKinsey leans on AI to make PowerPoints, draft proposals. Bloomberg, 2 jun. 2025. Disponível em: https://www.bloomberg.com/news/articles/2025-06-02/mckinsey-leans-on-ai-to-make-powerpoints-faster-draft-proposals. Acesso em: 20 jul. 2025.

FLAVELL, J. H. Metacognition and cognitive monitoring: A new area of cognitive–developmental inquiry. American Psychologist, v. 34, n. 10, p. 906–911, 1979. DOI: https://doi.org/10.1037/0003-066X.34.10.906.

FLECKENSTEIN, J. et al. Do teachers spot AI? Evaluating the detectability of AI generated texts among student essays. Computers and Education: Artificial Intelligence, v. 6, n. 5, art. 100209, 2024. DOI: https://doi.org/10.1016/j.caeai.2024.100209.

FLENSTED, T. How many languages does ChatGPT support? The complete ChatGPT language list. SEO.ai, 24 abr. 2024. Disponível em: https://seo.ai/blog/how-many-languages-does-chatgpt-support. Acesso em: 20 jul. 2025.

FREEMAN, J. Student Generative AI Survey 2025. [Policy Note]. HEPI, 25 fev. 2025. Disponível em: https://www.hepi.ac.uk/2025/02/26/student-generative-ai-survey-2025/. Acesso em: 20 jul. 2025.

FRIEDMAN, B.; KAHN, P. H.; BORNING, A. Value sensitive design and information systems. In: ZHANG, P.; GALLETTA, D. (ed.). Human-computer interaction and management information systems: Foundations. M.E. Sharpe, 2006. [página necessária].

FURZE, L. Updating the AI Assessment Scale. [Blog Post]. Leon Furze, 28 ago. 2024. Disponível em: https://leonfurze.com/2024/08/28/updating-the-ai-assessment-scale/. Acesso em: 20 jul. 2025.

FURZE, L. AIAS: Why we've driven through the traffic lights. [Blog Post]. Leon Furze, 2 set. 2024. Disponível em: https://leonfurze.com/2024/09/02/aias-why-weve-driven-through-the-traffic-lights/. Acesso em: 20 jul. 2025.

FURZE, L. et al. The AI Assessment Scale (AIAS): A framework for ethical integration of generative AI in educational assessment. [Preprint]. arXiv, 2023. Disponível em: https://arxiv.org/abs/2312.07086. Acesso em: 20 jul. 2025.

GHANEM, D. et al. ChatGPT performs at the level of a third-year orthopaedic surgery resident on the orthopaedic in-training examination. JBJS Open Access, v. 8, n. 4, e23.00103, 2023. DOI: https://doi.org/10.2106/JBJS.OA.23.00103.

GLADWELL, Malcolm. Blink: a decisão num piscar de olhos. Tradução de José Couto Nogueira. Rio de Janeiro: Rocco, 2005.

GONSALVES, C. Generative AI's impact on critical thinking: Revisiting Bloom's taxonomy. Journal of Educational Psychology, 2024. DOI: https://doi.org/10.1177/02734753241305980.

GOODMAN, G.; HOWARD, J.; KLEIN, B. Trump administration's MAHA report on children's health filled with flawed references, including some studies that don't exist. 29 maio 2025. Disponível em: https://www.cnn.com/2025/05/29/health/maha-report-errors. Acesso em: 20 jul. 2025.

GRANT, Adam. Pense de novo: o poder de saber o que você não sabe. Tradução para o português (Brasil). Rio de Janeiro: Sextante, 2021.

HALADYNA, T. M.; DOWNING, S. M.; RODRIGUEZ, M. C. A review of multiple-choice item-writing guidelines for classroom assessment. Applied Measurement in Education, v. 15, n. 3, p. 309–333, 2002. DOI: https://doi.org/10.1207/S15324818AME1503_5.

HAZZAN, S.; AMLANI, A.; DAVIS, P. International business growth strategies for emerging markets: Creating sustainable, entrepreneurial expansion. Abingdon: Routledge, 2025.

HE, J. et al. Does prompt formatting have any impact on LLM performance? arXiv, 15 nov. 2024. DOI: https://doi.org/10.48550/arXiv.2411.10541.

HEDGEPETH, C. ChatGPT's search capabilities in 2025: Can it rival Google? 14 fev. 2025. Disponível em: https://www.9rooftops.com/blog/search-in-2025-can-chatgpt-compete-with-google. Acesso em: 20 jul. 2025.

HILL, K. The professors are using ChatGPT, and some students aren't happy about it. 14 maio 2025. Disponível em: https://www.boston.com/news/technology/2025/05/14/professors-using-chatgpt-some-students-arent-happy/. Acesso em: 20 jul. 2025.

ISAZADA, N. The concept of QIQO – Quality in Quality Out. [Blog]. 20 dez. 2016. Disponível em: https://www.natellaisazadalcom/quality-in-quality-out/. Acesso em: 20 jul. 2025.

KOHN, A. The trouble with rubrics. English Journal, v. 93, n. 4, 2003.

KOSMYNA, N. et al. Your brain on ChatGPT: Accumulation of cognitive debt when using an AI assistant for essay writing task (arXiv:2506.08872). [Preprint]. arXiv, 10 jun. 2025. DOI: https://doi.org/10.48550/arXiv.2506.08872.

KPMG. Generative AI and the future of education. 30 abr. 2025a. Disponível em: https://kpmg.com/ca/en/home/insights/2025/04/generative-ai-and-the-future-of-education.html. Acesso em: 20 jul. 2025.

KPMG. Study shows Canada among least AI literate nations. 23 jun. 2025b. Disponível em: https://kpmg.com/ca/en/home/media/press-releases/2025/06/study-shows-canada-among-least-ai-literate-nations.html. Acesso em: 20 jul. 2025.

LAIDLEY, C. Will AI really be the demise of Google search? 7 maio 2025. Disponível em: https://www.investopedia.com/will-ai-really-be-the-demise-of-google-search-alphabet-11730405. Acesso em: 20 jul. 2025.

LIEBERMAN, D. E. Exercised: Why something we never evolved to do is healthy and rewarding. New York: Vintage, 2021.

McKAY, S. GPTZero: AI content detection tool explained. [S.d.]. Disponível em: https://blog.enterprisedna.co/gptzero/. Acesso em: 20 jul. 2025.

MIRANDA, L. A bad turn using a GPS machine led a woman to drive into a lake. 16 maio 2016. Disponível em: https://www.buzzfeed.com/leticiamiranda/the-machine-knows. Acesso em: 20 jul. 2025.

MONKTON, E. Zen dog. Kansas City: Andrews McMeel Publishing, 2006.

MUSCANELL, N.; GAY, K. 2025 Students and technology report: Shaping the future of higher education through technology, flexibility, and well-being. 14 abr. 2025. Disponível em: https://www.educause.edu/content/2025/students-and-technology-report. Acesso em: 20 jul. 2025.

NERDYNAV. NerdyNav. [Website]. 2025. Disponível em: https://nerdynav.com/. Acesso em: 20 jul. 2025.

NG, D. T. K. et al. Conceptualizing AI literacy: An exploratory review. Computers and Education: Artificial Intelligence, v. 2, art. 100041, 2021. DOI: https://doi.org/10.1016/j.caeai.2021.100041.

NILSON, L. B. Teaching at its best: A research-based resource for college instructors. 4. ed. San Francisco: Jossey-Bass, 2016.

OBERLO. Search engine market share in 2024. [Web page]. Dez. 2024. Disponível em: https://www.oberlo.com/statistics/search-engine-market-share. Acesso em: 20 jul. 2025.

OPENO, J. Authentic assessment and academic integrity. 18 maio 2022. Disponível em: https://www.jasonopeno.com/blog/2022/5/18/authentic-assessment-and-academic-integrity. Acesso em: 20 jul. 2025.

OPENO, J. Comunicação pessoal com os autores. jul. 2025.

OXFORD UNIVERSITY PRESS. Google, v.². In: Oxford English Dictionary. Oxford: Oxford University Press, 2006. Disponível em: https://www.oed.com/dictionary/google_v2. Acesso em: 20 jul. 2025.

PASSIG, D. A taxonomy of future higher thinking skills. Informatics in Education: An International Journal, v. 2, n. 1, p. 79–92, 2003. Disponível em: https://www.proquest.com/scholarly-journals/taxonomy-future-higher-thinking-skills/docview/746479471/se-2. Acesso em: 20 jul. 2025.

PELÉ. *Pelé: a autobiografia*. Tradução de Marcelo Barbão. São Paulo: Seoman, 2007.

PROTHERO, A. New data reveal how many students are using AI to cheat. Education Week, 25 abr. 2024. Disponível em: https://www.edweek.org/technology/new-data-reveal-how-many-students-are-using-ai-to-cheat/2024/04. Acesso em: 20 jul. 2025.

ROE, J.; PERKINS, M.; FURZE, L. From assessment to practice: Implementing the AIAS framework in EFL teaching and learning (Version 1). [Preprint]. arXiv, 1 jan. 2025. DOI: https://doi.org/10.48550/ARXIV.2501.00964.

ROZNER, L.; McNICHOLAS, T.; DIAS, J. Congressman-elect George Santos admits lying about education, work experience, but vows to be sworn in. CBS News, 28 dez. 2022. Disponível em: https://www.cbsnews.com/newyork/news/congressman-elect-george-santos-admits-lying-about-education-work-experience-i-will-be-sworn-in/. Acesso em: 20 jul. 2025.

RUIZ, I. Gartner predicts a 25% drop in Google searches by 2026 due to AI. SEO.com Agency. [Blog Post]. 5 mar. 2024. Disponível em: https://seocom.agency/en/blog/gartner-predicts-a-25-drop-in-google-searches-by-2026-due-to-ai. Acesso em: 20 jul. 2025.

SARKAR, S. Students using AI to outsource their thinking, teachers warn: 'Flat-out Cheat.' News18, 1 abr. 2025. Disponível em: https://www.news18.com/world/students-using-ai-to-outsource-their-thinking-teachers-warn-flat-out-cheat-9281775.html. Acesso em: 20 jul. 2025.

SHAKESPEARE, W. The Tempest. (Act II, Scene I). 1623.

SHIBU, S. Saying 'Please" and "thank you" to ChatGPT costs OpenAI tens of millions of dollars. Entrepreneur, 21 abr. 2025. Disponível em: https://www.entrepreneur.com/business-news/saying-thank-you-to-chatgpt-costs-millions-in-electricity/490341. Acesso em: 20 jul. 2025.

SINGH, S. ChatGPT Statistics (2025): DAU & MAU data worldwide. 16 abr. 2025. Disponível em: https://www.demandsage.com/chatgpt-statistics/. Acesso em: 20 jul. 2025.

SQUIRES, R.; SAMEERA, M. Evaluating the impact of scenario-based online simulations on cognitive load, self-efficacy, and skill transfer in nursing education. i-manager's Journal on Nursing Education, v. 13, n. 3, p. 18-26, 2023. DOI: https://doi.org/10.26634/jnur.13.3.20133.

STANAT, R. Fatiamento fino em marketing: Resenha do livro "Blink. https://www.sisinternational.com/pt/fatias-finas-em-marketing-uma-revisao-do-piscar/. Acesso em: 22 jul. 2025.

STANFORD INSTITUTE FOR HUMAN CENTERED ARTIFICIAL INTELLIGENCE. The 2025 AI Index Report. Stanford University, 2025. Disponível em: https://hai.stanford.edu/ai-index/2025-ai-index-report. Acesso em: 20 jul. 2025.

THOMAS, E.; ADAM, A.; CUI, A. GPTZero detects AI paraphrasers. 7 nov. 2024. Disponível em: https://gptzero.me/news/ai-paraphrasing-detection. Acesso em: 20 jul. 2025.

TRIBUNAL DE JUSTIÇA DE SANTA CATARINA. TJSC multa autor de recurso por jurisprudência falsa gerada por inteligência artificial – advogado admitiu ter usado ChatGPT, e OAB será informada do caso. Florianópolis, 18 fev. 2025. Disponível em: https://www.tjsc.jus.br/web/imprensa/-/tjsc-multa-autor-de-recurso-por-jurisprudencia-falsa-gerada-por-ia. Acesso em: 20 jul. 2025.

VYGOTSKY, L. S. A formação social da mente: o desenvolvimento dos processos psicológicos superiores. Tradução de José Cipolla Neto, Luis Silveira Menna Barreto e Solange Castro Afeche. 7. ed. São Paulo: Martins Fontes, 2007.

WINFIELD, N. Pope Leo XIV lays out vision of papacy and identifies AI as a main challenge for humanity. AP News, 10 maio 2025. Disponível em: https://apnews.com/article/pope-leo-vision-papacy-artificial-intelligence-36d29e37a11620b594b9b7c0574cc358. Acesso em: 20 jul. 2025.

WOOD, D.; BRUNER, J. S.; ROSS, G. The role of tutoring in problem solving. Journal of Child Psychology and Psychiatry, v. 17, n. 2, p. 89–100, 1976. DOI: https://doi.org/10.1111/j.1469-7610.1976.tb00381.x.

WU, J. et al. Evaluating LLMs' inherent multi-hop reasoning ability (Version 4). [Preprint]. arXiv, 2024. DOI: https://doi.org/10.48550/arXiv.2402.11924.

XU, W. et al. SATA BENCH: Select All That Apply Benchmark for Multiple Choice Questions. [Preprint]. arXiv, 31 maio 2025. Disponível em: https://arxiv.org/abs/2506.00643. Acesso em: 20 jul. 2025.

YUSUF, A. et al. Implementing a proposed framework for enhancing critical thinking skills in synthesizing AI-generated texts. Thinking Skills and Creativity, v. 53, art. 101619, 2024. DOI: https://doi.org/10.1016/j.tsc.2024.101619.

ZHENG, C. et al. Large language models are not robust multiple choice selectors. [Preprint]. arXiv, 7 set. 2023. Disponível em: https://arxiv.org/abs/2309.03882. Acesso em: 20 jul. 2025.

ÍNDICE

3Ds, 172, 188, 351
3Ms, 154, 158, 257, 351
ABNT, 40, 57, 58, 251, 252, 299, 315, 351
Ação, 258
Acordo de sala de aula, 174
Administração, 313
Adobe Photoshop®, 49, 50, 94
AI Index, 36
Alinhamento com a IA, 272
Alphabet, 26
Altman, Sam, 7, 267
Alucinação, 41, 75, 126, 135
Ambientes virtuais de aprendizagem, 83, 107, 127, 200, 275, 279
Amodei, Dario, 227
Amostragem probabilística, 292
Andaimagem, 250
Animações, 56
Anonimização, 322, 323
ANPD, 319, 323, 331, 351
Anthropic, 9, 11, 12, 181, 227, 325
Aprendizado de máquina, 292
Apresentações, 218
Aprimoramento de curso, 313
Argenti, Marco, 6
Aspectos Indígenas, 331
Associação Brasileira de Educação a Distância, 275
Atalho, 90
Aumento de dados, 292

Ausência de elementos essenciais, 134
Austrália, 330, 335
AutoCAD, 94
Automação de processos robóticos, 32
Autoria e titularidade, 143
Autoridade Nacional de Proteção de Dados (ANPD), 319
Autorização, 141
Avaliação, 243, 295, 304
Avaliação entre pares, 220
Awesome AI Tools, 36
beautiful.ai, 63
Biggs, John B, 19
Blender, 94
Brainstorming, 45
Brightspace, 83, 127
Bull, Ray, 148
Burns, David, ii
Burstiness, 113
Byrd, Antonio, 174
Caktus, 99, 100, 102, 103
Campagna, Pamela, ii, 229, 231, 232
Canva.com, iii, 43, 63, 187
Canvas, 1, 83, 127
CAPES, 275
Carajás, Pará, 270
Centro de Inovação para a Educação Brasileira, 275
Centro Ismaili, 51
Cético, 192
Chat GPT-5, 12

ChatGLM, 12
ChatGPT, iii, iv, 1, 2, 3, 5, 6, 7, 8, 9, 10, 11, 12, 13, 18, 24, 26, 27, 28, 31, 34, 35, 37, 39, 40, 41, 42, 43, 45, 46, 48, 53, 54, 58, 59, 63, 64, 65, 70, 71, 72, 75, 81, 92, 94, 95, 96, 99, 100, 101, 106, 107, 112, 116, 117, 118, 120, 121, 123, 124, 126, 131,132, 133, 137, 139, 179, 180, 183, 184, 186, 204, 207, 209, 214, 215, 218, 229, 233, 236, 251, 252, 253, 254, 258, 261, 263, 265, 266, 270, 271, 276, 284, 285, 286, 287, 289, 292, 293, 299, 302, 307, 309, 310, 323, 325, 332, 333, 345, 356, 357, 358, 361
Chave Allen, 77
Chegg, 90
Chicken Little, 14
China, 9, 330, 335
Churches, Andrew, 239
Ciborgue, 3
Cinco forças de Porter, 88
Citação, 57, 252
Citação aceitável, 181
Clark, Andy, 27
Claude, iii, iv, 9, 11, 12, 34, 37, 100, 107, 181, 182, 215, 227, 229, 255, 270, 285, 309, 325
Constituição, 75
Coast Salish, i
Código, 54, 134
  C, 54
  HTML, 54
  JSON, 54
  padrão repetitivo, 134
  PHP, 54
  Python, 54

Python 3, 54
  validação, 54
Coerência, 198
Cohen, Michael, 41, 96
Colaboração, 240, 243
Collis, Kevin F, 19
Comentário excessivo, 134
Comitê Especial da CCCC, 174
Comportamento criminoso, 53
Compreensão, 67
Conhecimento empírico, 72
Conjuntos de problemas, 213
Conselho Nacional de Educação, 331
Consentimento informado, 321
Consistência na nomeação, 134
Constituição brasileira, 331
Conteúdo do curso, 289
Conteúdo do mundo real, 123
Contexto, 258
Contract cheating, 170
Cooper, Anderson, 227
Coreia do Norte, 251
Correção ortográfica, 145
Correspondência de prompt, 117
Corrida armamentista pela integridade acadêmica, 107
CourseHero, 91
COVID-19, 101
CPF, 351
CRAFT, 258, 259, 261, 263, 287, 289, 293, 295, 300, 353
Crescimento da voz da IA, 90
Criatividade, 245
Cuba, 251
Cue, Eddy, 26
Cura, 244

Dados com preservação de privacidade, 292
Dados sintéticos, 291
DALL·E, iii, 11, 34, 37, 48, 53, 78, 79, 109, 146, 191, 309, 351
Dando voz aos valores, 230
Davis, Mônica, ii
Davis, Paul Jr, 40
Dawson, Phill, 145
Declarar, 177
DeepSeek, 9, 303, 348
Deficiência literária, 124
DemandSage, 37
Desenho Universal para a Aprendizagem (DUA), 306, 307
Desenvolvimento, 135
Desenvolvimento profissional, 316
Desesperançado, 192
Dialogar, Declarar, Desenhar, 172
Diálogo, 172
  com estudantes, 302
Digital Education Council, 81
Discord, 37
Dívida cognitiva, 24, 234
Divisão digital, 331
Divulgação, 65, 252
Divulgação aceitável, 181
Divulgação e transparência, 143
draw.io, 43
DUA, 306, 307, 308, 309, 310, 351
Eaton, Sarah Elaine, 101
Eberwein, Dave, 14
Edição, 87
Empatia, 74

Entrevista, 147, 150
Equidade, 250
ERNIE, 12
Erros de contexto, 134
Esboço arquitetônico, 53
Escala de Avaliação com IA, 179
Escolher a melhor resposta, 206
Escuta ativa, 152
Espaços reservados genéricos, 135
Estatuto do Índio, 331
Estratégia Brasileira de Inteligência Artificial, 335
Estrutura física, 120
Estudantes sintéticos, 279
Estudos de caso, 62, 91, 161, 217, 280, 289, 297, 299
EuPT, 1, 3, 191, 193, 220, 224, 226, 234, 240, 241, 244, 246, 250, 323, 337, 351
Evasão, 152
Eventos ao vivo, 223
Evidências, 148
Evitando detecção, 100
Excesso de avaliações, 170
Excesso de confiança, 126
Externalização cognitiva, 27
Fabricação, 126
Fabricate, 293
Falcon, 107
Feedback, 304
Fenômeno do impostor, 193
Finalização, 87
Finlândia, 330
Firefly, 50
Flashcards, 62, 86
Flavell, John, 246
FloatBrowser, 105

Fluência em IA, 141, 195, 228, 232, 233, 244
Fluência em idiomas, 232
Folha de reflexão, 20
Formato, 258
Fóruns de discussão, 186, 221
França, 330
Friedman, Batya, 79
Função protética, 191
Furze, Leon, 179
gamma.app, iii, 34, 63, 187, 289
Garofalo, Débora, 197
Gartner, 26
Gemma, 107
Geração determinística, 292
GIGO, 68, 257, 351
GitHub
    Copilot, 37, 53
Gmail
    Smart Compose, 83
Gonsalves, Chahna, 237
Google, 9, 11, 12, 26, 27, 44, 58, 82, 91, 100, 128, 140, 185, 219, 236, 285, 314, 315, 316, 325, 358, 359, 360
    Bard, 9
    Classroom, 325
    Docs, 82
    Gemini, 37, 285
    Sheets, 83
GPTês, 2, 39, 97, 114, 119, 173, 186, 348
GPTZero, 101, 111, 112, 113, 114, 115, 116, 137, 149, 325, 327, 329, 344, 359, 361
Grammarly, 34, 35, 81, 84, 85, 139, 180, 343
Hagen, Erin, i
Haladyna, T.M., 201
Hemingway Editor, 85

Hill, Kashmir, 64
Honestidade, 251
Humanização, 104
IA Agentiva, 276
IA Discriminativa, 33
IA generativa, ii, iii, 4, 10, 11, 12, 15, 16, 17, 19, 20, 23, 24, 30, 31, 33, 34, 35, 36, 37, 38, 40, 41, 42, 43, 44, 45, 47, 48, 49, 50, 52, 54, 56, 57, 58, 59, 60, 61, 63, 64, 66, 67, 68, 69, 70, 72, 73, 74, 75, 76, 79, 80, 81, 86, 87, 90, 93, 94, 95, 96, 97, 98, 99, 100, 101, 102, 107, 108, 110, 113, 114, 115, 116, 118, 121, 122, 123, 124, 125, 126, 127, 129, 130, 131, 132, 133, 134, 135, 136, 138, 139, 140, 142, 147, 154, 159, 160, 169, 172, 173, 174, 175, 176, 177, 178, 179, 180, 182, 184, 185, 186, 187, 188, 189, 190, 194, 195, 196, 197, 199, 200, 201, 202, 203, 204, 205, 206, 207, 208, 209, 210, 211, 212, 213, 214, 216, 217, 218, 219, 220, 221, 222, 223, 224, 225, 227, 228, 229, 231, 232, 233, 234, 235, 236, 240, 242, 243, 244, 245, 246, 247, 248, 249, 250, 251, 252, 254, 255, 256, 257, 259, 262, 265, 267, 268, 270, 271, 272, 273, 274, 275, 277, 278, 280, 281, 282, 283, 284, 288, 289, 291, 292, 295, 296, 297, 298, 300, 302, 303, 304, 305, 306, 307, 308, 310, 311, 312, 313, 314, 315, 316, 317, 318, 319, 320, 321, 323, 324, 328, 330, 333, 335, 337,

338, 339, 341, 342, 344, 346,
348, 350, 351
IA invisível, 82
IA Preditiva, 33
IA Prescritiva, 33
Ideação, 45, 87
Identificação, 243
IKEA, 77
Incógnitas desconhecidas, 69
Índia, 330
Inflação de notas, 170
Informações pessoais, 320
Integração, 243
Integridade acadêmica, iv, ii, 3,
10, 52, 53, 56, 89, 95, 101,
127, 148, 156, 159, 161, 165,
166, 169, 173, 176, 182, 198,
244, 248, 275, 304, 305, 310,
328, 331, 334, 342, 343, 344
Integridade dos resultados de
aprendizagem, 145
Inteligência artificial, 32
Inteligência emocional, 74
Internet morta, 68
Interpretação, 243
Interrogação, 262
Invenção, 126
Irã, 251
Isazada, Natella, 257
iteração, 45, 187, 233, 262, 263,
265
Jasper Rewrite, 103
Julgamento, 244
Justiça restaurativa, 155
Kaggle, 291
Ketchup verde, 42
Kohn, Alfie, 17
Kosmyna, Nataliya, 24, 234
KPMG, 86

Kurzweil, Ray, 267
LanguageTool, 85
LEGO®, 274
Lei de Amara, 267
Lei Geral de Proteção de Dados
Pessoais, 319
Lentes da investigação, 141
LGPD, 319, 320, 321, 322, 331,
336, 351
Liderança acadêmica, 338
Lieberman, Daniel, 27
LinkedIn, 98, 197
Log de API, 107
LSAT, 8
Ludita, 192
Luditas, 13
Má conduta acadêmica, 155
Ma-entendimento, 154
Manaus, 112
Marque todas as alternativas
que se aplicam, 206
Matrizes de avaliação, 299
Matrizes de avaliação das
atividades, 143
McKinsey
agente Lilli, 63
Medo, 74
Melhoria adaptativa, 240
MemorizA·, 197
Mendeley, 57
Mentiroso patológico, 38
Meta, 9
LLaMA, 9, 11, 107, 351
Metacognição, 16, 22, 77, 228,
246
Microsoft
Bing Image Creator, 37
Copilot, 9, 37, 63, 285
Designer, 37

Editor, iv
Excel, 4, 44, 81, 94
PowerPoint, 43, 63, 186, 289
Teams, 151
Word, 9, 43, 58, 81, 84
Midjourney, 37
Min, Rosalyne, 74
Mind extension, 191
MineSense Technologies Ltd, 269
Mistral, 9, 107
Mistura de estilos, 135
Modelagem de Conduta, 254
Modelo de linguagem grande, 7
Modelo do queijo suíço, 145
Modelo PEACE, 148
Modelos offline, 107
Modern Language Association, 174
Moodle, 83, 127, 325, 327
Moralidade, 74
Música, 56
Musk, Elon, 7, 57
Musqueam, i
MyBib, 57
NerdyNav, 6
Neurodiversidade, 310
Neutralidade, 79
Ng, Davy, 239
Nigéria, 332
Notas de participação, 221
notebooklm, 285
NOTUS, 42
OBS Studio, 105
OpenAI, 1, 7, 10, 11, 36, 252, 267, 325, 353, 361
OpenChat, 107
Openo, Jason, 17, 19, 169, 170, 241

originality.ai, 111
Oxford English Dictionary, 49
Papa Leão XIV, 330
paraphraser.io, 103
PasseiDireto.com, 91
Passig, David, 238
Pedro e o Lobo, 14
Perfeição, 125, 135
Perkins, Mike, 143
Perplexidade, 113
Perplexity, iii, 37, 65, 81, 100, 215, 285, 309, 310
Pesquisa, 87
Pesquisa acadêmica, 62, 314
Phi-3, 107
Plágio, 10, 14, 52, 84, 90, 95, 102, 103, 115, 139, 160, 170, 262, 329, 343
Planejamento, 87
Planejamento de curso, 287
Plano de ensino, 142
Planos de aprendizagem individualizados, 312
Políticas institucionais, 142, 341
Portfólio de prompts, 262
Posthumanism, 191
Postura acolhedora, 151
Pragmática, 192
Preenchimento generativo, 51
Preenchimento relâmpago, 83
Privacidade, 323
Processamento de linguagem natural, iii, 83
Proctorio, 105
Programação, 54, 134
Projectos em grupo, 219
Projetos de pesquisa, 184
Projetos em grupo, 187

Projetos maiores, 298
Protocolos, 158
Prova, 1, 2, 3, 23, 25, 60, 95, 97, 110, 117, 120, 128, 130, 133, 153, 161, 172, 175, 176, 254, 256, 263, 264, 303, 304, 305, 308, 312
Provas em papel, 172
ProWritingAid, 85
Pseudonimização, 322
QIQO, 257
QMEs, 200, 207, 210
Qualidade dos Prompts, 257
Questões de resposta curta, 296
Questões de verdadeiro ou falso, 296
Questões discursivas breves, 207
Questões discursivas longas, 211
QuillBot, 13, 85, 102
Raciocínio ético, 240
Raciocínio narrativo, 224
Ramos, Graciliano, 40
Rate My Professors, 64
Reavaliador, 192
Reclamações, 158
recursos, 158
Redação de e-mails, 96
Redações, 211
Reddit, 197
Reflexão, 243
Reflexão, 241
Reformulação, 87
Reformulação reversa de comandos, 116
RefWorks, 57
Regras, 258
Regulamento Geral sobre a Proteção de Dados (GDPR), 334
Relatórios, 184
Relatórios de laboratório, 216
Rensink, Ron, ii
Repetição, 135
Repositórios de prompts, 262
Respondus Lockdown Browser, 1, 105
Reverse prompting, 116
Roberts, Gabriel, ii
Roteiro, 171
Rumsfeld, Donald, 69
Rússia, 251
RWKV, 107
Scribbr Paraphraser, 103
Segunda língua, 60, 333
Semyome, i
Seven EdTech, 197
ShovelSense®, 270
Simpósio Brasileiro de Informática na Educação, 275
Simulação, 213
Síndrome do impostor, 193, 194
Singapura, 330
Síria, 251
Slidesgo, 63, 289
Sobrevivência Profissional, 280
SparkDesk, 12
Spence, Sheila, 15
Squarespace, 70
Stable Diffusion, 37
SUBSTITUIR, 44
Suspeita, 147
Swift, Taylor, 57
Tabela de uso da IA generativa, 180

Taxonomia de Bloom, 17, 18, 19, 201, 234, 237, 240, 241, 245, 288, 295, 296
Taxonomia Digital, 239
Taxonomia SOLO, 19, 20, 21, 25, 201, 231, 234, 235, 236, 240, 245
TDAH, 310
Teoria tradicional da carga cognitiva, 201
Terceirização de tarefas acadêmicas, 170
Testes de leitura, 183
Tian, Edward, 113
Tom, 259
Tome, 63, 125
toolify.ai, 36
Tópicos de redação, 297
Trabalhos "deepfake", 279
TrabalhosFeitos.com, 91
Tradução, 58
Turnitin, 8, 82, 101, 115, 116, 137, 149, 321, 325, 329, 344
União Europeia, 334
Universidade
    da Colúmbia Britânica, i
    de Oxford, 40
    de Princeton, 113
    de São Paulo, 275
    de Stanford, 36
    Deakin, 145
    Estadual de Campinas, 330
    Federal de Alagoas, 197
    Hult International Business School, ii, 229
    Kwantlen Polytechnic, ii
    Northern Illinois, 178
Uso Ético, 262
Verificação empírica, 73
Vídeo, 56
Viés, 68
Vieses culturais, 170
Vocabulário avançado, 124
Voltaire (François-Marie Arouet), 159
Walter Writes AI, 104
Wiliam, Dylan, 17
Wolfram Alpha, 14
Writesonic, 100
Yusuf, Abdullahi, 239
Zelenskyy, Volodymyr, 57
Zen Dog, 268
Zona de desenvolvimento proximal, 228
Zoom, 151
Zotero, 57

www.ingramcontent.com/pod-product-compliance
Lightning Source LLC
Chambersburg PA
CBHW071232290426
44108CB00013B/1385